UNDOMESTIZIERT

Göttinnen – Warum sie wild, frei und schamlos ihr eigenes Ding gemacht haben und was ich gerne früher von ihnen gelernt hätte.

Xanadine

*Für meine Tochter Stella und
alle Frauen unserer Ahnenlinie*

Impressum:

2. Auflage 2025
Layout und Satz: Yvonne Haag, www.framboise-design.de
Cover und Illustrationen: Nadine Kulis, www.xanadine.com
Druck und Einband: Korrekt Druckerei GmbH, Budapest

ISBN: 978-3-949537-17-2

Die Deutsche Nationalbibliothek verzeichnet diese Publikation in der Deutschen Nationalbibliografie; detaillierte bibliografische Daten sind im Internet unter https://portal.dnb.de abrufbar. Dieses Buch wurde mit größtmöglicher Sorgfalt geprüft. Sollte doch ein Fehler vorkommen, bitten wir um Rückmeldung.

Magas Verlag, Bonn
info@magas-verlag.de
www.magas-verlag.de

Ausgezeichnet durch „kulturMut“ – die Crowdfunding-Plattform von Aventis Foundation und Kulturfonds Frankfurt RheinMain.

aventis
foundation

Teil I

Die Göttin und ihr Weltbild

Die Wiederentdeckung

Uralte Göttinnen – die Entdeckung meines Lebens. Sie haben sprechende Vulven, schlafen mit Zwergen, um die schönste Kette der Welt zu bekommen und sind gleichzeitig auch noch leidenschaftliche Mütter. Ist das überhaupt möglich?

Ja! Sie alle waren stark, mächtig, fruchtbar, fleischig und liebevoll. Souveräne Gestalten voller Schöpferkraft. Vor allen Dingen sind sie tausende von Jahren alt und damit älter als die uns bekannten monotheistischen Religionen mit den dazugehörigen allmächtigen Vätern. Aber irgendwann waren die Göttinnen plötzlich verschwunden. Erinnerungen an sie verbannt, verbrannt und verteufelt!

Neue Vorbilder wurden den Frauen präsentiert. Diese waren lieb, brav und anschmiegsam. Erst wurden sie verheiratet, dann dem Mann, ihrem Göttergatten, untergeordnet. Nach tausenden von Jahren Geschichtsschreibung durch Männer konstatierte man, dass es einfach immer schon so gewesen sei. Das Gesetz des Stärkeren – ein Naturrecht! Wirklich? Dabei zeichnet sich der Mensch durch besondere Eigenschaften aus, die wenig mit der Steinzeit-Keule zu tun haben: Seine Kreativität und seine Fähigkeit zur Kooperation. Wie passt das also zusammen?

SOS Patriarchats-Burnout

Frauen am Rande des Nervenzusammenbruchs sind ein modernes Phänomen. Ja, ich kann als emanzipierte Frau der westlichen Welt mittlerweile wählen gehen, mein eigenes Geld verdienen, als glückliche Single leben oder mich scheiden lassen. Ich kann beruflich erfolgreich sein, besonders wenn ich mir männliche Attribute aneigne, aber ich muss gleichzeitig noch jung und attraktiv bleiben, eine treuliebende Ehefrau oder aufopfernde Mutter sein. Am besten alles zusammen.

Um als „starke Frau“ zu gelten, rackern wir uns ab. Bis zum Burnout. In den USA gibt es mittlerweile einen Begriff dafür, der eine pathologische Begründung liefert: „Patriarchy Stress Disorder“, geprägt von der Psychologin Valerie Rein. Doch was geschieht, wenn man sich vor Augen führt, dass die Welt nicht immer von Männern und dem Prinzip des Stärkeren beherrscht wurde? Was, wenn Natur und Mütterlichkeit im Zentrum der Gesellschaft standen, weil es allen damit gut ging. Auch den Männern. Was, wenn man sich vor Augen führt, dass es das Patriarchat, mit den dazugehörigen Kriegen, Hierarchien und Ausbeutungen, erst seit ein paar tausend Jahren gibt? Kann es vielleicht sein, dass es sich hierbei nur um eine kurze Verirrung in der Menschheitsgeschichte handelt? Und was haben die großen Weltreligionen mit der ganzen Sache zu tun?

Grüß Göttin!

Vielen Menschen ist bekannt, dass es in alten Religionen auch Göttinnen gab, bevor sich die patriarchalen Religionen durchgesetzt haben. Schaut man jedoch noch weiter zurück, gab es einen alten Göttinnenkult, der die „große Mutter“, den Ursprung des Lebens, verehrte. Diese Weltansicht herrschte überall auf der Erde. Das Göttliche war durch die Natur erlebbar. Und sie wurde als mütterlich wahrgenommen.

Anthropolog*innen*, Archäolog*innen* und vor allem die moderne Matriarchatsforschung legen mittlerweile anschaulich dar, dass egalitäre Gesellschaftssysteme die längste Zeit die Geschichte der Menschheit bestimmten. Man konnte es sich als kleine Gruppe von Jäger*innen* und Sammler*innen* auch einfach nicht leisten, mit der Keule aufeinander loszugehen. Kindererziehung bei Menschen ist sehr energieintensiv und erfolgte genau wie die Nahrungsbeschaffung im Kollektiv.

Doch immer noch gibt es Streit darüber, ob Menschen seit jeher patriarchal lebten. Ich persönlich nehme an, wenn es so wäre, hätten wir uns als Menschheit bestimmt schon längst ausgerottet. Was uns bleibt, sind archäologische Funde, jede Menge uralter Überlieferungen und unzählige Puzzleteile. Und hier kommen die Göttinnen ins Spiel: In diesem mutterzentrierten Weltbild geht es darum, einen Glauben zu erfahren und zu erleben. Ohne Guru und Regelhandbuch. Es geht um Rückbindung im eigentlichen Sinne. Denn Religion (religare) bedeutet nichts anderes, als sich wieder zurück zu verbinden.

Dabei agiert die Göttin durch die tranformative, zyklische Kraft von Wachstum, Fülle, Tod und Wiedergeburt. Wie der Mutterleib selbst, aus dem wir alle gekommen sind. Die über die Jahrtausende überlieferten und wiederentdeckten Göttinnenmythen sind zu meiner persönlichen Inspirationsquelle geworden. Denn diese Heldinnen waren keine Mutterglucken. Im Gegenteil. Sie lebten frei, wild und vor allem: Undomestiziert! Die keusche, fromme, heilige Mutter (Gottes) gab es hier noch nicht! Es gab auch noch keine Teilung in Hure oder Heilige. Denn während wir noch vor wenigen Jahrzehnten die Abenteuer von Carrie Bradshaw und ihren männerfixierten Freundinnen aus „Sex and the City" aufgesaugt haben, hat die Göttin Inanna vor sechstausend Jahren einfach jauchzend ihre eigene Vulva bewundert, um in ihre Superkraft zu kommen.

Die Abenteuer dieser Göttinnen sind gespeist aus denselben Sorgen, Nöten und Sehnsüchten, die wir modernen Frauen erleben. Und sie liefern die Lösungen direkt mit.

Mit Marvel-Superheldinnen, die im sexy Einteiler und Overknees Lassos schwingen, haben sie übrigens rein gar nichts zu tun. Sie sind keine ätherisch glatten Fantasy-Figuren; sie sind das pralle, echte Leben. In ihren Darstellungen präsentieren sie sich oft als fruchtbare, fleischige, selbstbewusste, sexuelle Wesen. Sie reiten nackt mit flatternden Haaren auf einem Mutterschwein und helfen in der Not ihrer Freundin. Zum Beispiel mit einer Witze-erzählenden Vulva! Das mag absurd klingen. Wie die Storyline zu einem B-Movie. Aber sie sorgen damit für die Einhaltung der Naturgesetze. Und wenn man diese bricht, können sie auch richtig wütend werden. Die Göttinnen schaffen Ausgleich. Sie zeigen Wege auf, sich selbst zu erkennen. Sie leiden, sie erleben Transformation. Es geht um die inneren Kämpfe, nicht die äußeren. Und damit unterscheiden sie sich enorm von ihren männlichen Kollegen, den gefeierten Krieger-Göttern. Hier geht es nicht nur um Abenteuerlust, sondern um Selbsterkenntnis. Ich bin überzeugt, diese Lebensratgeberinnen aus einem vergangenen Zeitalter werden nicht zufällig gerade wiederentdeckt. Denn sie haben uns etwas Wichtiges mitzuteilen.

Mein persönliches Kunstprojekt

Die meisten Bücher zu diesem Thema sind eher wissenschaftlich geschrieben. Ich bin keine Archäologin, Religionswissenschaftlerin oder Anthropologin, sondern Designerin und Künstlerin, die sich seit vielen Jahren mit der Göttin beschäftigt. Kein Thema hat mich bisher so sehr inspiriert wie dieses. Darum war es mir ein tiefes Bedürfnis, dieses Buchprojekt zu entwickeln. Ich musste mich selbst jahrelang durch anspruchsvolle, wissenschaftliche Bücher hindurcharbeiten. Deshalb möchte ich die bahnbrechenden Erkenntnisse von Gerda Lerner, Marija Gimbutas und Dr. Heide Göttner-Abendroth in meinen eigenen Worten und Bildern so inszenieren, dass die Botschaft viele Frauen erreichen kann. Auch die, die noch nie etwas von „Matriarchat" oder „großer Muttergöttin" gehört haben. Mit diesem Buch möchte ich einen Perspektivwechsel anregen, neugierig machen und im besten Fall dazu einladen, das Thema selbst zu vertiefen.

Wer bin ich?

Mein ganzes Leben lang war ich zu laut, zu provokant, zu bunt und zu exaltiert.

Schon an meinem ersten Schultag wollte ich aussehen wie Madonna im „Like a Virgin"-Video. Aus der Not musste mir meine Mutter ein Netzoberteil häkeln. Auch wenn ich eher aussah wie eine pinke Kohlroulade, habe ich mich großartig gefühlt. Doch so sollte es nicht bleiben. Mein ganzes Leben war ich zu laut, zu provokant, zu bunt und zu exaltiert. Ständig rollte einer mit den Augen, wenn ich den Raum betrat. Als Mutter und Ehefrau bin ich mittlerweile angepasster. Habe ich mich etwa domestizieren lassen, oder einfach nur den Lebensumständen angepasst?

Rückblickend kann ich sagen, dass ich mir selbst alles erfüllt habe, wovon ich geträumt habe – zumindest von außen betrachtet. Ich habe Kunst in London und Modedesign in Antwerpen studiert, meine eigene Modefirma gegründet, war jahrelang als Trendscout für internationale Labels unterwegs und bin Mutter geworden. Aber auch wenn Patchwork-Hobo-Bags und Blockabsatz-Boots eine feine Sache sind: Erst als ich den Look einer sechstausend Jahre alten indischen Göttin entschlüsselt habe, die unter anderem einen Rock aus Männerarmen trägt, wurde mir klar, was uns die Symbolik in Kleidung aber auch in Mythen und Märchen über das Leben sagen will. Mit dieser Erkenntnis über die Göttinnen und über mich habe ich auch mein Berufsleben als Künstlerin neu ausgerichtet.

Nicht allen gefallen meine Bilder. Zu bunt, zu laut, zu glitzernd. Genauso wie dieses Buch. So wie ich. Aber man kann dieses Werk als eine Einladung an alle Frauen verstehen, sich wieder frei zu machen von den Erwartungen anderer. Egal, ob man als unverschämt, durchgeknallt, exzentrisch oder gar als oberflächlich bezeichnet wird. Wir können es sowieso niemandem recht machen, außer uns selbst.

Teil I

Die Göttin und ihr Weltbild

Evolution der Göttin

Neuanfang

Die Festlegung unserer Zeitrechnung mit Jesus Geburt war eine geniale Marketingstrategie des Christentums, die heute niemand mehr infrage stellt. Doch die Menschheit existiert, je nach Theorie, bereits seit mindestens zwei Millionen Jahren. Wir haben kaum ein Bewusstsein von dieser Dimension. Wie wäre unser kollektives Geschichtsverständnis, wenn wir eine weitreichendere Vorstellung unserer Vergangenheit hätten? Vielleicht würden uns die letzten 10.000 Jahre Patriarchat dann nur wie eine kurze Verirrung der Menschheitsgeschichte vorkommen. Heute können wir die klitzekleinen Artefakte, welche überall auf der Welt zum Vorschein kommen, zu einem neuen Bild unserer Vergangenheit zusammensetzen. Von ihnen lässt sich eine Weltvorstellung ablesen, in dem das weibliche Prinzip über lange Zeit den zentralen Stellenwert in der menschlichen Kultur hatte. Am Verständnis von Religion und Spiritualität als Spiegel der Gesellschaft lässt sich die Entwicklung hin zum Patriarchat in vereinfachter Form gut darstellen. Die „männlichen Götter" entwickelten sich mit der Sesshaftigkeit vor etwa 10.000 Jahren, also erst im letzten Zehntel unserer Kulturgeschichte, die mit der Totenbestattung vor 100.000 Jahren begann. Im Paläolithikum wurde das spirituelle Leben von einer kosmischen Urmutter repräsentiert. Erst im Neolithikum erschien neben dieser Urmutter der männliche Gott, der zunächst als ihr Sohn betrachtet wurde und dann allmählich zu einem Sonnen- oder Himmels-Gott aufstieg, bis er schließlich als allmächtiger Gott-Vater etabliert wurde, der auch ohne Mutter ein Schöpfer sein kann. Ich plädiere für einen Blick in die Vergangenheit, um eine integrale Zukunft zu gestalten.

Die Skizze auf der rechten Seite veranschaulicht die Dimension der Zeitspanne, die längst aus unserem Bewusstsein verdrängt wurde.

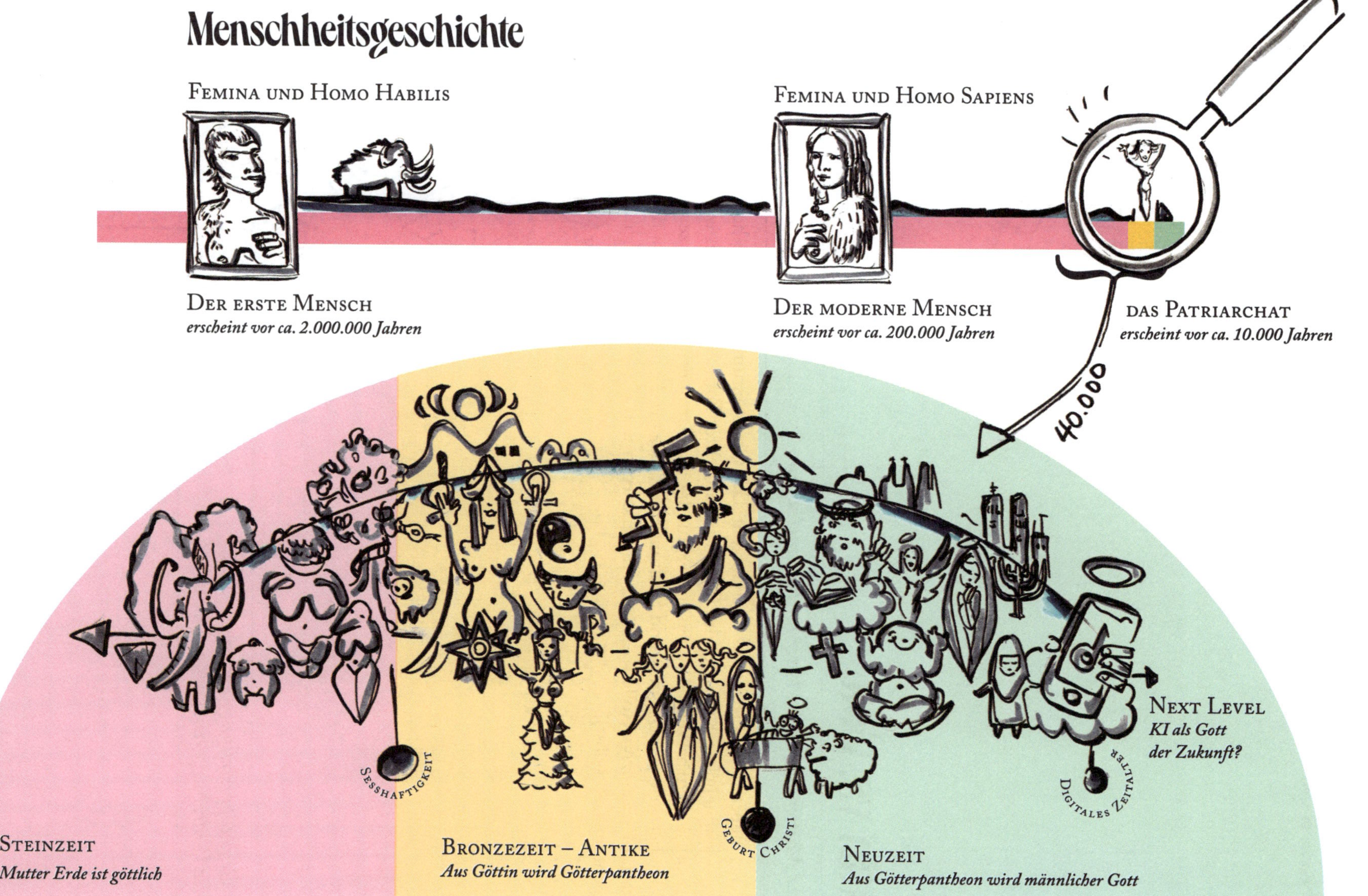
Menschheitsgeschichte
Femina und Homo Habilis
Der erste Mensch
erscheint vor ca. 2.000.000 Jahren
Femina und Homo Sapiens
Der moderne Mensch
erscheint vor ca. 200.000 Jahren
das Patriarchat
erscheint vor ca. 10.000 Jahren
40.000
Sesshaftigkeit
Geburt Christi
Digitales Zeitalter
Steinzeit
Mutter Erde ist göttlich
Bronzezeit – Antike
Aus Göttin wird Götterpantheon
Neuzeit
Aus Götterpantheon wird männlicher Gott
Next Level
KI als Gott
der Zukunft?
Vor ca. 40.000 Jahren
Sesshaftigkeit – das Patriarchat entsteht
Heute

Göttin vs. Gott

Wie aus Mutter Natur der Vater im Himmel wurde

Diese Gegenüberstellung ist bewusst vereinfacht. Das Christentum und andere heutige Religionen spiegeln die ursprünglichen Konzepte der Göttin in verdrehter Form wieder. Auch wenn es bei den aktuellen, monotheistischen Weltreligionen vordergründig um Barmherzigkeit geht, zeigt uns die Realität mit ihren Glaubenskriegen, Dogmen und Spaltungen etwas ganz Anderes. Insbesondere die Frauen werden hier oft auf eine einzige Rolle reduziert: Kinderkriegen und sich um die Gemeinschaft kümmern (und eben nicht um sich selbst).

In der Gegenüberstellung Göttin vs. Gott, wird die Verdrehung einer alten Idee deutlich.

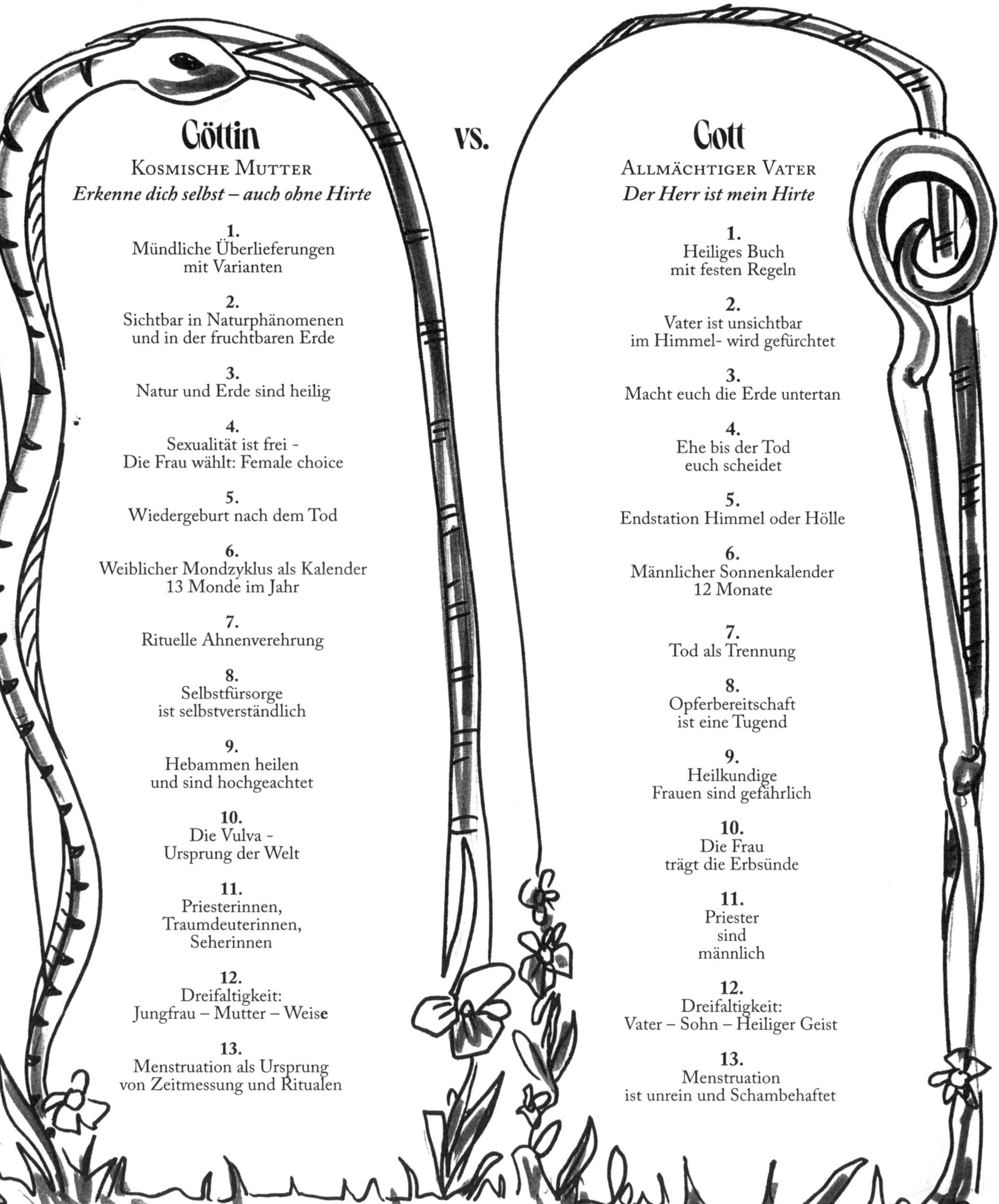

Göttin vs. Gott

Göttin

KOSMISCHE MUTTER

Erkenne dich selbst – auch ohne Hirte

1.
Mündliche Überlieferungen
mit Varianten

2.
Sichtbar in Naturphänomenen
und in der fruchtbaren Erde

3.
Natur und Erde sind heilig

4.
Sexualität ist frei -
Die Frau wählt: Female choice

5.
Wiedergeburt nach dem Tod

6.
Weiblicher Mondzyklus als Kalender
13 Monde im Jahr

7.
Rituelle Ahnenverehrung

8.
Selbstfürsorge
ist selbstverständlich

9.
Hebammen heilen
und sind hochgeachtet

10.
Die Vulva -
Ursprung der Welt

11.
Priesterinnen,
Traumdeuterinnen,
Seherinnen

12.
Dreifaltigkeit:
Jungfrau – Mutter – Weise

13.
Menstruation als Ursprung
von Zeitmessung und Ritualen

Gott

ALLMÄCHTIGER VATER

Der Herr ist mein Hirte

1.
Heiliges Buch
mit festen Regeln

2.
Vater ist unsichtbar
im Himmel- wird gefürchtet

3.
Macht euch die Erde untertan

4.
Ehe bis der Tod
euch scheidet

5.
Endstation Himmel oder Hölle

6.
Männlicher Sonnenkalender
12 Monate

7.
Tod als Trennung

8.
Opferbereitschaft
ist eine Tugend

9.
Heilkundige
Frauen sind gefährlich

10.
Die Frau
trägt die Erbsünde

11.
Priester
sind
männlich

12.
Dreifaltigkeit:
Vater – Sohn – Heiliger Geist

13.
Menstruation
ist unrein und Schambehaftet

Die Göttin

Ihre vielfältigen Gestalten

Wer in der Öffentlichkeit „Göttin sei Dank“ sagt, gilt schnell als spirituelle Emanze oder einfach nur als provokant. Religion ist Identität und darf nicht hinterfragt werden. Wenn über Glaube gesprochen wird, dann meistens mit der Fragestellung: „Glaubst du an Gott oder bist du Atheist?“ Aber an eine Göttin glauben? Was soll das denn bitte sein? Nun, sie ist zumindest kein theologisches Konzept. Ihre Erscheinung lässt sich einfach an der Natur ablesen. Nur hat man die Erinnerung an sie verdrängt. Damit wurde Frauen die Chance genommen, sich – wie Männer – mit einem göttlichen Wesen identifizieren zu können. „Die Göttin“ ist im Grunde eine Verkörperung der beobachtbaren Phänomene der gesamten menschlichen, spirituellen Lebenserfahrung, ohne Handbuch und Hierarchie. In vielen alten Schöpfungsmythen wurde die Große Mutter noch als die Einheit von männlicher und weiblicher Energie gesehen, das orgiastische Chaos, das strukturiert und in die vier Elemente geordnet wurde. Im Laufe der Zeit wurde aus dem abstrakten Konzept der Großen Mutter die zyklische dreifache Göttin oder die Muttergöttin, die jährlich ihren Sohn, die Sonne, neu gebiert. Ihr männlicher Sohn-Geliebter wurde schließlich zum Ehemann mit bleibendem Status. Die einst unabhängigen und universellen Göttinnen wurden im Laufe der Entstehung des Patriarchats zu Ehefrauen degradiert und in verschiedene Zuständigkeitsbereiche aufgeteilt, bis sie schließlich verdrängt wurden. Und zwar von den neuen Weltreligionen, die ihre Gotteshäuser und Wallfahrtsorte bewusst an Kraftorten etabliert haben, wo früher einmal das weibliche Prinzip verehrt wurde.

Die Göttin erscheint in unzähligen Gestalten.
Die folgenden drei Konzepte sind dabei besonders weit verbreitet.

Die Große Mutter

In vielen Traditionen gibt es eine kosmische Urmutter. Sie wird oft mit Schöpfungsmythen in Verbindung gebracht, z.B. Gaia. Ihre oft fleischige und ausladende Darstellung als eine mütterliche Figur symbolisiert die Fülle und Fruchtbarkeit der Erde selbst. Auch im Judentum und Christentum gibt es Erinnerungen an eine weibliche Urweisheit, wie zum Beispiel die Sophia oder Ruach, die als eine Manifestation der göttlich-weiblichen Weisheit betrachtet wird.

Mutter und Sohn

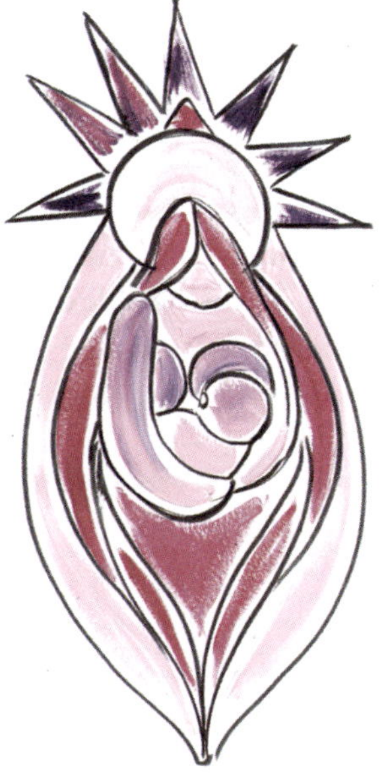

Die Urmutter gebärt beides: Das Männliche und das Weibliche. Damit symbolisiert sie, dass alles eins ist, weil beides aus einem Ursprung hervorkommt: aus ihrem Uterus. Das Bild von Mutter und Sohn symbolisierte die Einheit beider Geschlechter und gleichzeitig ihre Dualität. Die katholische Kirche musste das Bild übernehmen, um ihren Glauben zu verbreiten. Aber sie hat die ursprüngliche Bedeutung verändert: Maria wurde als Gefäß Gottes herabgesetzt und ihr Sohn dafür als Bote Gottes in den Vordergrund gestellt.

Die Trinität

Die dreifache Göttin verkörpert das zyklische Prinzip des Lebens. Überall auf der Welt wurde die Göttin in ihren drei Aspekten personifiziert. Da dieses Konzept jedoch besonders komplex ist, habe ich der dreifachen Göttin das folgende Kapitel gewidmet. ⟶

Trinität

Aller guten Dinge sind drei

Immer wieder habe ich mich gefragt: Warum erscheinen so viele Göttinnen als Trinität? Als drei Generationen, drei Schwestern oder mit drei Gesichtern? Auf den ersten Blick erscheint das Prinzip der Dreifaltigkeit komplex, aber sobald man es einmal nachvollzogen hat, eröffnet es eine neue Dimension: Es lässt es sich wie eine magische Formel auf alle Lebensbereiche anwenden. Ich war überrascht zu entdecken, dass die ursprüngliche Dreifaltigkeit tausende Jahre älter ist als die des Christentums. Die weibliche Trinität war kein künstliches Konstrukt oder theologische Kopfgeburt, sondern konnte am Leben selbst abgelesen und erlebt werden: durch Menstruation, Mondzylus, Kosmos, Jahreszeiten, Geburt, Wiedergeburt usw. Nicht nur der Körper, sondern auch die weiblichen Übergänge veranschaulichen dieses Prinzip.

Die Weise | Die Ahnin
(Tod, Vollendung, Herbst/Winter)
Nach der Menopause

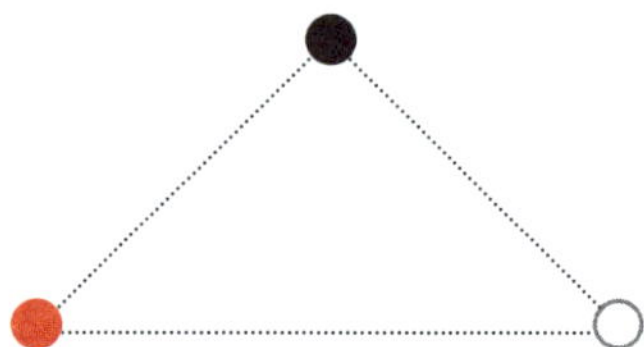

Die Menstruierende | Die Fruchtbare
(Blut, Reife, Sommer/Herbst)
Lebensspenderin

Die Jungfrau | Das Kindliche
(Neubeginn, Reinheit, Winter/Frühling)
Bis zur Menarche

Die Nornen (nicht zu verwechseln mit den Nonnen im Kloster!)
Weberinnen des Schicksalsfadens
Skuld, Verdandi und Urd

Im Englischen wird die Trinität als „Maiden - Mother - Crone" bezeichnet. Die Krone symbolisert die Weisheit, denn die alte, weise Frau hatte einen ganz besonderen Stellenwert. Ganz im Gegensatz zur patriarchalen Weltanschauung, die ältere Frauen abwertet, dafür die sexuell begehrenswerten jungen Frauen verehrt und zugleich objektifiziert. Auf der ganzen Welt gibt es unzählige dreifaltige Göttinnen, die verschiedene Aspekte des Lebens und der Natur verkörpern. Einige Beispiele sind: Die Drei Parzen, eine römische Göttinnentriade, die das Schicksal und die Lebensfäden der Menschen lenkt. Auch die Mondgöttinnen des antiken Arabiens, bestehend aus Al-Uzza (zunehmender Mond), Al-Lat (Vollmond) und Manat (Neumond), symbolisieren die verschiedenen Phasen des Mondes und werden oft mit Fruchtbarkeit und Weiblichkeit in Verbindung gebracht. Ähnliche Konzepte finden sich auch bei den Moiren und Matronen sowie den drei Salingen anderer Kulturen. Eine weitere Form ist die Göttin mit drei Gesichtern, wie zum Beispiel Hekate aus der griechischen Mythologie. Sie verkörpert Geburt, Leben und Tod und wird oft mit Kreuzwegen und Übergängen in Verbindung gebracht.
Die Trinität der keltischen Nornen stellt den Ursprung der Dreiheit in unserem Kulturkreis da. Die Nornen erschaffen den ewigen Kreislauf von Werden, Sein und Vergehen und treffen Entscheidungen, indem sie als Spinnerinnen die Schicksalsfäden der Menschen weben. Alles ist miteinander verwoben. So entsteht für jeden von uns ein einzigartiges Lebenskunstwerk. Jedes Fädchen trägt zum großen Ganzen bei, bis es schließlich abgeschnitten wird. Spinnen und Weben galten daher als magische Künste.

Weise Frau / Schwarz
3 Nornen: Urd
(Das Schicksal & Die Vergangenheit)

---

3 Bethen: Borbeth, Sonne, Schutzturm

---

3 Madeln: Barbara, gefangen im Turm

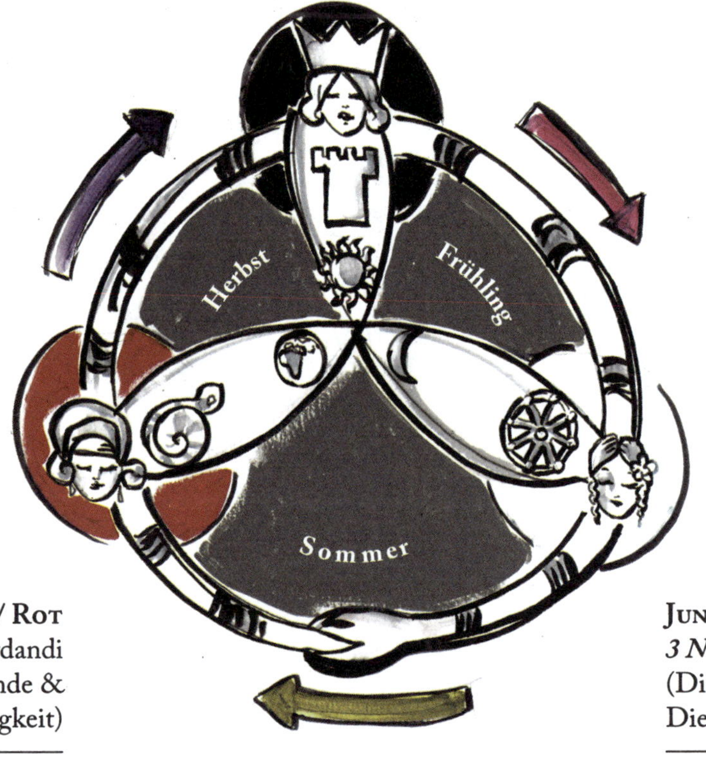

Mutter / Rot
3 Nornen: Verdandi
(Das Werdende &
Die Gegenwärtigkeit)

---

3 Bethen: Ambeth, Erde,
Drachenmutter

---

3 Madeln: Margarethe,
kämpft mit Lindwurm

Jungfrau / Weiss
3 Nornen: Skuld
(Die Bestimmung &
Die Zukunft)

---

3 Bethen: Wilbeth, Mond,
Schicksalsrad

---

3 Madeln: Katharina,
vom Rad gemartert

Aus den Nornen entwickelten sich die drei Bethen (Erd-, Mond- und Sonnenmutter). Im Zuge der Christianisierung wurden sie zwar im Wormser Dom dargestellt, jedoch verwandelte man die drei Bethen schliesslich in drei Märtyrerinnen: Die drei Heiligen Madeln Margarethe, Katharina und Barbara.
Der Clou: Die ursprünglichen Zuständigkeits-Symbole der Göttinnen, das Jahresrad, der Schutzturm und die Schlange, wurden zu ihren Folterinstrumenten umgewandelt, wobei die Symbolfarben Rot, Weiß und Schwarz jedoch beibehalten wurden.

Mer-Ka-Ba-Stern
Licht-Geist-Körper
Ursprünglich aus der jüdischen Kabbala stammend, ist er heute der „Star" der Esoterikszene.

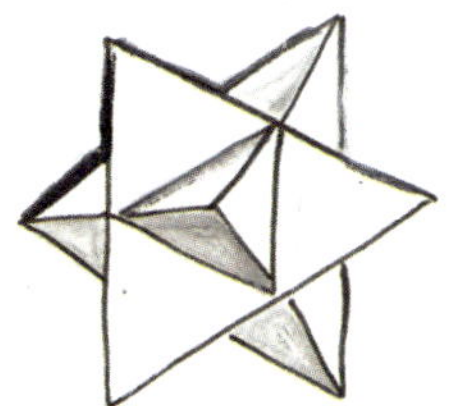

Kaspar, Melchior und Balthasar
Sind drei heilige Könige wirklich zum Jesus-Baby in den Stall gereist?

Um diesem Volksglauben endlich etwas Männliches entgegenzusetzen, wurden später aus einer ursprünglich unbestimmten Anzahl Magier aus dem Morgenland drei heilige Könige.
Kaspar, Melchior und Balthasar. Die Initialien sind geblieben, ebenso die Farben Rot, Weiß und Schwarz. Nach all der Verdrängung von Weiblichkeit gibt es am Ende doch Hoffnung: Das verbindende Element ist der *Mer-Ka-Ba-Stern.* Darin sind alle Initialen und Verbindungen enthalten, die man aus dem Prinzip der Dreifaltigkeit kennt. Mit den Dreiecken nach unten und nach oben dient er als Erinnerung daran, dass das Männliche und das Weibliche wieder in Balance kommen müssen. Versöhnung ist in Sicht.

Magisches Mondblut

Zyklus des Lebens

Die Natur hat uns ein unglaubliches Empowerment-Instrument geschenkt, vorausgesetzt, wir schaffen es, unseren Zyklus trotz der Herausforderungen des modernen, leistungsorientierten Alltags zu verstehen. Im Wesentlichen geht es darum, sich der eigenen Transformationsprozesse bewusst zu werden, denn darin liegt ein enormes Potenzial.

• *Ursprung der Kultur*

Fachleute der Anthropologie betonen, dass die Menstruation eine entscheidende Rolle in der menschlichen Kulturentwicklung spielt. Nur ganz wenige Säugetiere menstruieren überhaupt. Die Frau ist das einzige Lebewesen, dessen Menstruationszyklus synchron zum Mondzyklus ablaufen kann. Anders als beim Tier ist die Fruchtbarkeitssphase der Frau nicht für den Mann sichtbar. Es gibt Theorien, nach denen dieser Umstand die kollektive Kindererziehung begünstigte. Diese trug zur Entwicklung größerer Gehirne im Laufe der Evolution bei.

• *Mythologie*

In alten Schöpfungsmythen spielt das Menstruationsblut der Frau eine zentrale Rolle. Symbole wie die Schlange, der Mond und das Ei repräsentieren die zyklische, lebensspendende Kraft. Der Uterus selbst gilt als das Gefäß des Blutes, aus dem die Menschheit erwächst – der Heilige Gral.

• *High Heels und Lippenstift*

Rote Körperbemalung und die ersten Plateauschuhe lassen sich auf alte Rituale rund um die Menstruation zurückführen. Die gefährliche Kraft menstruierender Frauen, sollte durch den Abstand zur Erde gemindert werden. Auch im Märchen symbolisiert der rote Schuh die Menstruation. Roter Lippenstift, Nagellack und Stilettos in rot haben sich als Symbol für die weibliche Sexualität bis heute gehalten.

• *Reinigung*

Für Menschenfrauen kann eine Schwangerschaft lebensgefährlich sein. Die Geburt und Versorgung eines Babys ist anstrengend. Die Natur hat es so eingerichtet, dass nur starke Eizellen sich erfolgreich einnisten können. Die monatliche Menstruation hilft dabei, den Körper von unbefruchteten Zellen zu reinigen. Diese reinigende Kraft wurde seit jeher erkannt und in Ritualen nachgeahmt.

• *Die Menarche*
Die erste Periode war das bedeutendste Initiationsritual im Leben einer Frau. Die Menarche spielt symbolisch in zahlreichen Märchen und Mythen eine Rolle, beispielsweise bei Dornröschen oder Rotkäppchen. In vielen alten Kulturen wird die Menarche als das Erblühen einer Blume beschrieben. Sogar das Wort „Blume" und „Blüte" leitet sich von Blut ab, so wie im Englischen „flower" vom Wort für „fließen" kommt.

• *Kosmische Ordnung*
Im Menstruationszyklus spiegelt sich das Wandlungsmysterium des Jahreskreises und der Mondphasen wider: Geborenwerden, Sterben und Wiedergeborenwerden. Die Menstruation wurde als spirituelles Phänomen betrachtet. Frauen wurden als eng mit dem Zyklus von Natur und Kosmos verbunden angesehen, da sie die zyklische Ordnung in sich tragen.

• *Zeitmessung*
Die „Perioden" der Frauen dienten als Orientierung, um Zeiträume zu markieren und den Beginn von Mondzyklen zu verfolgen. Diese Zeitmessung hat zur Entwicklung des Kalenders beigetragen.

• *Religion*
In uralten Schöpfungsmythen wird das geronnene Menstruationsblut als die Materie bezeichnet, aus der die Menschheit entstanden ist. Das Wort „Sakrament" entwickelte sich aus „sacer" (heilig) und „mens" (Geist), das sich von „Menses" (Monat) ableitet, welches wiederum von „menstruatio" (Menstruation) abstammt. Das weibliche Blut wurde von den patriarchalen Religionen später als unrein deklariert und durch das männliche, symbolische Blut verdrängt.

• *Der Mond*
Der Mond spielt im Zusammenhang mit dem weiblichen Zyklus eine zentrale Rolle. Darum wird in vielen alten Kulturen das Blut der Frau auch Mondblut genannt. 28 Tage hat der Mondzyklus und in der Regel die „Regel". Auch wenn es Abweichungen gibt. Das „weibliche" Jahr hatte 13 Monde/Monate.

• *Rückzug*
Aus dem uralten Bedürfnis der Frauen, sich während ihrer Menstruation in rote Zelte oder Schwitzhütten zurückzuziehen, um zu ruhen und zu visionieren, entwickelte sich in patriarchalen Kulturen der gesellschaftliche Ausschluss der Frauen aufgrund ihrer „Unreinheit".

Das Menstruationsblut ist das einzige Blut, das ohne Verletzung fliesst. Es symbolisiert den Ursprung des Lebens.

Drei Farben

Seit jeher haben die drei Farben Weiß, Rot und Schwarz eine mythologische Bedeutung. Sie entsprechen den drei Phasen des weiblichen Zyklus. Ähnlich dem Mondzyklus. Ein starkes Symbol für die Wiedergeburt.

Die Farbe *Weiß* steht für den Aufbau des Blutes. Eireifung.

Die Farbe *Rot* steht für die Fülle des Blutes im Uterus. Eisprung.

Die Farbe *Schwarz* steht für das reinigende Abfliessen des Blutes. Menstruation.

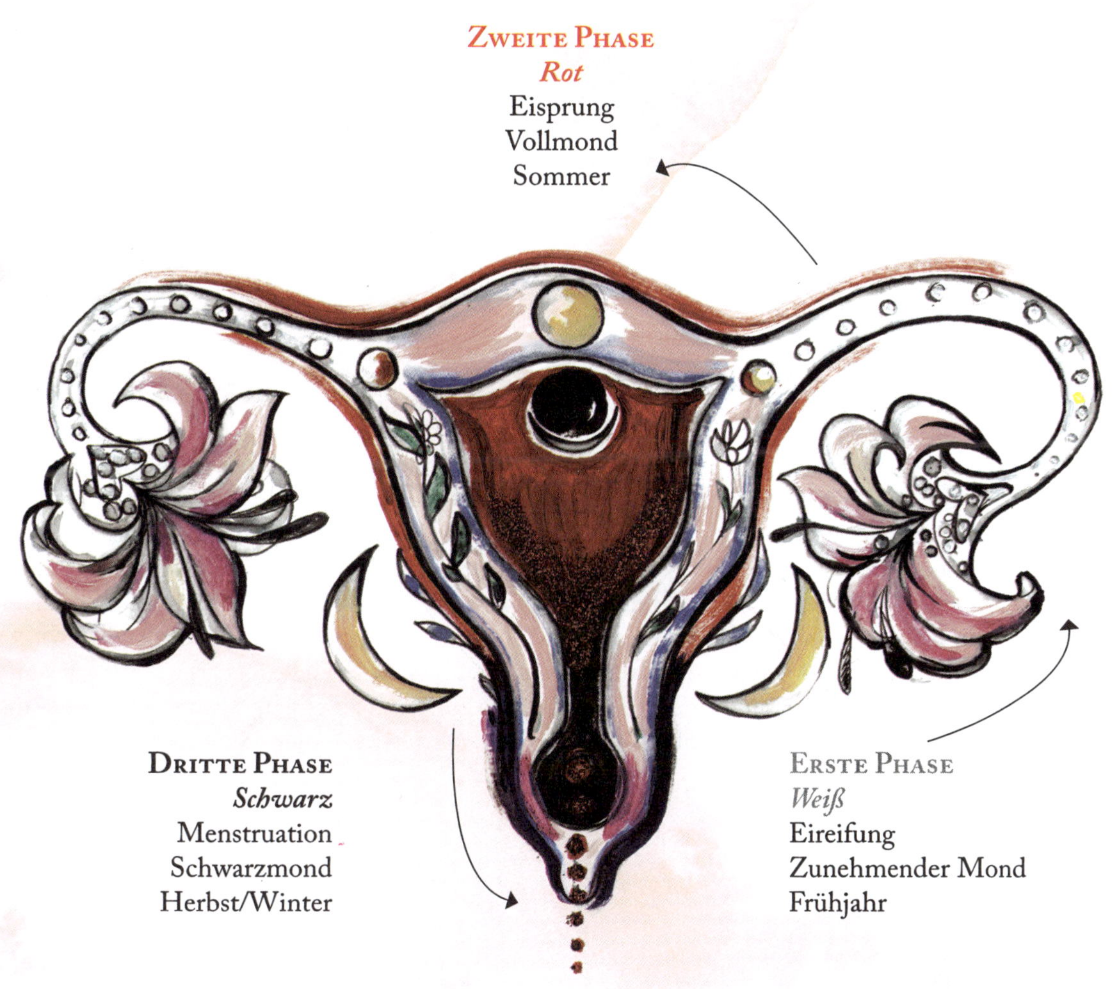
Zweite Phase
Rot
Eisprung
Vollmond
Sommer
Dritte Phase
Schwarz
Menstruation
Schwarzmond
Herbst/Winter
Erste Phase
Weiß
Eireifung
Zunehmender Mond
Frühjahr

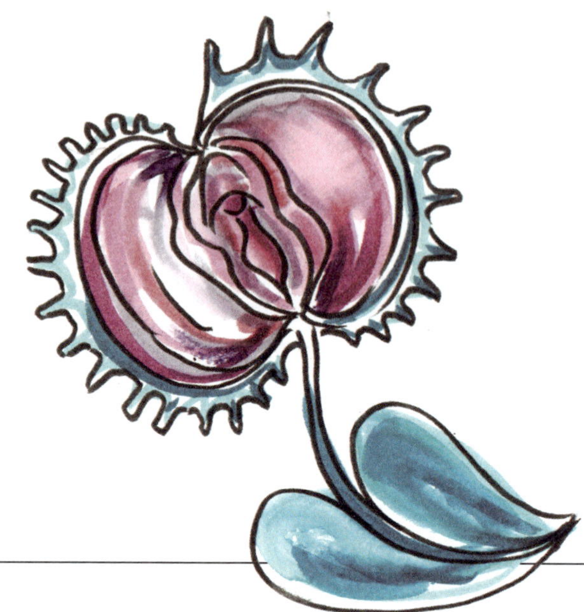

Die Vulva

Ursprung der Welt

Noch vor einigen Jahren hat kaum jemand den Begriff „Vulva“ gebraucht. Kein Wunder, war und ist er doch mit einem Tabu belegt. Die Geschichte des Patriarchats ist auch eine Geschichte darüber, wie aus Verehrung schließlich Verachtung gemacht wurde. Es heißt heute nicht umsonst das „Schamdreieck“ sowie „Schamlippen“. Nie wäre man auf die Idee gekommen, die Hoden der Männer als „Schambälle“ zu bezeichnen. Die Scham wurde einzig und allein dem weiblichen Körper auferlegt. Aber der Zeitgeist ändert sich, und das alte Wissen um die Vulva feiert ein Revival. Denn es gab wirklich mal eine Zeit, da war die Vulva heilig! Sie symbolisierte einst den Ursprung der Welt, denn beide Geschlechter werden von ihr zur Welt gebracht (mit Ausnahme der Kaiserschnitt-Geburten, die dank medizinischem Fortschritt heute möglich sind). Langsam wird mir die Dimension klar, mit welcher Gewalt gearbeitet wurde, um die Vulva so zu beschämen. Ich kann nur hoffen, dass wir dieser künstlich auferlegten Entwertung bald müde werden und einen Weg zurück zur Ursprünglichkeit finden. Also her mit dem Handspiegel!

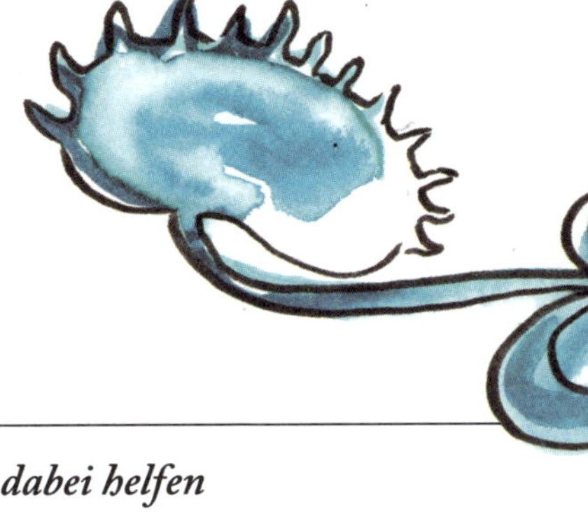

Ein paar vulvastische Infos sollen dabei helfen

• Vulva als Feigen-Herz

Das Herz war anfangs das Piktogramm der Feige. Die Feige wiederum war ein Symbol für die Vulva. Auch das Wort „Ficken“ für Geschlechtsverkehr, leitet sich vom lateinischen Ausdruck Ficus für Feige ab.

• Yoni-Kult

Im Tantra ist die Yoni der Ursprung des Lebens. In den berühmten indischen Texten wie dem Kamasutra wird die Yoni als „heiliger Bereich“, als „Polster der Lust“ und als „Symbol der kosmischen Mysterien“ bezeichnet.

• Das Jungfernhäutchen

Mittlerweile weiß man, dass es so etwas wie eine Frischhaltefolie für die Vagina nicht gibt. Das Problem ist nur, dass in manchen Kulturen die „Ehre“ einer ganzen Sippe an der Jungfernhaut-Lüge hängt.

Ursprünglich war eine Jungfrau eine unverheiratete, ungebundene Frau, die durchaus Sex haben konnte. Im Patriarchat wurde daraus ein „Muschi-Siegel“, das nur der Ehemann brechen durfte bzw. musste.

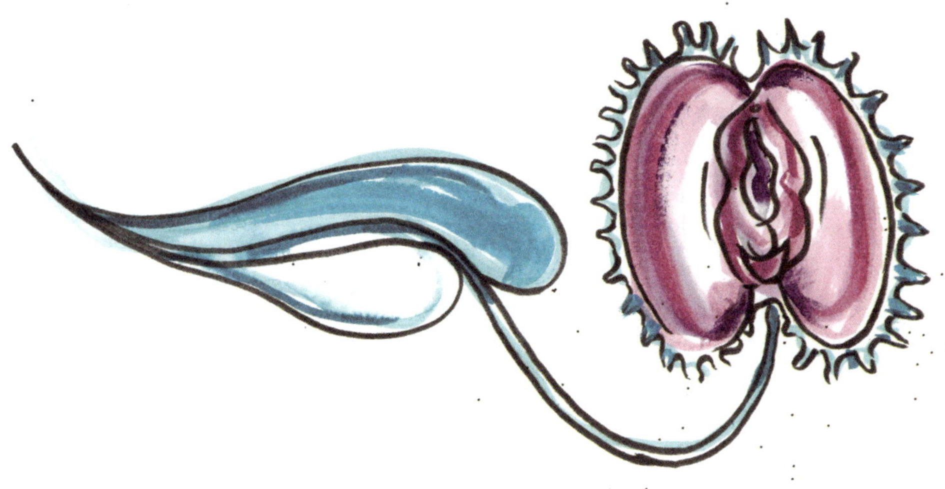

• *Sheela-na-Gigs*
Die Sheelas sind Steinmetzarbeiten an mittelalterlichen Kirchentüren und stellen Frauen dar, die ihre riesigen Vulven zeigen. Sie sind hauptsächlich auf den Britischen Inseln und in Irland zu finden und werden als Beschützerinnen der Pforten betrachtet. Die Missionare hatten es schwer gegen die „heidnischen" Göttinnen und integrierten sie deshalb pragmatisch in ihre Kirchen. Die Sheelas sehen oft wild und bedrohlich aus, wie viele alte Göttinnen. Sie verkörpern die regenerative Kraft von Leben und Tod. Übrigens: Eine Abwandlung der Sheela ist das Logo eines großen Kaffeekonzerns, eine Meerjungfrau, die ihre „Fischschwanz-Beine" spreizt.

• *Universelles Symbol*
Das abstrakte Motiv der Vulva erscheint in vielen alten Kulturen. Die Frau wird in alten Keilschriften oft durch ein nach unten zeigendes Dreieck symbolisiert. Ein Symbol für alles Sein und Werden, für die Pforte des Lebens oder dem Eingang zur Ekstase. Im Tantra ist das Dreieck das Urbild des Lebens. Auch in Ägypten war es das Zeichen für Frau. Einst so verehrt wie im Christentum das Kreuz.

• *Vulva Kaaba*
Auch im vorislamischen Mekka wurde einst die Göttin in ihrer dreifachen Form angebetet. Diese drei Göttinnen hießen Al-Uzza, Al-Lat und Manat. Ein schwarzer Meteorit diente ihrer Verehrung, er ist in eine silberne Vulvaform gefasst. Dieser Stein war unter dem Namen Kabu bekannt und wird bis heute noch in Mekka verehrt, auch wenn seine ursprüngliche Bedeutung kaum bekannt ist.

• *Vulva im Mythos*
In unzähligen uralten Mythen auf der ganzen Welt kommt es vor, dass die große Göttin mit ihrer Vulva die Welt vor dem Bösen rettet. Zum Beispiel Baubo (Griechenland), Amaterasu (Japan) oder Kapo (Hawaii).

• *Maria in der Mandorla*
Obwohl man sich im Christentum von Gott kein Bild machen soll, wurde seiner Mutter dennoch bildhaft gehuldigt. Das Volk hätte sich sonst kaum von der neuen Vaterreligion überzeugen lassen. Die heilige Maria wird oft in einer symbolischen Vulvaform dargestellt, insbesondere als Schutzmantelmadonna, bei der ihr Kopf als Klitoris in einer leuchtenden Mandelglorie erscheint.

• *Anasyrma*
Es gab einmal einen festen Glauben, dass Frauen Tote erwecken und sogar den Teufel besiegen können – durch das Zeigen der Vulva! Unzählige Mythen erwähnen, wie das Böse dadurch vertrieben wird. Ein spannendes Gemälde in dem Zusammenhang trägt den Titel „Die Persischen Frauen" und wurde vom niederländischen Künstler Otto van Veen gemalt.

• *Vagina Dentata*
Der Mythos der Vagina Dentata beschreibt die Vorstellung einer Vagina mit Zähnen und symbolisiert die männliche Furcht vor weiblicher Sexualität und Macht. Dieses Motiv findet sich in verschiedenen Kulturen und literarischen Werken wieder, wo es oft als Ausdruck patriarchaler Ängste interpretiert wird, aber auch als Symbol für weibliche Stärke und Selbstverteidigung dienen kann.

• *Vulva und Mund*
Es gibt eine Verbindung zwischen der Vagina und dem Vagusnerv, der wichtig für Atmung und Stimme ist. Dieser Nerv kann unter anderem durch eine freie und raumgreifende Stimme aktiviert werden. Die Bezeichnung „Fotze" ist nicht nur ein Schimpfwort. In einigen Deutschen Dialekten ist sie noch als altes Wort für den Mund bekannt (Fotzenhobel = Mundharmonika).
Ausserdem wird der äussere Bereich der Vulva nicht ohne Grund als (Scham-) „Lippen" bezeichnet.

• *Die Klitoris*

Die in der Wissenschaft erst kürzlich vollständig kartierte Klitoris ist das einzige menschliche Organ, welches nur dafür da ist, Freude zu bereiten. Nur die Frau ist zu multiplen Orgasmen fähig. In stark patriarchalen Kulturen wird dieses Geschenk der Natur zur unmenschlichen Folter: Über 200 Millionen Mädchen und Frauen sind weltweit von Genitalverstümmelung betroffen

• *Honeymoon*

Im Hinduismus gibt es ein altes Heiratsritual: Hier wird die Vulva der Braut mit schmackhaftem Honig eingerieben, damit ihr Bräutigam zum praktizierenden „Goddess-Worshipper“ wird. Daher das Wort Honeymoon für Flitterwochen.

Matriarchat vs. Patriarchat

Herrschaft der Frauen?

Die Kardashians mögen ein mütterliches Familienoberhaupt haben, aber auch wenn das Viele meinen, repräsentieren sie trotzdem kein Matriarchat. Das Beherrschen patriarchaler Regeln durch Frauen wird oft als Empowerment betrachtet. Obwohl in der westlichen Welt immer wieder behauptet wird, dass das Patriarchat abgeschafft sei, haben Mütter und Kinder immer noch eine untergeordnete Rolle in einem von Männern für Männer geschaffenen System. Im Gegensatz dazu folgen die Menschen im Matriarchat, also in mutterzentrierten Gesellschaften, instinktiv dem meist älteren, weiblichen, erfahrenen Familienoberhaupt (Großmutter/Clanmutter), da sie das Wohlergehen der Gemeinschaft im Blick hat und auf eine lange Lebenserfahrung zurückschauen kann. Kinder, die engen Kontakt zu ihrer Oma mütterlicherseits haben, entwickeln sich nachgewiesenermaßen besser. Die Großmutterhypothese, aufgestellt von Kristen Hawkes, besagt, dass weise Frauen als Clanmutter zur evolutionären Entwicklung des Menschen beigetragen haben.

Es sind zwei unterschiedliche Gesellschaftssysteme, das eine auf Herrschaft und Kapitalismus ausgerichtet, das andere auf Gemeinschaft und Konsens. Sogar Karl Marx hat sich vom Matriarchat zum Kommunismus inspirieren lassen. Allerdings spielt in diesem Gesellschaftssystem die Natur, Mütterlichkeit und Spiritualität keine besondere Rolle mehr. Trotz Kritik und Missverständnissen laden matriarchale Konzepte dazu ein, Weiblichkeit und Männlichkeit aus einem neuen, zyklischen Blickwinkel zu betrachten.

Diese Gegenüberstellung ist als Impuls gedacht und als Einladung dazu, sich selbst ein Bild zu machen.

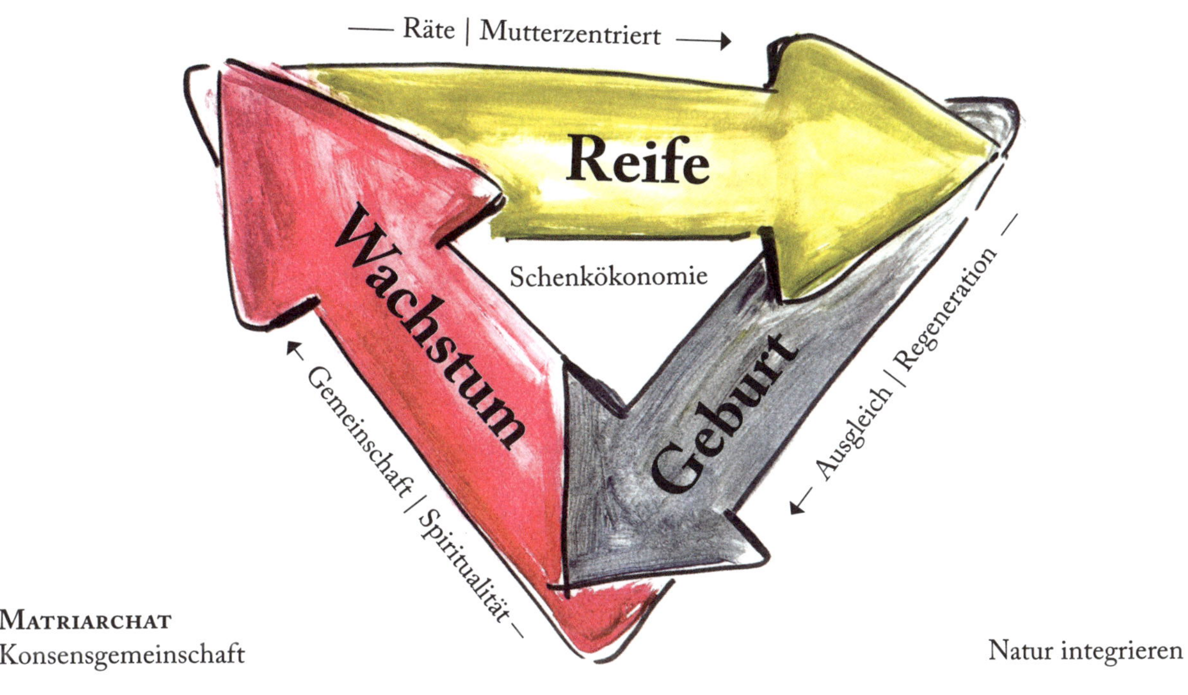

Matriarchat
Konsensgemeinschaft

Natur integrieren

Patriarchat
Leistungsgesellschaft

Natur beherrschen

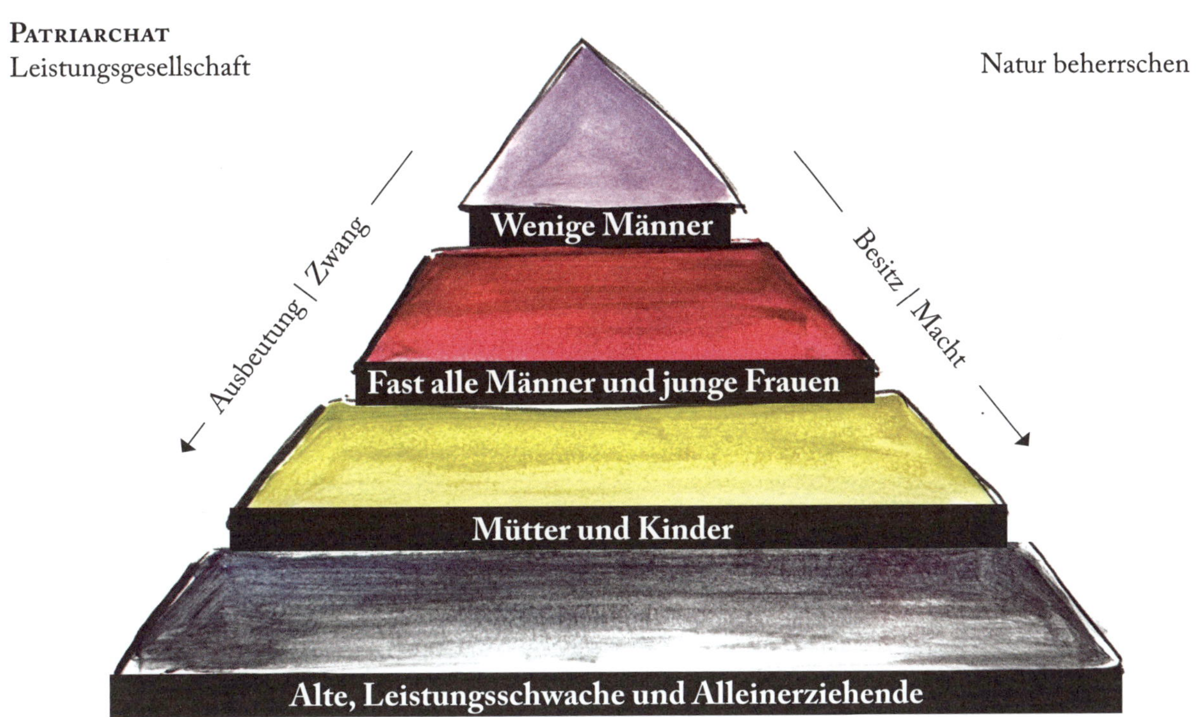

MATRIARCHAT – Mütter im Zentrum

• ***Führung***
Es ist ein Gesellschaftssystem ohne Hierarchien, bei dem das Wohl der Gemeinschaft im Zentrum steht. Auf Konsensbildung aufgebaut, kommen alle zu Wort durch ein System von Räten. Geleitet von der ältesten Frau. Sie kann die anderen aber nicht überstimmen. Diejenigen, die am meisten für die Gemeinschaft getan haben, haben das gesellschaftlich höchste Ansehen.

• ***Utopie?***
Alte Überlieferungen und archäologische Artefakte legen eine matriachale Vergangenheit nahe. Auch in der Gegenwart gibt es gelebte Beispiele für matriarchale Gesellschaften auf der Welt. Trotzdem stößt das Matriarchat auf starke Kritik, weil es das aktuelle Weltbild aus den Angeln hebt.

• ***Matrilinearität***
Die Abstammungslinie läuft über die Mutter. Denn der Vater ist ungewiss, wenn die Frau ihre Sexualität frei lebt. Erbe, Eigentum und Rechte werden oft an die jüngste Tochter vererbt. Endet eine Liebesbeziehung, hat dies keine Konsequenzen für die Kinder. Der Vater kehrt zu seiner eigenen Familie, die seiner Mutter, zurück. Die Kinder bleiben im Mutterclan.

• ***Gleichberechtigung***
Es gibt keine sozialen, politischen und kulturellen Einschränkungen für Frauen. In den heutigen matriarchalen Gesellschaften haben die Frauen allerdings die meiste Arbeit und Verantwortung.

• ***Konflikte***
Matriarchate betonen die Zusammenarbeit in Entscheidungsprozessen. Konflikte werden durch Gespräche und Kompromisse gelöst. Es gibt keine Eigentumskonflike und keine Sexualkonflikte.

• ***Ökonomie***
Oft existiert eine Schenkökonomie, in der es um die Verteilung von erwirtschafteten Gütern und nicht um Akkumulation geht. Besonders bei Feierlichkeiten werden Ungleichheiten ausgeglichen. Geben ohne Erwartungen ergibt sich aus der selbstlosen, mütterlichen Liebe zur nächsten Generation.

• ***Familie***
Auch die Kinderziehung findet im Kollektiv statt. Oft haben die Kinder mehrere Mütter (Mutterschwestern). In manchen matriarchalen Kulturen gibt es kein Wort für Vater.
Der Bruder der Mutter übernimmt die Vaterrolle. Es gibt keine Kleinfamilie sondern Sippenhäuser.

• ***Partnerschaft***
Das Sexualleben wird frei ausgelebt. Es gibt eine Form von Besuchsehe, bei der Männer ihre Geliebte über Nacht besuchen können. Tagsüber kehren sie zu ihren eigenen Familien zurück. Die Frau wählt ihren Liebhaber aus. Eine Liebe dauert so lange, wie das Gefühl vorhanden ist. Es besteht kein wirtschaftlicher Zwang, an einer Beziehung zu arbeiten, da die Liebe nicht an Besitz oder ökonomische Bedürfnisse gekoppelt ist.

• ***Spirituelle Ausrichtung***
Matriarchale Gesellschaften haben oft eine starke spirituelle und künstlerische Ausrichtung, in der die weibliche Göttlichkeit und die Verehrung der zyklischen Natur mit Wachstum, Tod und Wiedergeburt eine zentrale Rolle spielen.

• ***Männer***
Männer im Matriarchat sind stolz auf ihre freien Frauen. Die Männer besitzen hohe soziale und emotionale Kompetenzen und fungieren als Repräsentanten des Clans nach außen.

Patriarchat – Dominanz durch den Vater

• *Hierarchie*
Das Patriarchat ist ein auf Hierarchie ausgelegtes Gesellschaftssystem. Es ist gekennzeichnet durch Dominanz, männliche Autorität und Kontrolle.

• *Die Anfänge*
Es gibt unterschiedliche Theorien darüber, wie das Patriarchat entstanden ist. Eine der verbreitetsten ist folgende: Als die Menschen sesshaft wurden, etablierte sich die männliche Führung als Oberhaupt von Familie und Gemeinschaft, da es nun Besitz zu verteidigen gab.

• *Geschlechterrollen*
Mit dem Einzug des Patriarchats werden die Geschlechterrollen zugeordnet und sogar gespalten: Die Frau wird entweder als Hure oder als Heilige betrachtet, was ein enormes Konfliktpotenzial birgt.

• *Rechtssystem*
Das patriarchale System manifestiert sich oft in rechtlichen Strukturen. Männer werden bevorzugt, ihre Autorität gestärkt. In vielen Gesellschaften wird Frauen immer noch das Recht auf Eigentum, Bildung und politische Teilhabe verwehrt. Auch bei uns sind diese Rechte nicht so alt, wie man glauben könnte.

• *Familie*
Im patriarchalen System wird die Familie oft als hierarchische Einheit betrachtet, in der der Vater als Oberhaupt fungiert. Die Kleinfamilie mit Vater, Mutter und Kind(ern) gilt als Norm.

• *Mutter*
Die Verantwortung für die Kindererziehung liegt oft bei den Frauen. Insbesondere in stark patriarchalen Gesellschaften wird Mutterschaft glorifiziert. Die Rolle der fürsorglichen und aufopferungsvollen Mutter wird höher bewertet als die individuellen Bedürfnisse der Frau selbst. Ihre Aufgabe besteht darin, dem Mann ein Kind zu schenken, möglichst ein männliches. Fürsorgearbeit ist im Patriarchat weiblich konnotiert, wobei diese Arbeit wenig gesellschaftlichen Wert hat und Mütter in finanzielle Abhängigkeit bringt. Mütter, die keine Care-Arbeit leisten, werden stigmatisiert. Väter nicht. Alleinerziehende Mütter werden bemitleidet bis hin zur gesellschaftlichen Ächtung.

• *Karriere*
Männer dominieren in Führungspositionen und besser bezahlten Berufen. Die kapitalistisch geprägte Arbeitswelt ist eine Sphäre von Männern für Männer, in der Frauen sich nur dann behaupten können, wenn sie sich männliche Attribute aneignen. In der öffentlichen Wahrnehmung gelten sie dann als „starke Frauen“ oder coole „Boss Bitches“.

• *Stereotype*
Männlich konnotierte Eigenschaften werden als positiv gesehen, während weibliche Eigenschaften abgewertet werden. Emotionalität und Empathie gelten als schwach. Durchsetzungskraft und Dominanz als stark. Darunter leiden auch Männer.

• *Erotik*
Das Patriarchat agiert brilliant darin, Unterdrückung als etwas Natürliches darzustellen. Grenzen zu durchbrechen, sei es natürliche, landschaftliche oder menschliche, wird als fortschrittlich angesehen. Dominanz und Unterwerfung werden in diesem System sogar erotisiert. In den Geschlechterrollen wird diese Zuordnung deutlich. Der Mann muss in diesem System seine „Männlichkeit“ unter Beweis stellen. Zur Belohnung erhält er die Macht und gilt sexuell als attraktiv.

Kunst und Schöpferkraft

Ein menschliches Grundbedürfnis

Der Mensch ist von Natur aus kreativ. Steinzeitliche Artefakte wie Musikinstrumente, Körperschmuck, Körperbemalung, Malerei und Skulpturen finden sich auf der ganzen Welt. Im Laufe der Zeit hat sich die Kunst entwickelt, beispielsweise im Bereich des Handwerks. Durch Gesang, die Kunst des Geschichtenerzählens, Tanz, Web- und Töpfertechniken und zahlreiche andere kreative Entwicklungen, aus denen sich Traditionen herausbildeten, wurde Kunst zu einem identitätsstiftenden Element für Gemeinschaften. Auffällig ist eine „weibliche Handschrift“, die in den Frühwerken der Menschheit erkennbar ist. Es ist offensichtlich, dass Frauen erst viele hunderttausend Jahre später aus der Kunst verdrängt und auf ihre Rolle als Mütter reduziert wurden. Es ist an der Zeit, die weibliche Geschichte wieder zu entdecken. Denn es sollte nicht heißen: „Frauen können auch Künstlerinnen sein, so wie Männer“, sondern vielmehr: „Frauen können Künstlerinnen sein, so wie alle unsere frühgeschichtlichen Urahninnen.“

Die Essenz der Menschheit – Kunst als Ausdruck von Emotion

Kunst

Überall auf der Welt wurden kleine weibliche Figurinen gefunden. Das Relief „Venus von Laussel“ ist etwa 30.000 Jahre alt und zeigt eine Frau, die ein Mondhorn mit dreizehn Kerben hält, was als früher Kalender interpretiert wird. In Kindergräbern wurden aufwendig gearbeitete Perlenketten entdeckt. Dank modernster Technik ist heute bekannt, dass die Handabdrücke, die wie Signaturen neben den Höhlenmalereien erscheinen, größtenteils von Frauen und Kindern stammen. Einige berühmte Beispiele sind die Höhlen von Lascaux und Chauvet in Frankreich, die Höhle von Altamira in Spanien, sowie die Cueva de las Manos in Argentinien.

Architektur

Die ältesten Tempel und Gebetshäuser sind dem weiblichen Körper nachempfunden, mit einem vulvaförmigen Eingang, einer „schwangeren“ bauchförmigen Kuppel, oder Grundrissen, die der Gebärmutter nachempfunden sind. Ein besonders eindrucksvolles Beispiel sind die Tempelanlagen auf Malta, deren Grundrisse an den weiblichen Körper erinnern. Zu einem bestimmten Sonnenstand scheint die Sonne durch die „Vulva“ hindurch bis zum Inneren des „Kopftempels“.

Tanz und Musik

Orientalische Bauchtänzerinnen und polynesische Hula-Mädchen verkörpern den Stoff, aus dem so mancher Seefahrer-Traum gestrickt ist. Erotischer bis ekstatischer Tanz und Ritual waren überall auf der Welt miteinander verbunden und hatten nichts Anstößiges – im Gegenteil: Weibliche Sexualität und Fruchtbarkeit waren kostbar für die Gemeinschaft und heilig. Viele traditionelle Tänze sind kreisförmig angelegt und spiegeln kosmische Gesetze wider.

Kleidung und Schmuck

Spinnen, Weben, Knüpfen und Nähen hatten in Urzeiten eine spirituelle Komponente. Viele Göttinnen wurden als „Schicksalsweberinnen“ verehrt. Teppiche waren nicht nur kunstvoll und prächtig, sondern erzählten auch Geschichten für nachfolgende Generationen.
Die weiblichen Figuren der siebentausend Jahre alten Vinča-Kultur tragen rautenförmig raffiniert geschnittene Kleidung. Selbst die Frauenfiguren aus der Steinzeit tragen oft Schmuck oder kunstvoll gefertigte Kopfbedeckungen.

Die Heldinnenreise

Selbstfindung statt Kampf

Kennst du dieses Gefühl? Du strengst dich an, Erwartungen zu entsprechen, dich anzupassen und stark zu sein, um allen gerecht zu werden. Doch wenn du schließlich alles erreicht hast, fragst du dich: Ist das wirklich, was ich wollte? Manchmal tritt diese Sinnkrise kurz vor der Menstruation oder während der Menopause auf. Aber was ist, wenn es dieses Mal eine existenzielle Krise ist?

Willkommen bei der Heldinnenreise. Seit Menschengedenken erzählen wir Geschichten, und viele alte Mythen sind durch ihre universelle Symbolik geradezu in unsere DNA eingraviert. Oft fühlen wir uns eng mit dem Helden oder der Heldin einer Geschichte verbunden, identifizieren uns mit deren Abenteuern, Zweifeln, inneren Kämpfen und Transformationen. Diese Geschichten dienen als Vorlage für unsere eigene Entwicklung. Der Mythenforscher Joseph Campbell identifizierte ein Muster in diesen Mythen, den zyklischen Verlauf der Heldenreise. Als George Lucas davon hörte, inspirierte es ihn zur Star-Wars-Trilogie, die eine neue Ära in Hollywood einläutete. Doch viele Frauen fragen sich: Sind wir nur die Prinzessin, die den Helden unterstützt, oder sind wir selbst die Heldin?

Campbell antwortete darauf: Die Heldinnenreise spielt sich im Inneren der Frauen ab, in ihrem zyklischen Rhythmus, unsichtbar für die Welt. Marija Gimbutas ergänzte diese These. Weibliche Rückzugsorte, Menstruationshütten und dunkle, sakrale Höhlen sind viel älter als der Kriegsheld. Es geht um Rückzug in die Tiefe, um durchlebten Schmerz und Transformation durch Neugeburt – das uralte zyklische Prinzip der Heldin. Auch in vielen alten Märchen und Mythen finden wir Transformationsgeschichten junger Mädchen, die sich in der Fremde behaupten müssen. Sie kämpfen nicht, sondern folgen ihrer Intuition zur Reife. Die Heldinnenreise führt die Frau in ihre innere Welt, wenn sie mit einer Außenwelt konfrontiert ist, die nicht zu ihr passt. Sie muss sich ihrer wahren Identität stellen und verdrängte Aspekte erkennen. Durch die Spiegelung mit dem Dunklen in der Unterwelt, die das Unterbewusstsein symbolisiert, erkennt sie ihre wahre Essenz. Das alte Ich stirbt. Durch diese Erkenntnis kann sie den Erwartungsdruck von außen abstreifen und endlich all ihre Persönlichkeitsanteile entfalten. Im Gegensatz zum männlichen Helden kämpft sie nicht gegen das Böse, sondern gegen ihre eigenen inneren Widerstände. Wenn sie diese überwunden hat, kehrt sie als gereifte Heldin zurück. Jede Frau kann ein Held sein, genauso wie jeder Mann eine Heldin sein kann. Jedoch ist der weibliche Zyklus die Blaupause der Heldenreise. Also vergiss nicht, deine Heldentaten zu feiern – jeden Monat. Solange du noch kannst.

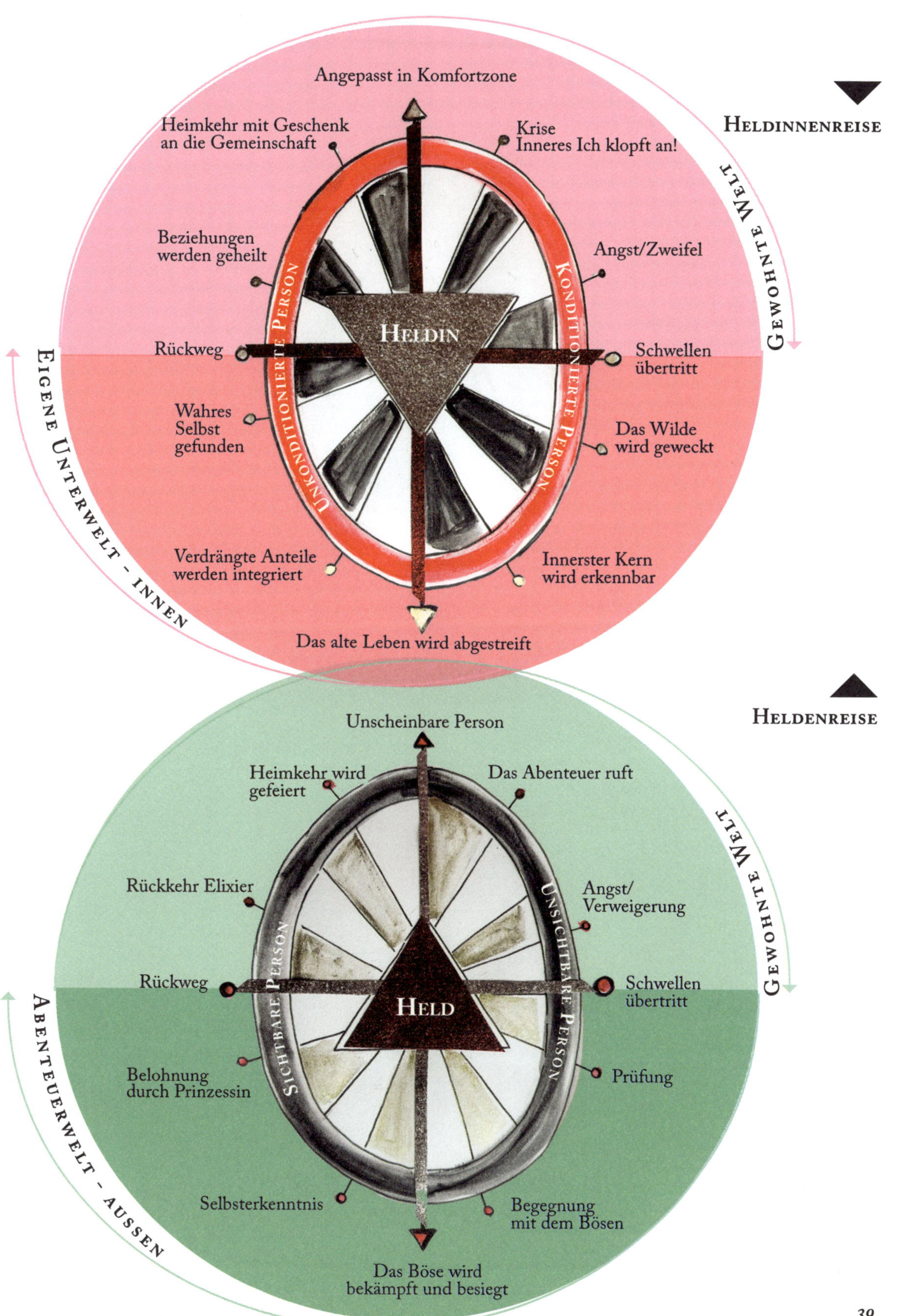
Heldinnenreise
Angepasst in Komfortzone
Krise
Inneres Ich klopft an!
Angst/Zweifel
Schwellen übertritt
Das Wilde wird geweckt
Innerster Kern wird erkennbar
Das alte Leben wird abgestreift
Verdrängte Anteile werden integriert
Wahres Selbst gefunden
Rückweg
Beziehungen werden geheilt
Heimkehr mit Geschenk an die Gemeinschaft
Heldin
Konditionierte Person
Unkonditionierte Person
Gewohnte Welt
Eigene Unterwelt - innen
Heldenreise
Unscheinbare Person
Das Abenteuer ruft
Angst/ Verweigerung
Schwellen übertritt
Prüfung
Begegnung mit dem Bösen
Das Böse wird bekämpft und besiegt
Selbsterkenntnis
Belohnung durch Prinzessin
Rückweg
Rückkehr Elixier
Heimkehr wird gefeiert
Held
Unsichtbare Person
Sichtbare Person
Gewohnte Welt
Abenteuerwelt - aussen

Teil II

Die Göttin und Ich

Im Spiegel der Göttin

Zum Konzept

„Nadine, das ist ja alles schön und gut mit deinen Göttinnen, aber was haben denn diese verstaubten Figuren aus dem Museum mit mir als moderne Frau zu tun?"

Diese provokant-neugierigen Rückfragen höre ich immer wieder, wenn ich über mein Lieblingsthema spreche. Verständlicherweise, denn bis vor ein paar Jahren konnte auch ich nicht wirklich viel damit anfangen. Außer an Karneval vielleicht, wenn ich mir eine Strahlenkrone aus goldlackierten Kabelbindern aufsetzte. Ich bin noch nicht einmal richtig göttinnenkonform. Als Großstadtkind bin ich selten in der unberührten Natur unterwegs und kann leider auch kein Räucherritual leiten.

Und dennoch habe ich begriffen, dass in der Beschäftigung mit der Göttin die Antworten auf alle großen Lebensfragen für mich als Frau enthalten sind.

Sie sind ideale Vorbilder, denn sie haben sich als zyklische Spiegelung der Natur noch nicht von patriarchalen Grenzen einschränken lassen. Das war eine transformative Entdeckung für mich, denn zum ersten Mal habe ich mein Leben aus einer völlig neuen Perspektive gesehen.

Ich komme aus der Modebranche und habe viele Jahre als Trendforscherin gearbeitet. Daher war für mich klar: In der Wiederentdeckung der Göttin liegt großes Inspirationspotential für die Bewusstwerdung unterdrückter Weiblichkeit. In mir selbst und und in der Gesellschaft. Darum wollte ich die alten Überlieferungen neu erzählen, mit meinen Bildern und neu erzählenden Texten. Denn ganz ehrlich, wer liest in seiner Freizeit uralte Mythen in Versform?

Immer wieder wurde ich mit der Frage konfrontiert: Was hast du denn durch die Göttinnen für dein Leben erkannt? Und: Erzähl doch mal ein Beispiel aus deinem Leben. Mein Leben? Wirklich? Okay, Warum nicht? Schließlich ist das Motto ja: ***UNDOMESTIZIERT.***

Auf den folgenden Seiten kann man daher nun meine Lieblingsgöttinnengeschichten lesen, reflektiert in meinen biografischen Episoden. Da es hier um Muttergöttinnen geht, liegt der Fokus auf den Themen Mutterschaft, Ahnenlinie, Körpergefühl, weiblicher Zyklus und Sexualität. Dabei ist mir klar geworden, welche gläsernen Mauern ich mir schon früh selbst unbewusst errichtet habe, als Anpassungsstrategie an eine patriarchale Gesellschaft, der ich mir nicht bewusst war.

Es gibt zahllose, spannende und inspirierende Göttinnen-Geschichten auf der ganzen Welt, und zu jeder fällt mir eine Alltagsgeschichte aus meinem Leben ein. Am Ende ist die Auswahl auf diese sieben Göttinnen gefallen, die unterschiedliche Facetten des weiblichen Prinzips darstellen. Der Fokus liegt dabei auch auf Göttinnen aus unserem Kulturkreis. Solche, die in der fernöstlich-spirituellen Praxis unserer Zeit keinen Platz haben.

Aber vielleicht irre ich mich auch, und ihr macht demnächst den Sonnengruß auf der Yogamatte auch einmal zu Ehren von Frau Holle. Die ist ja schließlich für das schöne Wetter zuständig. Lasst es mich gerne wissen. Es geht hier nicht um Aneignung fremder Kulturen, denn die Göttinnen sind universell: Eine indische, schwarze Kali vereint ähnliche Attribute wie die arabische Al-laat. Die nordische Göttin Freya hat erstaunlich viele Ähnlichkeiten zur sumerischen Inanna, und die ägyptische Isis ist die Blaupause für Maria mit Jesuskind.

Die Göttinnen sind sich auf der ganzen Welt sehr ähnlich, so wie wir Frauen. Auch wenn sie am Ende alle in ihre Eigenschaften als Mutter, Intellektuelle, Schöne, Häusliche oder Kriegerische zersplittert wurden. Aber ursprünglich konnten sie einmal alles in allem sein. So wie wir Frauen auch. In den folgenden Kapiteln lade ich dich ein, sie mit mir wieder zu entdecken. Und da es sehr persönlich wird, bitte ich dich, mir die direkte Du-Anrede zu verzeihen. Es ist die einzig passende Ansprache für mich.

Ich erzähle die Göttinnengeschichten zwar nahe an den Originalüberlieferungen, aber in meiner Art und Weise und natürlich gibt es von den Mythen immer Varianten. Aufgeschrieben zu unterschiedlichen Zeiten und auf Basis von verschiedenen Überlieferungen. Oft scheint ihr matriarchaler Ursprung noch hindurch. Ich stelle im folgenden Teil sieben Göttinnen vor.

Diese Auswahl beinhaltet die Themen, die bei Göttinnen immer wieder eine Rolle spielen: Mutterschaft, bedingungslose Liebe, Selbstfürsorge, erfüllte Sexualität, ein gutes Körpergefühl, Zyklusbewusstsein, Kreativität und Selbsterkenntnis. Die Zahl sieben spielt nicht nur in Märchen eine Rolle, sondern auch in vielen alten Mythen und steht für Ganzheit. Fühle dich eingeladen, selbst zu recherchieren, zu überprüfen und zu vergleichen. Auch wenn die Episoden so angelegt sind, dass sie aufeinander aufbauen, kannst du anfangen, wo du möchtest. ***Sei frei. Sei neugierig. Sei undomestiziert!***

Das Wilde in uns

Der Auftakt

Die Hindus in Bengalen schmücken nicht nur die Tempel, sondern auch ihre Häuser mit Darstellungen der furchteinflößenden Mama Kali. Besonders beliebt sind dabei die Bilder, auf denen Kali ihren Ehemann Shiva dominiert.

An einem verregneten Nachmittag sitze ich als Kind mit meiner Mutter im Wohnzimmer vor der Flimmerkiste und futtere genüsslich meine Butterbrote weg. So werde ich Zeugin einer der skandalösesten Szenen im Live-TV:

Die junge Nina Hagen wird vom Moderator einer Talkshow gefragt, was denn das Problem mit der Jugend von heute sei und dann kommt es zur folgenden legendäre Szene. Als Antwort auf die Frage räkelt sich Nina in ihrer Lacklederhose mit der Hüfte nach oben vom Stuhl, legt ihre Hand in den Schritt und antwortet, dass alles daran liegt, dass Männer nicht wissen, wie man eine Frau richtig befriedigt.

Ergo: Jede Frau soll lernen, wie man sich am besten selbst stimuliert. Sie erklärt das bildhaft und zeigt direkt vor der Kamera, wo die Klitoris liegt und was man mit ihr macht.

Sie ist die einzige Frau in der Runde. Den Männern, die bis dahin versucht haben, mit Zigarette und Drink lässig und intellektuell rüberzukommen, fällt in dem Moment die Kinnlade runter. Verschämt und irritiert lachen sie gekünstelt. Sichtlich verunsichert von einer jungen Frau, die einfach sagt, was sie denkt. Und sie hat eine wichtige Botschaft, die sie auf entwaffnende Weise überbringt. Ein absoluter Skandal, in dessen Folge die Sendung abgesetzt wird.

Eine normale Mutter hätte wahrscheinlich sofort den Fernseher ausgeschaltet. Meine Mutter trägt allerdings trotz ihres Vollbluthausfrauendaseins eine Rebellin in sich, die nie richtig ausbrechen konnte. Wie hypnotisiert steht sie vor dem Röhrenfernseher, hebt ihren Pott Kaffee in die Höhe und ruft aus: „Diese Frau spricht die Wahrheit!"

Ich bin leicht irritiert, denn meine Mutter hat für mich auf den ersten Blick nichts mit der Punkrockerin Nina Hagen gemeinsam. Im Gegenteil: Sieben Jahre später wird meine persönliche Riot-Grrrl-Phase zu regelmäßigen Mutter-Tochter-Kämpfen führen und meine Teenagerzeit zur Hölle machen. Doch mag meine Mutter noch so brav und hausfräulich wirken: Ihre unangepasste Ader lässt mich in meiner Kindheit regelmäßig vor Scham im Erdboden versinken. Zum Beispiel die Aktion, als wir mit der Familie zum Selbstversorger-Urlaubsort auf Gran Canaria fliegen: Nachdem alle Passagiere ihre Bordverpflegung verputzt haben sammelt meine Mutter schneller als die Stewardess alle unangebrochenen Butterverpackungen ein.

Jedenfalls waren mir ihre Aktionen immer unendlich peinlich. Im Nachhinein verstehe ich ihre Begeisterung für die Nina-Hagen-Szene in der Talkshow: Denn Nina Hagen schämt sich für nichts. So wie sie. Ohne Angst davor, was andere über sie denken werden. Im Gegensatz zu mir.

Erst viel später wird Nina Hagen sich selbst als Reinkarnation der Göttin Kali bezeichnen.

Ich denke zuerst, das hätte damit zu tun, dass auch Kali ihre großen Augen aufreißt und ihre lange Zunge herausstreckt. Viel später jedoch verstehe ich die Tiefe hinter dieser Beziehung, weil Kali auch für die Anarchie steht. Genau wie Nina und Punk. Aber spulen wir vor und reisen in die Geburtsstätte dieses rebellischen Musikgenres.

Meine Geschichte

Anarchy in the UK

s ist 1997, ich bin gerade zwanzig geworden und lebe nicht mehr zu Hause. Denn mein Traum ist wahr geworden. Ich bin Kunststudentin in London und sauge alles in mich auf, was diese Metropole zu bieten hat. Und natürlich stürze ich mich in jedes Abenteuer.

„Wow, das sind ja geile Ringe an deinem Finger", bestaune ich meine Sitznachbarin an der Bar. In England scheint es normal, dass sich fremde Frauen einfach so gegenseitig Komplimente machen. In Deutschland, so mein Eindruck, sind wir damit zurückhaltender. Aber mit Zurückhaltung habe ich es nicht. Besonders nicht nach zwei Mojitos und wenn meine Nebenfrau exaltierte Ringe trägt, die wie Ritterrüstungen für den Finger aussehen.

Meine überschwänglichen Wertschätzungsbekundungen liegen wahrscheinlich auch daran, dass ich gerade äußerst gut gelaunt bin: Ich habe es wirklich ins Momo's geschafft, den angesagtesten Club von Soho.

Der Türsteher ist eine Dragqueen und sortiert knallhart nach einem Schema aus, das man heutzutage „instagrammable or not" nennen würde. Aber Social Media werden zum Glück erst fünfzehn Jahre später unser Leben bestimmen. Bis dahin amüsieren wir uns analog. Um hier reinzukommen, habe ich lange an meinem Look gefeilt. Angelehnt an Isabella Rossellini in „Der Tod steht ihr gut": Schwarzer Bob mit Pony, dazu mein bestickter Kimono vom Portobello Market. Sowas kann ich in Köln höchstens zu Karneval tragen. Hier aber bin ich unter exaltierten Gleichgesinnten. Endlich normale Leute! Ähnlich wie in dem erwähnten Film wirkt auch in diesem Club alles mystisch. Antiker Tempel meets Fashion Show. Kerzen, indische Statuen, Soul-Musik remixed mit Elektro Klängen.

Überirdisch schöne Frauen mit langen Ketten zwischen Nasenringen und Ohrringen. Ich bewundere die ausladend kurvigen Frauen in knallengen Kleidern auf der Tanzfläche. Die fühlen sich pudelwohl darin und dafür liebe ich die Schwarze Subkultur hier – Size doesn´t matter!

An diesem Abend überlege ich mir, ob es nicht weniger der Körperumfang, sondern vor allem die kulturelle Prägung ist, die es uns erlaubt, uns supersexy zu fühlen.

Als die Band „The Prodigy" unangekündigt privat den Club betritt, müssen meine Freundinnen und ich unseren Tisch räumen. „Sorry, der Tisch ist schon reserviert", sagt der Platzanweiser und drückt uns frech die Gläser in die Hand. Ich würde gerne noch vorschlagen: Wieso, die können sich doch zu uns setzen... doch leider haben sie schon ihre eigenen Models dabei. Wir haben keine Chance! Aber so lerne ich wenigstens neue Menschen kennen... Meine neue Sitznachbarin begrüßt uns freundlich. Sie hat nichts dagegen, wenn wir ein bisschen zusammenrücken. Elise, so ihr Name, ist deutlich älter als ich. Antiquitätenhändlerin.

„Vivienne Westwood", sagt sie, als sie ihren Ring mit dem Scharnier abnimmt und mich anprobieren lässt.

Am Ende des Abends denke ich: Es ist doch viel spannender, interessante Frauen kennenzulernen, als von angetrunkenen Engländern angebaggert zu werden. Elise und ich wollen in Kontakt bleiben und sie hält diesen engagiert. Wir telefonieren, wir treffen und unterhalten uns. Es wäre falsch zu behaupten, hier entstünde eine Freundschaft. Ich bin fasziniert von ihrer Andersartigkeit und sie öffnet mir die Türen zu einer wundersamen, schillernden Subkultur.

„Komm mit auf diese Party! Ich hole dich ab und

bringe dich nach Hause. Es ist eine Art Fetisch-Fantasy-Party", verkündet sie. Ich denke mir nicht viel dabei, es sind schließlich die Neunziger in London. Was immer „Fetisch" auch heißen mag, es hört sich spannend an.

Jede Elektro-, Schwulen- oder Trance-Party hat hier Fetisch-Charakter. Es ist die Zeit von Jean Paul Gaultier, Vivienne Westwood und Alexander McQueen, die die Looks der Metropole prägen.

„The Look of Sex" ist allgegenwärtig. Da wird man beim Stichwort „Fetischparty" nicht misstrauisch. Man trägt selbstverständlich im Alltag Latex-Hosen, Plateauschuhe, Jacken mit Gumminoppen und Leder-Halsbänder mit Nieten.

Mein kleines WG-Zimmer im Stadtteil Clapham quillt vor Klamotten über. Es besteht nur aus überladenen Kleiderständern und einem Bett irgendwo in der Mitte. Natürlich stelle ich mir an dem Abend ein Outfit zusammen, das dem Anlass entspricht. Roter Schlangenlederrock, der bis auf den Boden reicht, Korsage, Nietenhalsband, Perücke – fertig! Get the party started!

Ich springe ins Auto und genieße den Luxus, nicht wie sonst mit der U-Bahn in die Stadt fahren zu müssen. Wir fahren bestimmt eine Stunde lang raus aus der Stadt. Ich bekomme langsam ein mulmiges Gefühl. Auch weil Elise so ein Geheimnis aus unserem Ziel macht. Um meine Unsicherheit zu überspielen, rede ich die ganze Fahrt über ununterbrochen. Das lässt mich hoffen, dass ich im Fall einer Entführung durch Menschenhändler möglicherweise als 'unbrauchbar' eingestuft werde. Wir biegen in eine Privatstraße ein, und nachdem Elise lässig etwas in die Gegensprechanlage nuschelt, öffnet sich das schmiedeeiserne Tor zu einer anderen Welt.

Ein Hauch von Klischee liegt in der Luft, es geht vorbei am beleuchteten Brunnen mit Figuren und Fontänen, dann erblicke ich eine imposante, angestrahlte Villa. Ich habe immer noch keine Ahnung, wo ich mich gerade befinde. Ich fange an zu zweifeln, ob hier wirklich eine Techno-Party stattfinden wird. Ich bin fasziniert, aber auch ein wenig beunruhigt.

Als Elise ihre Jacke an der Garderobe auszieht, trifft mich fast der Schlag:

Sie trägt auch einen roten Schlangenlederrock! Nur ist ihrer die Mini-Version. Und obenrum? Nix! Nur zwei Piercings, die zwei lange Nippel an biberschwanzförmigen Brüsten schmücken. Ich versuche mir nichts anmerken zu lassen. Ich bin schließlich Kunststudentin. Total weltoffen, gechillt. Und für Elise ist es das Normalste der Welt. Ihr Körper ist mindestens vierzig Jahre alt und es scheint ihr schnurzegal zu sein, dass er nicht mehr dem aktuellen Schönheitsideal entspricht.

Und ich vermute, nie entsprochen hat, denn ich bin in dem Moment, wo ich diese Zeilen schreibe, fast fünfzig und ich weiß jetzt:

Biberschwänze oder Mäusefäuste – wen interessiert's, Hauptsache, du liebst deine Titties! Ein Hoch also auf Elise!

Wo nimmt sie nur dieses Selbstbewusstsein her? Es ist nicht nur so, dass es ihr egal ist, ob ihr der Minirock steht oder nicht. Es kümmert sie nicht im Geringsten, ob ihre Beine dafür zu dick sind. Sie ist einfach sie selbst und fühlt sich großartig. Jetzt, da sie völlig aufzublühen scheint, strahlt sie alle an und lächelt über beide Ohren. Ich bin schockiert und gleichzeitig beneide ich sie. Wenn ich nur daran denke, welche Komplexe ich allein wegen meiner knubbeligen Knie habe: Die würde ich nie zeigen. Darum trage ich ja einen langen Schlangenlederrock – keinen kurzen! Ich trete ein und mir springt der luxuriöse, knallgelbe Kronleuchter ins Auge, der die floralen Tapeten sanft beleuchtet. Moment mal, sind das etwa kleine Penisse in den Blüten? „Yes, my dear! Die Tapete ist ein Spezialdesign", erklärt mir Elise. Ein Mann in Naziuniform unterbricht mein Staunen über das visuelle Feuerwerk und begrüßt uns. Er nimmt sofort Elises Nippel-Piercings in Augenschein.

Elise präsentiert sie nicht ohne Stolz. Zum Glück weiß er nicht, dass ich Deutsche bin. Das wäre mir äußerst unangenehm, und ich traue mich nicht, mir meine Verstörung angesichts seiner Kleiderwahl anmerken zu lassen. Für uns Deutsche empörend, aber die Engländer lieben Uniformen im Zusammenhang mit Sex. Zu dieser Zeit finden sogar Schuluniform-Partys für Erwachsene statt.

Ich möchte bei der Nippel-Begutachtung am liebsten im Erdboden versinken, aber ich reiße mich zusammen. Schließlich bin ich cool und war schon auf ganz anderen Events. Beispielsweise auf Kunstperformances, bei denen sich der Künstler selbst auf dem Klo filmt – aus der Perspektive der Kloschüssel. Was soll's, ich gehe weiter ins Getümmel, immer hinter Elise her.

Was ich dort zu sehen bekomme, werde ich nie wieder in meinem Leben sehen. Rückblickend ärgere ich mich, dass ich es in meinem Schockzustand nicht richtig genießen konnte. In diesem Haus gibt es unzählige Räume. Es ist eine Art sexualisierte Version von Alice in Wunderland. Pink gekleidete Krankenschwestern, die sich gegenseitig zuzwinkern, kichern und ihre in Binden eingewickelten „Patienten" mit seltsamen Behandlungsmethoden verwöhnen. Ich sehe starke Jungs an der Leine, die sich fröhlich bellend Gassi führen lassen, Beinchen heben und sich zur Strafe von Frauchen richtig ausschimpfen lassen. Es gibt ein Babywickelzimmer, wo pastellfarbene Gummiwindeln auf riesigen Wickeltischen von Fetisch-Supermamas gewechselt werden, zwischendurch noch ein paar vereinzelte Nazikostüme oder Gestapo-Pin-up-Girls. Pfauenfedern und die obligatorische „Lack und Leder"-Fraktion. Der Fantasie sind keine Grenzen gesetzt.

Es ist eine Art Kuriositätenkabinett des letzten Jahrhunderts – neu aufgelegt. Aber eins ist offensichtlich: Es ist die Nacht der Frauen, die die Männer gut im Griff haben, sich dabei aber selbst nicht allzu ernst nehmen.

In den buntesten Farben des Regenbogens und den fantastischsten Kreationen. Und vor allen Dingen mit viel Spaß. Die Stimmung ist alles andere als aggressiv, obwohl einige dieser Frauen sich benehmen wie ausgehungerte Piranhas. „Entschuldigen Sie bitte, Madame", spricht mich ein Mann freundlich von der Seite an. Er ist riesig, im wahrsten Sinne des Wortes. Mit erheblicher Leibesfülle und blondem Bart sieht er aus wie ein Wikingerkönig. Allerdings trägt er ein Ballerina-Kostüm mit High Heels. Aus dem rosa Trikot quellen die blonden Brusthaare. Keine Ahnung, wie das statisch möglich ist, aber er bewegt sich mit eleganter Leichtigkeit auf seinen messerscharfen Stilettos. „Ja bitte?", was will der bloß von mir?

Und als ob es die normalste Frage der Welt wäre: „Brauchen Sie für heute Abend noch eine Dienstmagd?"

Ich schlage mir die Hand vor den Mund, murmle ein zaghaftes „Nein danke" und zische schnell ab. Rückblickend denke ich:

Was wäre wohl geschehen, wenn diese Wikinger-Ballerina meine devote Abendbegleitung geworden wäre? Ich hätte mich bestimmt köstlich amüsiert, anstatt unsicher von Raum zu Raum zu wandeln.

Als ich dann Zeugin einer Akrobatik-Performance werde, wo der Künstler scheinbar nur an seinen Hoden befestigt von der Decke baumelt, denke ich: Eine normale Liebesschaukel hätte es auch getan.

Nein, leider denke ich das nicht.

Ich denke: Das reicht jetzt.

Ich will so schnell wie möglich weg hier! Es dauert fast zwei Stunden, bis ich Elise nach verzweifelter Suche endlich hinter einem Vorhang wiederfinde. Sie sitzt auf dem Mann im Nazikostüm, der gerade dabei ist, zu erproben, wie weit er die Nippel-Piercings zu sich heranziehen kann. „Ich würde jetzt gern gehen", sage ich ihr mit einem Dackelblick. Sie nickt verständnisvoll und packt ihre beiden besten Stücke wieder ein. Ein paar Minuten später sitzen wir im Auto zurück in die normale Welt. Leider hat sich später in meinem Leben keine weitere Gelegenheit mehr ergeben, noch einmal in so eine fabelhaft erotische Geheimparty einzutauchen.

Gerne würde ich ihr heute sagen: „Sorry, Elise. Ich war noch zu jung und völlig verunsichert! Hättest du mich nicht irgendwie besser darauf vorbereiten können?"

Außen heiß und weltoffen – innen schockgefroren

Ich frage mich bis heute, warum ich einerseits so fasziniert war von dieser frei gelebten exzentrischen Sexualität und zugleich zutiefst verunsichert. Es ist ja spätestens seit dem Nina-Hagen-Event im elterlichen Wohnzimmer klar, dass ich nicht in einer verklemmten Familie aufgewachsen bin. Also wer oder was hat mir nur diese Scham eingeimpft?

Die gesellschaftliche Prägung scheint tief zu sitzen: Die Frau als Objekt der Begierde und der Mann als ihr Erlöser oder Eroberer. Dieses Konzept wurde mir immer als das natürliche Prinzip verkauft: Sie, die Prinzessin, gehört nach erfolgreicher Eroberung ihm, dem Ritter. Im Idealfall schmiegt sie sich an seine schützende Schulter.

Gleichzeitig wurde ich als Frau davor gewarnt, mich einem Mann nicht allzu leichtfertig hinzugeben oder zu offensiv sexuell aktiv zu sein. Frau würde sich, so hieß es, dadurch nur selbst entwerten und im schlimmsten Fall sogar noch als Hure bezeichnet. Bestseller wie „Why men love bitches" und „Men are from Mars, Woman are from Venus", die immer wieder den Mann als Alpha Männchen darstellen, der die Frau, die sich ziert, erobern will, prägten lange mein Bild von Beziehungsanbahnung – „Willst du gelten, mach dich selten". Anstatt Elise dafür zu feiern, dass sie sich einfach das Recht herausnimmt, mit einer Freundin in einen „Sündenpfuhl „ zu fahren, um sich dort zu amüsieren, spüre ich, wie ich sie innerlich dafür verurteile.

Ganz tief unten im patriarchalen Kellerloch meiner Seele ist eine Stimme, die sagt: „Sie muss sich nicht wundern, wenn sie eines Tages für ihre Freizügigkeit büßen muss."

Warum mir diese Glaubenssätze eingeimpft wurden, habe ich vorher nie hinterfragt. Hätte mir jemand erklärt, dass es einmal eine Zeit gab, in der Frauen selbstverständlich ihre Liebhaber oder Liebhaberinnen selbst auswählten, eine aktive Rolle in der Sexualität einnahmen und dass selbst Tempelprostituierte als Ehefrauen akzeptiert und heißbegehrt waren, hätte ich das für eine Verschwörung gehalten. Aber überall auf der Welt gab es eine Zeit, in der Hure und Heilige noch keine Schubladen waren, geschweige denn unvereinbar. Selbst, als sich die Ehe langsam zur Institution entwickelte, verlief die Erbfolge noch über die weibliche Linie. Die Ehe war also noch nicht an wirtschaftliche Abhängigkeit gekoppelt.

Bei den Kelten beispielsweise war es durchaus üblich, dass Frauen mehrere Ehemänner haben konnten. Das macht einen großen Unterschied. Weibliche Sexualität wurde nicht als „schmutzig", sondern als göttliche Kraft begriffen.

Um diese Zeit genauer unter die Lupe zu nehmen, muss man sehr weit zurückschauen. Noch bevor Eva in die verbotene Frucht biss, die symbolisch seit jeher für die Vulva steht. Der Baum heißt schließlich nicht umsonst „Der Baum der Erkenntnis". Danach war für uns Schluss mit „frei und pudelnackig durch das Paradies laufen", denn von da an waren wir Frauen an allem schuld. Wer jetzt denkt: „Das war doch schon immer so", sollte einen Blick in die uralten Mythen werfen. Im Fokus der folgenden Geschichte, deren Überlieferung mehr als siebentausend Jahre alt ist, steht eine Göttin. Hier schließt sich der Kreis zu Nina Hagen in der Einleitung, denn die Rede ist von keiner Geringeren als der indischen Super-Göttin Kali.

Ist es nicht eine Ironie des Schicksals, dass ausgerechnet die Nation der Fetisch-Experten, die Engländer, die Frechheit besaßen, das Land der Kali zu kolonialisieren und gleichzeitig völlig geschockt auf diese wilde Göttin reagierten. Das nennt man wohl Doppelmoral.

Dort, wo man sie am meisten verehrt, im indischen Kalkutta, waren die englischen Herrschaften entrüstet darüber, dass man so jemanden wie Kali überhaupt und dann auch noch heiß und innig verehren kann. Die Hindus in Bengalen jedenfalls schmücken nicht nur die Tempel, sondern auch ihre Häuser mit Darstellungen der furchteinflößenden Kali-Ma (Mama Kali). Besonders beliebt sind dabei die Bilder, auf denen Kali ihren Ehemann Shiva dominiert. Da steht sie einfach auf ihm drauf oder noch unverschämter: Sitzt auf ihm im Sexualakt. Laut dem ebenfalls im Hinduismus verwurzelten Tantra ein Austausch von männlicher und weiblicher Energie.

Für die englischen Eindringlinge jedoch ein Schock sondergleichen und gleichzeitig Beweis dafür, wie zurückgeblieben diese wilden Inder seien, denen man dringend Kultur vermitteln müsse. Denn eine Göttin sollte, wenn überhaupt, liebreizend und anmutig sein. Somit fühlten sich die Engländer auch noch moralisch überlegen und hatten keine Hemmungen, den frisch kolonialisierten Inderinnen und Indern ihr Weltbild aufzudrücken. Zum Glück hat dies nur bedingt geklappt und der Schatz der uralten hinduistischen Mythen ist erhalten geblieben.

Kali verkörpert die kühne Sinnlichkeit, die wilde Anarchie und die ekstatische Orgie auf dem Weg zur Erleuchtung.

Im Spiegel der Göttin

Die folgende Erzählung ist der Devi-Mahatmya entlehnt, einer der wichtigsten Schriften des Hinduismus. Natürlich in meinen eigenen Worten.
Es ist Zeit, ihre Perspektive anzunehmen. Sag nicht, diese Göttin sei dir zu exotisch, zu wild oder zu anarchistisch. Du warst doch bestimmt schon mal in einem schicken Yogastudio, wo dir die ein oder andere indische Statue von der Seite zugezwinkert hat. Du brauchst jetzt nicht den herabschauenden Hund zu machen, du kannst dich auch so einfach unfassbar stark fühlen. Wie eine Urgewalt.
Denn…

...du bist Kali

Los geht die Geschichte damit, dass du gerade geschaffen wurdest. Erst warst du Durga, die ultimative, weiblich göttliche Energie. Bekannt auch als Shakti, aber nun bist du der dunkle Aspekt der Durga.

Du verkörperst die Zeit, die alles verschlingt, und stehst für die transzendente Kraft jenseits von dualistischen Vorstellungen wie Gut und Böse. Du bist Göttin der Anarchie und der aggressiven Sexualität und wirst gleichzeitig als Muttergottheit verehrt. Du hast dich nie in einen goldenen Sari stecken oder dir die Haare frisieren lassen. Und die Menschen lieben Bilder von dir, auf denen du dir deinen Ehemann sexuell gefügig machst. Voll in Ordnung, denkst du?

Du weißt es noch nicht, aber du wirst später die ganze westliche Welt schockieren. Denn alles, was du bist, steht für das Wilde, das Befreite, das Sexuelle, das allverschlingende Überweib und die Übermutter.

Liebreiz und Anmut? Das ist dir völlig egal! Du bist die Elementarkraft. Die Wilde, aber auch die Beschützende, Lebendige. Man sollte dir nicht krumm kommen, sonst gibt's was auf die Zwölf! Naturgewalt eben.

Dein ganzer Auftritt könnte nicht furchteinflößender sein: Deine Hautfarbe ist tiefschwarz. Manchmal auch blau. Du hast mehrere Arme. Manchmal vier. Manchmal zehn – eine richtige Multitasking-Mama...

In einer deiner Hände hältst du eine Blutschale, in der anderen eine erhobene Sichel. Aber manchmal, das sei fairerweise gesagt, beschützt du mit einer trostgebenden, segnenden Handgeste.

Kommen wir zu deinen Haaren. Oder soll ich sagen deiner wilden, wuscheligen, schwarzen Mähne? Selbstverständlich trägst du sie offen. Haarbänder schränken deine Kräfte nur unnötig ein. Sittsam-edles Göttinnen-Gewand? Fehlanzeige! Du bist splitterfasernackt. Eigentlich. Denn was du da trägst, hat mit Kleidung wenig zu tun. Doch wen kümmert es, wenn man eine Göttin ist. Da ist zum einen eine Kette aus Totenschädeln sowie ein Rock aus abgetrennten Männerarmen. Wie bitte? Ja, genau! Männerarme! Manchmal hängt ein totes Kind an deinem Ohr. Ohrringe des Grauens, könnte man meinen. Fashionfazit aus Sicht der Modedesignerin:

Deine Outfitwahl ist gekonnt auf deinen Typ abgestimmt und darum ist die Art und Weise, wie du dich in Szene setzt, beispielsweise dominierend auf deinem Mann zu reiten, nur noch das Sahnehäubchen. Denn du bist eine unersättliche Verschlingerin. Und bevor du dich nach deiner Erschaffung im Spiegel betrachten kannst, wirst du schon von den anderen Gottheiten um Hilfe gerufen. Die wissen nämlich genau, wie stark du bist. Sie alle sind gerade völlig verzweifelt: Der Grund ist, das sie sich nicht mehr zur Wehr setzen können. Zu mächtig sind die Asuras, böse Dämonen der Dunkelheit. Die Gottheiten flehen dich an, ihnen zu helfen. Erst hast du Zweifel, denn eigentlich ist es nicht dein Krieg.

Aber du wurdest gerufen und verstehst, dass die Götter ohne deine Hilfe den Kampf verlieren. Du willigst ein, unter einer Bedingung, dass alle Göttinnen dir helfen sollen und du auf deine Art kämpfen wirst.

„Wenn ich für euch kämpfen soll, dann nur unter der Bedingung, dass wir uns alle einig sind. Das können wir nur gemeinsam schaffen", lautet deine Ansage. Zumbha, der Führer der Dämonen, versucht alles, um den Zusammenhalt unter euch zu untergraben. Er fackelt nicht lange rum und bietet dir schnurstracks die Ehe an. Das irritiert dich für einen Moment schon und du fragst dich: Will er jetzt ernsthaft prüfen, ob ich vielleicht doch schwach werde und meine Schwestern im Stich lasse, um mit ihm…? Und so raunt er: „Kali, Schätzchen, du bist doch die Heißeste von allen. Die Stärkste, die

Schönste, die Mächtigste! Komm zu mir an meine Seite. Lass die anderen Göttinnen hinter dir und werde meine Frau! Gemeinsam werden wir die Welt beherrschen." Für einen Bruchteil einer Sekunde, das muss du zugeben, fühlst du dich geschmeichelt. Aber dann schüttelst du dich kurz und entgegnest: „Niemals!"

Daraufhin springt er einfach auf dich drauf, drückt dich mit seinem gesamtem, männlichen Göttergewicht nieder und versucht, dich brutal zu vergewaltigen. Aber es gelingt ihm nicht. Du schaffst es immer wieder, dich zur Wehr zu setzen. Nachdem du ihn zum siebten Mal mit einem souveränen Selbstverteidigungsgriff von dir weggerollt hast, flippt Sumbha völlig aus und fordert dich auf: „Dann kämpfe wie ein Mann!" Langsam stehst du wieder auf, richtest deine kostbare Männerkopf-Kette und dein Männerarm-Röckchen. Mit festen Schritten stellst du dich ihm entgegen. Jetzt bist du richtig, richtig wütend! Mit einem durch Mark und Bein gehenden Schrei streckst du ihm deine lange, blutrote Zunge entgegen und reißt deine Augen weit auf:

„Ich bin Kali. Ich bin kein Mann und will auch keiner sein!"

Und jetzt greifst du zu deiner ultimativen Superwaffe. Etwas, womit selbst der durchtriebene Zumbha nicht gerechnet hat: Du saugst alle anderen Göttinnen, die dir bis dahin ehrfürchtig assistiert haben, durch deine Vulva in deinen Köper hinein. Dann spürst du sie in dir aufsteigen: Die gebündelte, weibliche Superkraft in dir. Jetzt bist du unschlagbar. Zumbha, der dich völlig geschockt beobachtet hat, wirkt sichtlich eingeschüchtert. Er hat schon viel gesehen, aber das verschlägt ihm die Sprache. Irritiert wird er durch deine unbarmherzige Wut zur Strecke gebracht. Das Unglaubliche ist geschehen. Du, Kali, dunkelste und stärkste aller Göttinnen, hast den Widerling besiegt. Die Welt ist wieder im Gleichgewicht. Nach und nach ploppen die Göttinnen wie kleine Wiedergeborene aus dir heraus. Auch sie wirken nun stärker als je zuvor. Glücklich und im Siegestaumel werfen sie sich dir zu Füßen. Sie tanzen um dich herum und rufen dabei: „Kali, du großartige Supermama! Sei unsere Herrscherin. Wir werden dir untertänigst dienen!" Du schaust sie dankbar an und natürlich freust du dich. Es ist berauschend. Das Gefühl von Macht kann wie eine Droge wirken. Aber du fasst dich schnell und erwiderst: „Ich habe es für uns gemacht, für unsere Werte und unsere Freiheit.

Ich halte außerdem nichts von Herrschaft und Unterwerfung. Ihr werdet sehen, was ich meine, wenn eines Tages die Engländer in unser Land kommen. Aber falls ihr mich noch mal braucht, sagt Bescheid und denkt immer daran: Zusammen können wir es rocken!"

Mein Fazit

Wie sicher sind wir wirklich?

Kali verkörpert absolute Unabhängigkeit. Und in ihrer Betrachtung stellt sich mir die Frage: Wie frei sind wir wirklich?

Im Bezug auf Sexualität denken wir heute als privilegierte, westliche Frauen, wir wären besonders befreit. Wirklich? Weit gefehlt! Angefangen in den wilden 1920er-Jahren der Boheme, über die „freie Liebe" der Studenten-Kommunen in den Sechzigern, die boomenden FKK-Strände der Achtziger bis zur Love Parade der Neunziger. Heute sind es vielleicht feministische Pornos (was immer das heißen mag) und „Sex positive"-Partys. Doch diese vermeintliche Freiheit birgt auch Schattenseiten: Ängste vor ungewollter Schwangerschaft, Körperscham und die Furcht vor Rufverlust sind ständige Begleiter. Für Frauen steht immer etwas auf dem Spiel, sogar das eigene Leben, so dramatisch es auch klingen mag.

Als junges Party-Girl erlaubte mir meine Mutter wegen angeblicher Gegenwindgefahr kein Pfefferspray, wie es alle meine Freundinnen hatten. Mein Nachhauseweg führte durch einen Tunnel, deshalb musste ich eine Stinkbombe am BH tragen, die im Notfall eingedrückt werden sollte. Leider wurde sie versehentlich mitten auf der Tanzfläche meines Lieblingsclubs aktiviert und die Disco musste evakuiert werden. Einem Mann wäre das wohl nicht passiert.

Kein Mann geht mit Pfefferspray in der Tasche oder Stinkbombe an der Unterwäsche in den Club, um sich auf dem Nachhauseweg gegen potentielle Vergewaltiger verteidigen zu müssen.

Heute gibt es Nagellack zu kaufen, dessen Farbe, wenn man den Finger ins Getränk hält, anzeigt, ob KO-Tropfen enthalten sind. Telefon-Apps begleiten Frauen nachts auf dem Nachhauseweg. Die meisten Deepfakes werden im pornografischen Kontext kreiert, mit überwiegend weiblichen Gesichtern aus dem Netz. Die Liste ist lang, ich könnte sie noch seitenweise fortsetzen. Wir sind noch lange nicht frei.

Wie sollen Frauen in so einer gefährlichen Umgebung ihre wilde weibliche Shakti, Durga oder Kali entdecken? Vielleicht sollte ich mich einfach beruhigen, ist doch alles halb so schlimm. Mir geht es gut, ich kann mich glücklich schätzen: Ich habe keinen Missbrauch erlebt, hatte tolle Beziehungen, bin verheiratet und habe die Party- und Dating-Phase lange hinter mir. Aber wo ist die wilde Göttin in mir, nach vierzehn Jahren Ehe zwischen Wäschewaschen, Berufsleben und Kindergeburtstag-Organisieren? Sich einfach zwischendurch mal auf den Ehemann draufsetzen, so wie es Kali mit Shiva tat? Klingt einfach, aber aus irgendeinem Grund kann ich mich mit der Idee nicht richtig anfreunden.

Vorerst bleibt es bei einer monatlichen Datenight. Aber nach meiner Beschäftigung mit Kali bin ich durchaus geneigt, einen Tantra Workshop zu besuchen.

Zu guter Letzt

Kurz nach meinem Aufenthalt in London, also Jahrzehnte nach dem TV-Skandal, erscheint die neue Platte von Nina Hagen: „Jai Mata Kali, Jai Mata Durge." In dem Video dazu stellt sie die große Göttin Kali dar. In der öffentlichen Wahrnehmung ist man sich sicher: Jetzt hat sie den Verstand komplett verloren. Esoterisch abgedriftet, eine durchgeknallte Künstlerin eben! Aber ich habe durch Göttin Kali verstanden, was sie eigentlich meinte, damals in der skandalösen Talkshow. Nämlich:

Wir müssen sie rauslassen, die Mama Kali, den weiblichen Urinstinkt, die unzerstörbare, anarchistische Kraft, mit der man sich besser nicht anlegt.

Kali

...gut zu wissen!

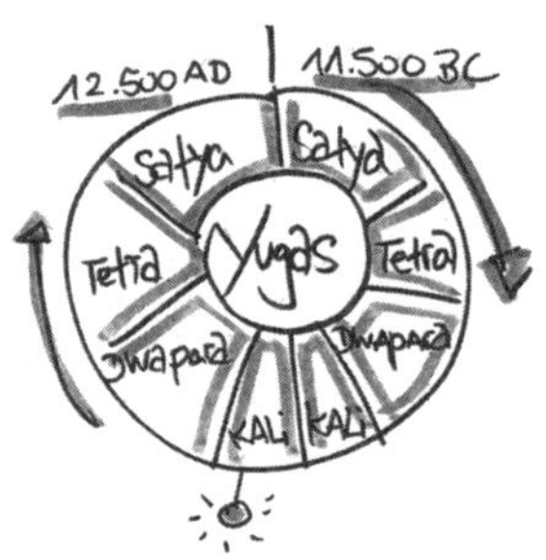

• *The Future is Now*

Laut hinduistischem Glauben leben wir im Kali-Yuga, dem vierten und letzten Zeitalter im hinduistischen Yuga-Zyklus. Dieses steht für den moralischen und spirituellen Verfall. Es wird als dunkle Ära betrachtet, aber auch als Beginn eines neuen Zyklus zur Wiederherstellung von Tugend.

• *Dreifache Urmutter*

Kali verkörpert Zerstörung und Wiedergeburt. Sie lebt in unendlichen Zyklen, lässt die Dinge los und nimmt sie wieder auf. Kali gilt als die Urmutter aller dreifaltigen Göttinnen. Kali hat auch ein drittes Auge, Symbol für Vergangenheit, Gegenwart und Zukunft.

• *Jenseits von Zeit und Raum*

Als Gebieterin von Zeit und Raum, symbolisiert Kali kreative Leere. Ein schwarzes Loch. Sie steht dafür, dass Erleuchtung nicht erlangt werden kann, wenn man die Grenzen von Raum und Zeit nicht aufhebt.

• *Die Uralte Kali*

Die Verehrung von Kali reicht über 7000 Jahre zurück, als die Menschen noch das Göttliche in der Natur verehrten und diese als weiblich ansahen. Ein anderes Konzept von Weiblichkeit, denn Kali hatte oft den Auftrag, Dämonen zu bekämpfen.

• *Die ursprüngliche Spirale des Lebens*

Kali steht auch für Kundalini. Dies ist eine ätherische Kraft in jedem Menschen, die durch eine spiralförmige Schlange repräsentiert wird. In einigen spirituellen Traditionen wird Kali als eine Manifestation der Kundalini-Energie betrachtet, die in den Chakren aufsteigt.

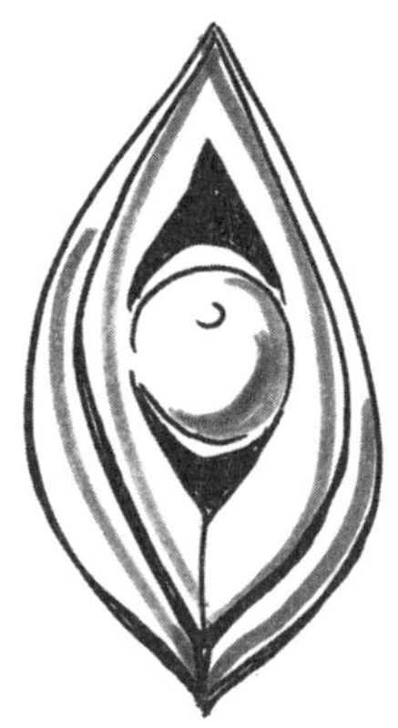

• *Yoni*

Kali steht auch für tabulose Sexualität und orgastische Ekstase. Es gibt Mythen darüber, dass ihre Vulva (Yoni) auf einen heiligen Hügel gefallen ist. Dort steht nun ein Tempel namens Kamakhya, Gläubige Kali-Anhängende feuchten ihre Finger an und berühren die Yoni im Tempel, der von den vielen Berührungen schon tief augehöhlt ist. Hier findet jährlich ein Fruchtbarkeitsfest namens Ambuwasi Puja statt, mit dem der jährliche Menstruationszyklus der Göttin gefeiert wird.

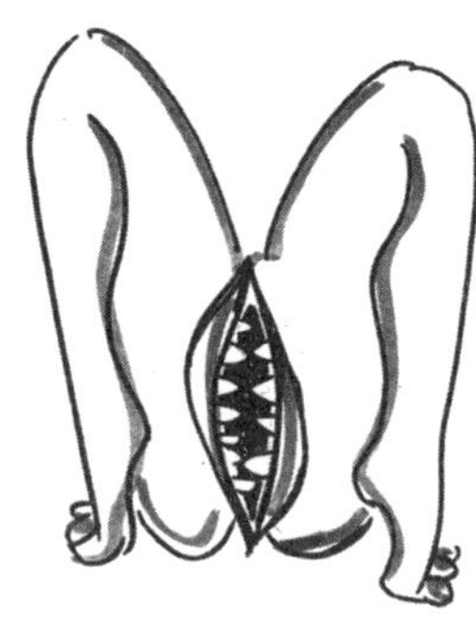

• *Kali-Mama*

Als archetypische Urmutter, auch Kali-Ma genannt, ist sie Schoß und Grab. Sie gebiert nicht nur Ihre Kinder, sie verschlingt sie auch.

• *Schwarze Göttin*

Das Wort Kali ist verwandt mit dem Wort „Kāla", das auf Sanskrit sowohl Schwarz als auch Zeit bedeutet. Es gibt eine tiefe symbolische Verknüpfung zwischen der Farbe Schwarz und dem Konzept der Zeit in der indischen Philosophie. „Kāla" ist nicht nur die Zeit, die vergeht, sondern auch die Kraft, die alle Dinge schafft und zerstört.

• *Radikale Zerstörerin*

Kali wirkt heute furchteinflößend, weil wir den Aspekt des Todes weitgehend aus unserer Gesellschaft verbannt haben. Aber es gab eine Zeit, in der der Tod nicht als etwas Negatives gesehen wurde sondern als Voraussetzung für etwas Neues. Auch wenn viele alte Göttinnen diesen Transformationsprozess symbolisieren, ist Kali mit Abstand die Radikalste.

• *Sanskrit*

Kali trägt nicht zufällig eine Schmuckkette aus 51 menschlichen Schädeln. Sie repräsentieren die 51 Buchstaben des heiligen Sanskrit-Alphabets, welches eine künstlerisch-spirituelle Dimension hat und kalligrafisch dargestellt wird.

Fridays for Selfcare

Der Auftakt

Freya ist eine Universalgöttin. Sie ist sexy, selbstbewusst und begehrenswert. Sie könnte alles haben, was sie möchte. Aber sie will diese Kette, egal was sie kosten mag.

„Freitag, der Dreizehnte" – das war einer der bevorzugten Horrorfilme meiner Jugend. Hätte man mir erzählt, dass der Filmtitel ursprünglich auf eine uralte Göttin und eine zyklische Lebensanschauung zurückgeht, hätte ich nur ungläubig die Augenbraue gehoben und die VHS-Kassette trotzdem in den Videorecorder geschoben. Mein ganzes Leben lang habe ich Freitag, den 13. für den Unglückstag schlechthin gehalten. Zwar interessierte ich mich wenig für Aberglauben, aber jedes Mal, wenn der 13. eines Monats wieder auf einen Freitag fiel, wurde man im Fernsehen oder Radio daran erinnert, heute besser ganz besonders vorsichtig zu sein, es könnte ja etwas Schlimmes passieren. Dabei ist dieser Tag nur zum Unglückstag degradiert worden, weil hier die geballte weibliche Urkraft zuschlägt. Der Freitag galt Jahrtausende lang als der heilige Tag der Göttin Freya. Der sogar nach ihr benannt ist.

Die Zahl 13 ist die Zahl des weiblichen Zyklus, 13 mal im Jahr menstruieren wir in der Regel. 13 Monde hat der Kalender aus matriarchalen Zeiten, die 13. Fee steht für das alte Wissen der Frauen und am 13. Tag des Zyklus ist die Frau fruchtbar. In der Regel.

Dass der Tag der Göttin mit der weiblichen Zahl 13 zusammenkommt, war wahrscheinlich einfach zu viel für die Kirchenmänner. Also wurde aus dem ultimativen „Female-Empowerment-Super-Friday" ein Unglückstag. Seitdem ich das weiß, ist Freitag, der 13. für mich der Tag, an dem ich allen Frauen auf der Welt gedenke und uns am liebsten mit einem überdimensionalen Megaphon zurufen möchte: „Achtung, Achtung! Dieser Tag ist eine Erinnerung daran, dass wir alle vom Patriarchat verarscht werden!!" Auch wenn dieser Glückstag nicht oft im Jahr auftaucht.

Zumindest ist einmal die Woche Freya-Tag!

Hätte ich als Teenagerin bereits eine Ahnung davon gehabt, habe ich jahrzehntelang der Göttin gehuldigt, ohne von ihr zu wissen. Das geschah, wenn ich mich freitagabends zusammen mit meinen Freundinnen fürs Wochenende zurechtgemacht habe. Da betrieb ich schon einen Frauenkreis, bevor ich den Begriff überhaupt jemals gehört hatte. Und dieser Frauenkreis beinhaltete alles, was dazugehört:

Rituelle Gesichtsbemalung mit symbolischem Rot, das bevorzugt auf Lippen, Nägeln und Wangen aufgetragen wurde, Outfits, die wir wie ein Bindungsritual immer wieder untereinander austauschten. Und es gab kein persönliches Geheimnis, das hier nicht geteilt werden durfte.

Um die Huldigung zu komplettieren, sparten wir nicht an vanilligen Düften aus der Drogerie. Wir erreichten tranceartige Zustände durch den Genuss von billigem Sekt und kreisten unsere Hüften zu „Push It" von Salt-N-Pepa, während wir im Kauderwelsch-Englisch dazu mitrappten. Das Ganze wurde regelmäßig flankiert von einem mütterlich-autoritären „Hausdrachen", der uns feuerspuckend an unsere Nichtsnutzigkeit erinnerte.

Es war eine kurze Zeitspanne, in der ich wirklich frei von den großen Lebensverpflichtungen war. Wilde Mädchenrituale wandelten sich im Laufe der Zeit zu zahmen „Mutti-hat-Freigang-Events". Heute gehen wir in weitaus geschmackvolleren Outfits brav lecker essen oder zu gepflegten Tanzveranstaltungen. Selbstverständlich ohne Eskalationspotential und immer mit der Uhrzeit im Blick, wegen dem Babysitter.

Geldsorgen, die Anforderungen des Studiums, die Karriere, die Verantwortung für die Kinder, die Beziehung und überhaupt Sorgen um die Zukunft im Allgemeinen sind die unsichtbare Handbremse, die die ehemals ausgelassenen Wochenenden wenig ekstatisch werden lassen.

Man wird schließlich irgendwann erwachsen und

vernünftig. Was bleibt, ist die Erinnerung. Vielleicht auch hin und wieder der Gedanke daran, wie es wäre, sich einfach einmal nicht um etwas kümmern zu müssen. Sich als Frau einmal nur mit sich beschäftigen, in Unterwäsche vor dem Spiegel tanzen und neue Frisuren ausprobieren. Ist das wirklich verwerflich? Oberflächlich? Egoistisch? Verantwortungslos? Oder wie es die Ordnungshüterin meiner Teenagerzeit verkündete: nichtsnutzig?

Was würde Freya wohl dazu sagen? Sie ist die nordische Göttin, die sich um nichts schert und trotzdem alles hat.

Verheiratet mit dem durchtrainierten Supergott Odin, ist sie Mutter mit einem ausschweifenden Sexualleben. Sie liebt die schönen Dinge wie Kunst, Poesie und Musik. Aber vor allem hat sie ein Faible für Mode. Freya ist sowohl die Göttin der Liebe und der Schönheit als auch des Schicksals und des Krieges. Eine Universalgöttin.

Sexy, selbstbewusst, begehrenswert. Natürlich hat sie magische Kräfte, kann Bernstein-Tränen weinen und könnte alles haben. Aber sie will dieses eine Accessoire und ist bereit, dafür zu zahlen. Was immer es kostet. Und um das vorwegzunehmen, es wird sie ihren Ruf, ihren Status und ihre Ehre kosten. Aber die Sache ist es ihr wert.

Zu dem Zeitpunkt, an dem ich die folgende kleine Anekdote erlebt habe, war mir die Geschichte von Freya noch nicht so vertraut. Wer weiß, was sonst passiert wäre …

Meine Geschichte

Die unverschämte Sehnsucht nach Luxus

reya hatte eine wunderschöne, magische Halskette. Und wenn ich daran denke, wie sie diese erhalten hat, erinnere ich mich gerne an eine Situation, die ich vor einigen Jahren in Antwerpen erlebt habe.

„Ich muss ihn einfach mal überstreifen, diesen Mantel. Unbedingt!" Ich empfinde so viel pures Entzücken schon beim Anfassen des Kleidungsstücks, der Stickereien und des Innenfutters mit den kleinen fliegenden Schweinchen drauf. Für solche Details bin ich sowieso zu haben.

„Ach komm, Nadine", sage ich mir selbst, „einmal reinschlüpfen". Wozu bin ich denn Modedesignerin? Das hier ist Recherche mit Leidenschaft. Also gleite ich hinein. Und da ist er! Der Moment der Verwandlung. Ich schließe den letzten Knopf und richte den flauschigen Kragen, der meine Kinnlinie umschmeichelt. Mit erhabenen Schritten und komplett neuer Körperspannung trete ich auf den Marmorboden vor den äußerst vorteilhaft beleuchteten Spiegel.

Ich bin verwandelt – in mein bestes Selbst! „Manifestiere es – das Gefühl, Nadine, – jetzt!" und in dieser Sekunde wird der Moment des Glücks durchbrochen von dem Schreck, der mir durch Leib und Seele fährt, als ich das Preisschild sehe. Und sofort schrumpft mein erhabenes Glücksgefühl zusammen auf ein Niveau mit dem Titel „Ich bin eine arme kleine Wutz".

Danke fürs Gespräch, Alexander McQueen, du fantastischer Designer, der du dieses Prachtstück entworfen hast. Doch heute verlasse ich dich ohne Tüte. Und wenn ich ehrlich bin, habe ich dort noch nie etwas gekauft. Denn mir reicht schon ein kleiner Spaziergang durch diesen Concept Store, eine Sinneserfahrung für sich selbst. Aber das Anprobiergefühl war fantastisch. Ein herrlich opulenter Anna Karenina-Moment, regelrecht transformierend. Drei Minuten lang war ich eine stolze Eiskönigin, die die wohlwollenden Blicke des Verkaufspersonals auf sich zog.

Ein bisschen schuldig fühle ich mich bei der Anprobe allerdings schon auch. „Mehr" darzustellen als ich bin, fühlt sich unangenehm dekadent an.

Wie jemand, der sich mit fremden Federn schmückt. Steckt in mir vielleicht eine Hochstaplerin?

Man soll ja nicht alles glauben, was man denkt. Und kaum bin ich wieder zurückverwandelt in mein altes Ich, wird es einen Kompensationskauf geben, irgendwo bei einem spanischen oder schwedischen Billigmodekonzern. Ich werde mir vorgaukeln, dass das Schnäppchen des Tages aus der Ferne wenigstens ein bisschen aussieht wie der Alexander-McQueen-Mantel.

Dann werde ich, wenn ich nach Hause komme, hastig-verschämt die Tüten verschwinden lassen sowie die Preisschilder abschneiden und ganz tief im Hausmüll verstecken. Ich fühle mich schlecht, denn ich bin meinem Laster gefolgt. Die größere Sünde als die Ausgabe an sich liegt in meinem Kauf von Fast Fashion. Synthetik-Zeug, in Massen gefertigt, verbreitet eine ganz andere Energie auf der Haut als ein liebevoll gefertigtes Stück aus natürlichen, kostbaren Materialien.

Selbst die universalgelehrte Benediktinernonne Hildegard von Bingen trug ausschließlich Seidenkleider und kostbare Juwelen. Sogar bei der Gartenarbeit.

Dafür musste sie sich einiges an Kritik gefallen lassen. Aber das war für sie unverhandelbar. Luxus auf der Haut oder Nichts! Ich weiß, es ist mies, Fast Fashion zu kaufen. Ich habe schließlich selbst in der Modebranche gearbeitet. Auch wenn mich manche Teile trotzdem als Lieblingsstücke jahrzehntelang begleitet haben: Der Glücksmoment, den Billigmode bietet, ist meistens äußerst kurzlebig. Die Definitionen von Qualität unterscheiden sich je nach Sichtweise. Für meinen Mann bedeutet Qualität zum Beispiel atmungsaktive Funktionskleidung vom Outdoorladen. Für mich aber bedeutet Qualität Extravaganz und Luxus. Die Art von „italienischer Handarbeit", die uns nach der Kreditkarten-Abrechnung in den Ruin treiben würde. Und wegen dem letzten Punkt wird es statt Qualität eben doch die Tüte vom moralisch fragwürdigen Billigmode-Hersteller.

Oh Göttin! Gib mir die Kraft, standhaft vor den High-Street-Tempeln zu bleiben und nicht dort einzutreten, denn sie sind der wahre teuflische Verführer!

Hätte der Luxusmode-Verkäufer mir augenzwinkernd zugeflüstert: „Kein Problem, Sie können den Mantel haben, wenn Sie ein bisschen freundlich zu den vier Zwergen sind, unseren mit magischen Talenten ausgestatteten In-House-Schneidern … dann können wir vielleicht etwas drehen."

Wer weiß, den Deal wäre ich vielleicht sogar eingegangen! Man könnte jetzt meinen – „Nadine, was für eine absurde Idee ist das denn? Frivole In-House-Maestro-Zwerge? So ein unmoralisches Angebot! Jetzt werden wir aber unrealistisch und politisch unkorrekt noch dazu!" Doch! Soll es gegeben haben!

Als Göttinnen noch gänzlich mit der Natur verbunden waren. Noch nicht domestiziert. Wild, frei und ungezähmt! Nix mit „die Heilige, die sich immer zurücknimmt, keusch, treu und fleißig" und vor allen Dingen: „gehorsam dem Herrn gegenüber"!

Von wegen „Hochmut kommt vor dem Fall". Seien wir ehrlich: Bei den christlichen Idealen bezüglich der zu unterdrückenden Eigenschaften, Eitelkeit und Selbstliebe, bekommt man zwangsläufig ein schlechtes Gefühl. Aber zum Teufel mit Schuldgefühlen! Wenn selbst die große Göttin Freya schwach geworden ist, weil sie das schönste Accessoire haben wollte, was sie je gesehen hatte, dann darf ich das auch. Muss ja nicht direkt mit Zwergen schlafen.

Obwohl… Ich habe einmal einen Schneewittchen-Porno von einer Girls-Only-Sexshop-Party mitgebracht. Da dieser Kauf bei meinem Mann nur ungläubiges Kopfschütteln ausgelöst hat, habe ich ihn dann allein geguckt und seitdem weiß ich: Die haben es voll drauf. Die Zwerge, meine ich.

Freitags tanzen wir im Licht der Freiheit, denn in jeder Frau ruht die Kraft einer Göttin namens Freya.

Bei Freya handelt es sich um eine Göttin, für die Kunst, Mode und Leidenschaft zu einem guten Leben gehören. Bevor du dich jetzt windest und denkst: „Mit so einer oberflächlichen Göttin habe ich wirklich nichts zu tun“, lass dir gesagt sein: Eine Freya steckt bestimmt auch in dir! Ich lade dich hier und jetzt ein, ihre Position einzunehmen, und gedanklich als Freya einen harmlosen Spaziergang in der Natur zu unternehmen.
Denn…

…du bist Freya

Stell dir vor, du bist die Göttin der Frühlings, des Glücks, der Fruchtbarkeit und das Allerbeste: Die Göttin der Liebe!

Und so siehst du auch aus. Niemals hast du einen Gedanken daran verschwendet, dass irgendetwas an dir und deinem Körper nicht anbetungswürdig sein könnte. Warum auch? Du kannst dich vor Verehrern nicht retten. Und obwohl du mit dem Gott aller Götter verheiratet bist, ist die Vorstellung, nur mit einem Mann bis zum Lebensende… nun ja, etwas betrüblich. Du bist nicht umsonst die Göttin der Fruchtbarkeit und hast deine Bedürfnisse. Die Monogamie hast du jedenfalls nicht erfunden.

Noch vor dem Morgengrauen wandelst du durch die skandinavische Frühlingslandschaft. Du hüllst deinen bodenlangen Lieblings-Federmantel um deinen nackten Körper und überlegst noch, ob du heute auf deinem Schwein Hildisvíni ausreiten sollst oder lieber deine Katzen Bygul und Trjegul vor deinen Wagen spannst. Aber heute, das spürst du, ist ein besonderer Tag, und du entscheidest dich, zu Fuß zu gehen. Barfuß.

Du wandelst über Moosteppiche und saftiges Gras, feucht vom Morgentau. Um dich herum sieht es so aus wie in „My little Pony“: Pastellfarben, fluffig und zauberhaft.

Du läufst sogar über eine Regenbogenbrücke. Das Gefühl ist überwältigend, denn du bist eins mit der Natur. Du gehst durch Wolken, schwerelos und erhaben. Etwas scheint dich zu rufen. Du nimmst eine Stimme wahr, einen inneren Lockruf in eine bestimmte Richtung.

Es gibt Momente im Leben, in denen man das Gefühl hat, man wird von einer höheren Macht gelenkt. Dies ist so ein Moment. Du gibst dich ihm hin. Du läufst den ganzen Tag durch diese saftig grünen Wälder und die magische Landschaft. Eigentlich kennst du dich gut aus, aber hier warst du noch nie. Du fühlst dich immer noch geführt, bis du auf einmal stehenbleibst. Vor dir liegt der Eingang einer Höhle. Und deine innere Stimme lockt dich hinein, als ob dort etwas auf dich wartet. Nur für dich allein. Du gehst immer tiefer in die Höhle und überraschenderweise ist es gar nicht so dunkel. Irgendwo weiter hinten gibt es ein Licht. Ein Feuer, wie sich herausstellt. Und dann siehst du es: Hinter einer Zauberflamme erstrahlt im schönsten Licht eine Halskette aus puren Gold. „Das ist das Kunstfertigste, das jemals ein Wesen erschaffen hat“, schießt es dir durch den Kopf. Die Kette liegt an einen schimmernden Stein geschmiegt, der die Form eines langen Halses hat. Die Details des Schmuckstücks sind atemberaubend. Es ist in sich verdreht, verwoben, verziert mit beeindruckenden Ornamenten so zart wie feinste geklöppelte Spitze. Wie kann jemand nur etwas so Schönes herstellen? Da muss Magie im Spiel gewesen sein.

„Sie ist so schön!“, seufzt du leise, und sinkst unwillkürlich auf die Knie. Um das Stück besser betrachten zu können, und weil du in der Tat das Bedürfnis verspürst, es anzubeten.

„So wie du“, sagt Alfrigg. Er ist einer von vier Zwergen, die du jetzt bemerkst, und er stellt sich dir stolz als einer der Schöpfer der Halskette vor. „Die kunstfertigen Gestalter dieses Wunderwerkes sind also freundliche Zwerge“, denkst du und lächelst sie voller Bewunderung an. „Diese Halskette heißt Brisingamen. Leg sie gerne einmal an, sie ist wie für dich gemacht“, spricht Berling, ein anderer Zwerg.

Und noch ehe du antworten kannst, legt er dir die Kette um den Hals. Es kommt, wie es kommen muss: Kaum ziert das Geschmeide deinen Hals, verspürst du nur noch den Wunsch, dieses Meisterwerk der Goldschmiedekunst niemals wieder ablegen zu müssen. „Sie müssen mir dieses atemberaubende Stück verkaufen!“, denkst du dir. „Oh Göttin! Sie ist bestimmt nicht billig.“ Vor deinem geistigen Auge machst du eine Inventur deiner Schatzkammer, um grob zu überschlagen, was du den Zwergen anzubieten hast. Mit anderen Worten: Kein Preis ist dir zu hoch. Du erlangst deine Fassung zurück und erklärst den Zwergen: „Sagt mir bitte, was ihr für diese Kette haben möchtet. Ich bin unendlich reich. Jeden Edelstein kann ich euch geben, Gold und Silber, was immer ihr möchtet. Hauptsache, ich kann diese Kette haben – bitte … !" Nachdem sich die Zwerge kurz beraten haben, übernimmt der grimmigste von ihnen, Grerr, das Wort: „Gold, Silber und Edelsteine haben wir genug. Das interessiert uns ehrlich gesagt nicht. Wir wollen etwas, was nur du uns geben kannst."

„Kein Gold und keine Edelsteine also?", du ahnst, worauf das hinausläuft, und rollst innerlich mit den Augen. Du erkennst trotz der schummrigen Beleuchtung das süffisante Grinsen im Gesicht der Zwerge. Berling der schon von Anfang an diesen lüsternen Blick hatte, übernimmt nun das Wort. „Der Preis für die Kette ist folgender: „Du wirst mit jedem von uns eine Nacht verbringen." Du fragst dich: „Ist es Fluch oder Segen, so eine schöne Göttin zu sein?" Immer will irgendeiner Sex mit dir. Selbst Loki, der schleimige Lakai deines Mannes, war schon schwer abzuwimmeln. Du schaust auf die Kette, dann auf die Zwerge, dann wieder auf die Kette.

Falls dein Mann davon Wind bekommt, wird er rasen vor Zorn. Der war beim letzten „Schäferstündchen", das du dir gegönnt hast, schon in seiner männlichen Ehre gekränkt. Das hat dich damals nicht so sehr tangiert, denn du hast von Anfang an gesagt, dass du ihn zwar liebst, deinen Körper aber unmöglich nur für einen Gott reservieren kannst. Aber vier Nächte mit vier Zwergen sind eine andere Größenordnung. Die zu verbringende Zeit mit den vier Haute Couture Schmuckdesignern jagen dir jedenfalls nicht so eine Ehrfurcht ein wie der Gedanke daran, was passieren wird, wenn dein Gatte Odin erfährt, was du da mit den Zwergen veranstaltet hast. Andererseits: Warum sollte er es jemals spitzbekommen? Der ist so mit seinen Kriegen beschäftigt…

Du bist unschlüssig. Wärst du jetzt ein männlicher Gott, würdest du dir einfach nehmen, was du willst. Zwergenmassaker! Aber als Göttin musst du für Ausgleich sorgen. Das ist ein Naturgesetz.

Was für eine Entscheidung. Du überlegst kurz, schaust auf deine erwartungsvollen Verehrer, wieder zur Kette und denkst dir: „Ach, warum nicht? Ich könnte es zumindest mal ausprobieren…".

Und so geschieht es. Rückblickend wirst du irgendwann mit einem entrückten Lächeln feststellen, dass Zwerg Berling der begnadeste Liebhaber deines gesamten Göttinnendaseins war. Alle vier Zwerge sind nun mal Künstler und jeder widmet sich seinem Werk mit besonderer Hingabe. In der letzten Nacht kommen kurz vor Morgengrauen noch mal alle zusammen, und es ist einfach absolut gigantisch. Hätte der widerliche Loki sich nicht in eine Fliege verwandelt, um dir heimlich nachzuspionieren, und dich schließlich verraten, wäre es dir erspart geblieben, Krieg und Gewalt auf die Erde bringen zu müssen. Das ist die furchtbare Strafe, die dir dein Ehemann auferlegt. Er rast vor Wut. Aber du machst das Beste aus diesem zusätzlichen Zuständigkeitsbereich und nimmst die auf dem Schlachtfeld gefallenen Junggesellen zu dir. Später beauftragt dein Mann auch noch Loki, dir die Kette im Schlaf zu rauben. Das ist vielleicht ein Akt, sie wieder zurückzuerobern!

Aber am Ende gehört das magische Schmuckstück namens Brisingamen nur dir.

Es ist also keine Übertreibung, wenn man feststellt, dass dir diese Kette eine Menge Ärger eingebracht hat. Doch sie verstärkt deine magischen Kräfte. Mir ihr fühlst du dich vollständig. Schuldgefühle perlen an dir ab. Es ist nicht deine Moral, die dir aufgezwungen wurde, sondern die der anderen. Du selbst verspürst keinerlei Schuld. Du hast es im Grunde aus Liebe und Hingabe getan. Du bereust nichts!

Mein Fazit

Freya for Future

Ich liebe diese Geschichte von Freya nicht ohne Grund: Die Freude an kunstvollen Schmuckstücken, Kleidern, Wäsche und Accessoires ist seit jeher ein Ausdruck von Selbstliebe und Selbstfürsorge.

Selbst Artefakte aus der Steinzeit stellen Frauen-figuren dar, die aufwendige Frisuren und Schmuck tragen. Hier geht es nicht um Konsum, Narzissmus oder Status. Und schon gar nicht um die Verherrlichung von Prostitution, wie man bei der Art von Freyas Zahlungsmethode meinen könnte.

Vordergründig ist ihr Mythos die frivole Geschichte einer Frau mit Fashion-Faible. Doch es geht um viel mehr: Um die Einverleibung und das Einswerden mit den Aspekten ihres eigenen Selbst. Durch Vereinigung, Hingabe und Auflösung. Gelebte, feminine Energie, die auf magische Art und Weise anziehend wirkt. In der Symbolik wird deutlich, das Freya sich zurückzieht, sich selbst erkennt und dann transformiert zurückkehrt. Eine Art der Erleuchtung. Ich jedenfalls werde auch in Zukunft Kleidungsstücke und Schmuck anprobieren, die mit Liebe und Leidenschaft gefertigt wurden, auch wenn sie für mich unbezahlbar sind. Denn es macht etwas mit mir. Es ist in der Tat Magie.

Spiritualität und die Liebe zu schönen Dingen schließen sich nicht aus. Das wird offensichtlich, wenn man sich die aufwendig gefertigten, geschmückten, bestickten und von Generation zu Generation weitergegebenen Kleidertrachten aus der ganzen Welt vor Augen führt. Von Freya habe ich jedenfalls gelernt, dass es nichts bringt, die Preisschilder zu verstecken. Ich muss mich vor niemandem erklären. Wenn wir ehrlich sind, können wir es sowieso niemandem recht machen: Ist man zu eitel, stimmt etwas nicht. Ist man zu unscheinbar, ist es auch nicht gut. Wichtig ist, dass du dich mit den Dingen und Menschen umgibst, die mit dir selbst in Resonanz gehen und dir guttun. Im besten Fall bringen sie deine Persönlichkeit zum Ausdruck, wer du werden möchtest oder im Kern schon bist. Es mag für manche oberflächlich oder exzentrisch klingen, aber Hauptsache, du fühlst dich ab und zu einfach unwiderstehlich! Und das sollte sich im besten Fall auch in guten Materialien und wertschätzenden Herstellungsbedingungen spiegeln. Wenn ich es mir wünschen könnte, gäbe es nur noch selbstständige Designer mit eigenen Ateliers in der Stadt, kreative Näh-Partys mit riesigen Tischen, eine Menge Nähmaschinen und dazu Livemusik. Aber ich nehme an, in Zukunft reicht ein Knopfdruck auf den 3D-Drucker, um uns unser Lieblingsteil direkt zum Anziehen auszudrucken.

Bis es soweit ist, begnüge ich mich mit Fundstücken aus Vintage- und Second-Hand-Shops. Natürlich werde ich auch dort immer noch teure, aber deutlich bezahlbarere Stücke finden, von denen ich überzeugt bin, dass sie mir magische Kräfte verleihen.

Freya

...gut zu wissen!

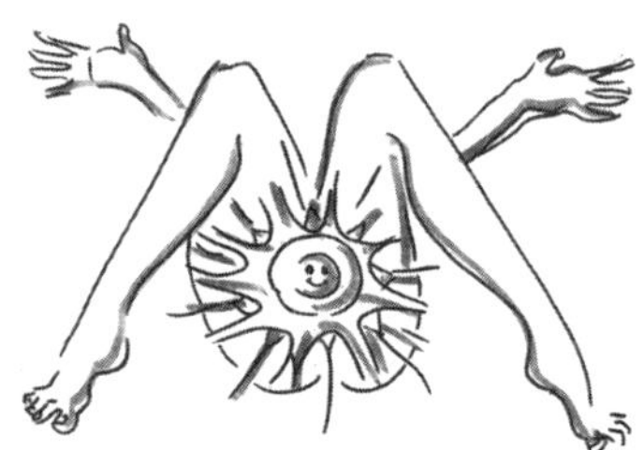

• *Licht der Welt*

Jedes Jahr zum Wendepunkt des Sonnenjahres, also dann, wenn in der heutigen Zeit Weihnachten gefeiert wird, brachte Göttin Freya ihren Sonnengott-Sohn Freyr (gleichzeitig auch Sohngemahl und Bruder) und mit ihm das Licht zur Welt. Deshalb werden von da an die Tage wieder länger.

• *Wiedergeburtsgöttin*

Sie ist, wie so viele andere Göttinnen auch, eine Wiedergeburtsgöttin. Denn sie schenkt nicht nur das Leben, sondern in ihrem Leib tummeln sich auch die Seelen der Verstorbenen, die darauf warten, endlich wiedergeboren zu werden.

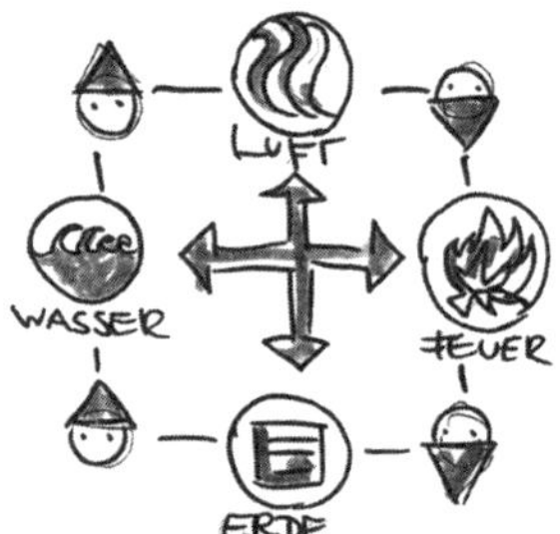

• *Magische Beziehungen mit Zwergen*

Die Zwerge stehen für die tiefsten und verdrängten Anteile der Göttin. Diese sind verborgen im dunklen Erdreich. Das ist die Symbolik in der Geschichte. Es geht um die eigene Verbindung mit dem Unbewussten, dem allertiefsten Selbst. Nach dieser Verbindung erhält sie Brisingamen als Symbol der Erleuchtung.

• *Schönheit und Naturverbundenheit*

Als schönste Göttin der Vanen, einer Göttergruppe der nordischen Mythologie, verbindet Freya Schönheit mit Natur, Fruchtbarkeit und Wiedergeburt. Diese Prinzipien verkörpern den „Schöpferischen Schoß von Mutter Erde".

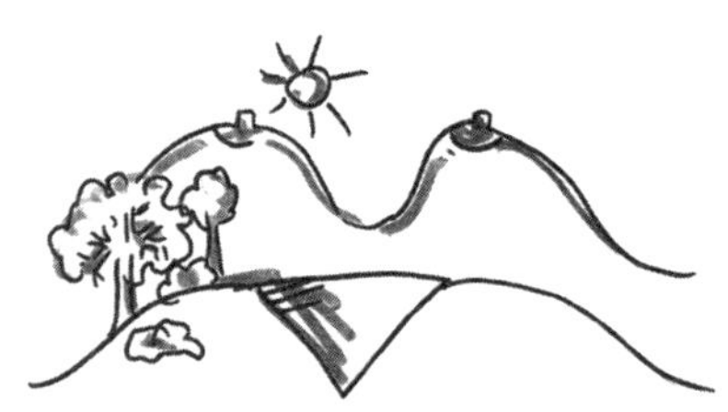

• *Grosse Liebe*

Freya ist äußerst wählerisch. Odin musste dreimal um sie werben, ehe sie ihn eines Blickes würdigte. Die Verbindung zwischen den beiden gilt dennoch als das Urbild der romantischen Liebe. Auch wenn sie es mit der Treue nicht so genau nahmen.

• *Uralter Ursprung*

Freya ist älter als die Wikinger-Götter und stammt aus der Zeit der Kunst und Natur verehrenden Vanen. Mit den Asen, also den Wikingergöttern, kamen erstmalig Kriegsgötter in den Pantheon.

• *Pure Weiblichkeit*

Freya ist die Gebieterin über das Glück, die Nacht, die Sterne und sogar über Poesie und Dichtkunst – alles Dinge, die dem magisch-Weiblichen zugeordnet wurden. Sie verkörpert Liebe, Lebenskraft, Freiheit und Selbstbestimmung.

• *Liebesgöttin und Freiheit*

Das Wort „frei" wurde von Freya abgeleitet. Der Freitag wurde nach ihr benannt. Fisch wird bis heute am Freitag zu Ehren der Göttin gegessen. Auch das Wort Frau wurde von Freya abgeleitet, als Erinnerung daran, dass alle Frauen Göttinnen sind. Ordensgemeinschaften tragen noch heute den Namen „Unsere Liebe Frau". Ein Bezug zur alten Göttin, deren Rolle der christlichen Maria übertragen wurde.

• *Kriegsgöttin und Strategin*

Sie ist eine unfreiwillige Kriegsgöttin. So manch gefallener Krieger hat Glück, wenn er zu denen gehört, die sich Freya für ihr Reich auswählt. Denn sie beansprucht mindestens die Hälfte der Gefallenen für sich.

• *Tiergefährten und Flugkünste*

Bygul und Trjegul, übersetzt Honig und Bernstein, sind die Katzen, die Freyas Streitwagen ziehen und ihr göttliches Schwein mit goldenen Borsten, auf dem sie reitet, heisst Hildisvíni. Sie besitzt ein Schwanenkleid und einen Mantel aus Falkenfedern, unter dem sie selbstverständlich nackt ist. Mit beiden Gewändern kann sie fliegen und sich in einen Vogel verwandeln.

Die magische Zahl ist drei

Der Auftakt

Mit über 800 Weihesteinen stellen die Matronen zu ihrer Blütezeit im Rheinland alle anderen Gottheiten in den Schatten.

Ich traue meinen Augen kaum, als ich mitten in der Kölner Innenstadt am Schaufenster vorbeigehe. Zwischen den weihnachtlich beleuchteten Auslagen internationaler Modeketten stehen sie auf einmal da. Einfach so, wie Artefakte aus einer anderen Dimension. Ist das etwa ein Pop-up-Store für uralte Göttinnen? Eigentlich habe ich es gerade eilig, aber als ich sie hinter der Glasscheibe auf dem Podest thronen sehe, mache ich eine Vollbremsung. Das kann doch nicht sein! Erst vor ein paar Tagen habe ich ihren alten Tempel in der Eifel besucht, der nur eine Stunde Autofahrt von Köln entfernt liegt. Und jetzt stehen sie plötzlich in einem Schaufenster vor mir? Wer sie nicht kennt, übersieht sie leicht, sie sind eher unauffällig. Etwa einen Meter fünfzig breit und einen Meter hoch. Drei uralte, keltische Muttergöttinnen thronen dort nebeneinander gemeißelt in einem Weihestein. Die sind etwas Besonderes.

Denn in ihrer Dreiheit verkörpern sie das Zyklische Prinzip des Lebens. Alles im Kreislauf, alles in Balance.

Und das mitten im Zentrum des Kapitalismus. Das Universum hat Humor!

Am liebsten würde ich dieser heiligen Trinität eine Blitzhuldigung darbieten. Ein paar Opfergaben vor das Schaufenster legen. Nicht ganz uneigennützig um Segen bitten für mein ambitioniertes Buchprojekt. Ich würde sie um Vergebung bitten. Stellvertretend auch für alle Ahnungslosen, die in der Weihnachtshektik einfach ohne Augen für diese Heiligkeit mit vollbepackten Plastiktüten weiter in Richtung Glühweinstand marschieren… Oh Göttin! Denn sie wissen nicht, was sie tun.

Während ich noch wie angewurzelt dastehe, schießen mir die Gedanken durch den Kopf: Bis vor kurzem war ich selbst eine von den Unbedarften und hatte keine Ahnung, wer die Matronen in Wirklichkeit sind. Bisher folgte ich der verbreiteten Annahme, bei „Matrone" handele es sich um eine raumeinnehmende „Dickmadame", die unangekündigt zum Kaffeeklatsch erscheint und den Kindern ohne Vorwarnung feuchtfröhliche Küsse auf die Wangen drückt.

Umso überraschter war ich, als ich erfuhr, dass die ursprünglichen Matronen eigentlich alles andere als füllige Tanten sind. Tatsächlich sind sie schlank und anmutig, erscheinen mit mondäner Kopfbedeckung und schicken Accessoires. Und sie repräsentieren drei Generationen der mütterlichen Linie: Jungfrau, Mutter, Weise. Zu ihrer keltischen Glanzzeit waren sie keine gewöhnlichen Wald- und Wiesengöttinnen, sondern Teil der Popkultur!

Das sind die Gedanken, die mir durch den Kopf schießen, als ich vor dem Schaufenster mit dem Matronenrelief stehe. Während die drei mich durch die Scheibe zurück anschauen, wirkt es auf mich fast so, als würden sie mich freundlich hineinlocken.

Und als ob die Situation nicht schon absurd genug wäre, spiegelt sich auf der Schaufensterscheibe auch noch ein beleuchtetes Plakat mit Leni und Heidi Klum in Unterwäsche. Leider ohne Oma Erna Klum. Sonst wäre die Symbolik perfekt.

Es amüsiert mich, wie die eine Seite die generationenübergreifende, ewige Jugend zelebriert und die andere Seite jede Phase des weiblichen Seins von Menarche über Mutterschaft bis zur Weisen Frau als ewigen Kreislauf der Unendlichkeit widerspiegelt.

Mittlerweile ist mir meine Eile egal. Ich befinde mich in einem Moment der Absurdität. Wo wollte ich noch mal hin? Wichtelgeschenke für unsere Adventsparty kaufen? Das ist jetzt alles unwichtig. Ich muss wissen, warum die Matronen hier in diesem seltsamen Pop-up-Store ausgestellt sind. Ein Wachmann öffnet mir freundlich die Tür, als ich eintreten will. Er hat mich offensichtlich schon beobachtet. Es bleiben wohl nicht alle Tage staunende Passanten vor den Matronen stehen, um dann neugierig zur Eingangstür zu schreiten. Ich trete in den Foyerbereich ein, sehe mich verwundert um und stelle die Frage alle Fragen:

„Sagen Sie mal, was macht denn das Matronenheiligtum hier mitten in der Innenstadt?"

ANTIKES GLASSCHWEINCHEN

Das Schwein hat erst auf Seite 93 seinen Auftritt, möchte aber schon mal Hallo sagen. Mehr zum Thema Schwein gibt es dann wieder auf Seite 183.

Meine Geschichte

Von blutigen Höschen und Blumenbadehauben

isher hatte ich kein ausgeprägtes Bewusstsein über meine zyklischen Körpervorgänge, geschweige denn meiner matrilinearen Ahnenlinie. Es wurde mir auch nicht vermittelt.

Obwohl es beides gibt: meinen Zyklus und meine Ahnenlinie. Persönlich kennengelernt habe ich nur die letzten zwei Generationen: Da ist zum einen meine Mutter. Dann meine Oma. Und ich. Alle zanken wir uns gut und gerne in regelmäßigen Abständen wie die Kesselflicker. Außerdem bin ich seit 35 Jahren eine menstruierende Frau. Was das alles miteinander zu tun hat und welche Rolle die Matronen dabei spielen, davon handeln diese drei Episoden aus meinem Leben.

№1: Die erste Matrone, Jungfrau in Weiß

Als ich meine erste Regelblutung zu Hause auf der Toilette entdecke, ist es mir irgendwie peinlich. Zu dieser Zeit fühle ich mich besonders unwohl in meinem Körper, der sich langsam anfängt zu verformen. Meine Mutter nimmt es positiv gelassen und verkündet: „Glückwunsch, du bist jetzt eine Frau!"

Ich bekomme wohlwollend ein paar Wattemonster-Binden hingelegt. Und irgendwie komme ich schon damit klar. Aber immer mit der Sorge, dass irgendetwas verrutscht oder irgendwo ein Fleck hinkommt. Sicherheitshalber wickele ich mir in der Schule während meiner „Tage" einen Pullover um die Taille.

Natürlich empfinde ich „ES" wie alle Frauen in meinem Kreis als unangenehme Einschränkung. Aber die lassen wir uns niemals anmerken. Wir sind schließlich moderne junge Frauen, leistungsfähig an jedem Zyklustag. Periode ist doch keine Krankheit!

In der Werbung für Menstruationsprodukte wird mittlerweile auf blaue Flüssigkeit verzichtet und stattdessen rote verwendet, was immer noch zu Schockmomenten vor dem Fernseher führt. In den letzten Jahren hat sich viel getan, um das stigmatisierte Bild der „Unpässlichkeit" rund um das Thema Menstruation abzubauen. Dennoch läuft der öffentliche Diskurs immer auf eine Botschaft hinaus: „Du kannst trotz deiner Periode frei sein!"

Mit anderen Worten ausgedrückt: Du kannst während deiner „belastenden" Menstruation alles tun. Alles, außer dich zurückzuziehen, dich auszuruhen und in dich zu gehen. So bleibt oft das Gefühl des „Versagens", wenn frau nicht so leistungsfähig ist, wie es in der Werbung suggeriert wird.

Nachdem ich also nun plötzlich eine Frau geworden bin, ändern sich auch andere Dinge. Ich gehe nicht mehr schwimmen, wenn ich meine Tage habe. Binden im Bikinihöschen machen sich nicht gut und ich fühle mich noch unwohler als sonst in meinem Körper.

Doch als wir einen Familienausflug ins Freibad machen, erscheint er: Der kompromisslose Blick meiner Mutter:

„Du brauchst doch nicht die ganze Zeit wie bedröppelt auf der Picknickdecke zu sitzen. Du solltest auch ins Wasser gehen."

Dabei hält sie mir freudestrahlend das Produkt vor die Nase, von dem wir Teenager Mädchen nur verschämt und im Flüsterton zu sprechen wagen. Es ist ein Tampon! Den Ansagen meiner Mutter kann ich wie immer nur schwer entkommen. Also nehme ich die Herausforderung an. Doch sie wird ungeduldig, als ich nach fünfzehn Minuten immer noch nicht zurück bin, und hämmert gegen die Toilettentür. „Mach die Tür auf, Nadine!"

„Nein, Mama! Ich schaffe das schon alleine!" antworte ich erschrocken.

„Ich komme schon klar, geh wieder!"
„Ist er immer noch nicht drin?" fragt sie stattdessen, bereit für ihren Einsatz als Verplombungshelferin.

„Psst! Nicht so laut," zische ich genervt und öffne schnell die Tür einen Spalt breit, ehe sie noch weiter draußen Rabatz macht. Rückblickend würde ich meiner Mutter gerne zurufen:

„Weißt du was, Mama, lassen wir es gut sein für heute. Ich fühle mich nicht bereit für einen Tampon. Ich muss heute nicht schwimmen gehen." Aber es kommt natürlich anders. Denn Aufgeben gibt es bei uns in der Familie nicht. Also Augen zu und durch!

Was sich dann auf der Schwimmbadtoilette zwischen meiner Mutter und mir abspielt, ist die gelebte Bestätigung für mich, warum alles rund um die Periode absolut peinlich und erniedrigend ist.

Ich schaffe es einfach nicht, dieses Ding in mich hineinzuschieben, und meine Mutter lässt es sich nicht nehmen, den letzten Handgriff selbst zu übernehmen. Ich sitze auf dem Klodeckel, unter meinen Füßen der Siffboden der Schwimmbadtoilette, und versuche, den gutgemeinten Kommandos meiner Mutter Folge zu leisten. Am Ende schaffen wir es irgendwie und das Ding ist drin. Es kann gut sein, das wir mich dabei defloriert haben. Aber zum Glück gibt es ja das Jungfernhäutchen gar nicht.

Als wir hinaustreten, schreitet sie triumphierend voran und ich schwanke wie ein Cowboy, der zu lange auf dem Pferd geritten ist, runter zum Schwimmbecken. Schnurstracks ins Wasser, ziehe eine kleine Runde, nur um so schnell wie möglich wieder breitbeinig zurück zur Toilette zu flüchten und das „Corpus Delicti" wieder aus meinem Körper zu ziehen. Ich konnte ja nicht wissen, dass man das Ding wirklich tief reinschieben muss.

Natürlich lerne ich mit zunehmendem Alter, souveräner damit umzugehen. Einige Jahre lang bin ich gut getaktet durch die Pille, mit dem Nebeneffekt, dass ich kaum noch blute. Zwar bin ich in diesem Zeitraum sowohl frei von der Angst, die weiße Jeans zu versauen, als auch befreit von schmerzhaften Krämpfen. Doch diese künstliche hormonelle Körperkontrolle wird nicht lange dauern. Letztendlich fühle ich mich einfach wohler mit meinem natürlichen Zyklus, und allem was dazu gehört. Und irgendwann kommt es dann auch zum Showdown. Nach Hunderten von Zyklen habe ich nur noch einen Wunsch: Dass eine meiner tausenden Eizellen, die sich monatlich zum Himmelfahrtskommando aufmachen, auf einen vielversprechenden, zappelschwänzigen Bewerber trifft und bereit ist, den einen Richtigen hineinzulassen. Damit wieder neues Leben entstehen kann. Denn das ist im Grunde ja der ganze Sinn und Zweck der Bluterei.

№2: Die zweite Matrone, Mutter in Rot

Ich gebäre meine Kinder abgesehen von kleineren Komplikationen im Nachgang relativ unspektakulär in der Badewanne des Kreißsaals. Dass alles ohne nennenswerte Traumata läuft, hat vielleicht auf einer unterbewussten Ebene auch etwas mit dem Amazonen-Mindset zu tun, das mir von Kind an in jede Membran meiner Zelle eingetrichtert wurde:

„Nadine, Geburten tun überhaupt nicht weh. Die Frauen in Wehen, die da im Fernsehen rumschreien, wollen dir nur Angst machen, Gebären ist eigentlich wie aufs Klo gehen," behauptete meine Mutter damals ohne rot zu werden.

Unter der Geburt selbst wird mir schnell klar, dass ihre Aussage nur die Folge einer Verdrängung sein konnte. Ich habe sonst keine Erklärung dafür. Vielleicht war das auch ihre Art, mir die Angst vor der Geburt zu nehmen. Und es hat ja irgendwie funktioniert, denn ich denke nach drei Stunden Wehen immer noch:

„Daaaaas halteeeeee iiiiiich schoooooooon irgendwiiiiiiie duuuuuuuurch!!!!!!!!!!"

Nur als ich mich komplett in eine Furie verwandle und Urschreie hinausbrülle, die meine Stimmbänder für die nächsten Tage ruinieren, glaube ich zu zerreißen. Und dann ist auch schon alles vorbei. Im Grunde waren die Schmerzen eine körperliche Grenzerfahrung. Ich bilde mir ein dass ich sie auch deshalb auf mich nehmen konnte, weil ich schon als Kind darauf getrimmt wurde, Schmerzen auszuhalten. Nach dem Motto:

„Ach Kind, du hast dir gerade einen Fingernagel abgerissen? Nicht schlimm, hier ein Pflaster, spiel weiter!" Ich selbst nehme mir als Mutter vor, später alles anders zu machen.

Mit viel Verständnis, einer liebevollen Engelsgeduld und mütterlicher Zugewandtheit werde ich meine Tochter auf den Weg ins Frausein begleiten. Allein beim Schreiben dieses Satzes muss ich über meine eigene Überheblichkeit schmunzeln. Wie alle meine Vorfahren vor mir habe ich mein Bestes gegeben. Mit den Möglichkeiten und dem Wissen, die ich hatte. Ich setze das Motto meiner mütterlichen Ahnenlinie namens „Amazonen kennen keinen Schmerz" weiter fort. Und so habe ich mir unbeabsichtigt mein Mini-Me erzogen, mit dem Ergebnis, dass es allmorgendlich zum Catfight zwischen mir und meiner Tochter kommt: „Zum allerletzten Mal: Du ziehst auf keinen Fall das bauchfreie Oberteil an!!!" Was von ihr mit einem Blick der Verachtung quittiert wird.

Mein Sohn dagegen wird jeden Morgen von mir zwangsbekuschelt.

Ich ahne, dass ich nicht ganz unbeteiligt daran bin, wenn Männer glauben, die Ressource Frau stünde ihnen zu.

Wir Mütter sind daran vermutlich nicht ganz unschuldig, wir erziehen die Männer von morgen schließlich. Tausende Jahre Patriarchat stecken auch hartgesottenen Feministinnen noch in den Knochen.

Und die Töchter? Muten wir ihnen von Anfang an vielleicht mehr zu, weil wir als Mütter wissen, welche Belastungen sie da draußen erwarten? Bereiten wir auf diese Weise unbewusst unsere Töchter auf die Welt vor, die von Männern für Männer gestaltet wurde? Darum ist es ein Gefühl der Kapitulation, wenn ich merke, dass ich wie meine eigene Mutter werde. Eine besonders ernüchternde Erkenntnis, denn kein Mensch auf der Welt treibt mich so in den Wahnsinn wie sie. Sie setzt sich erbarmungslos bei mir durch wie keine andere!

Einziger Vorteil dabei ist: Von so einer Mutter fühlt man sich auch gleichzeitig beschützt. Sie fackelt auch nicht nicht lange rum. Sie macht.

Sie setzt sich ein, geht für mich durchs Feuer und wächst unter ihrem Mutterinstinkt über sich selbst hinaus. Denn schon meine ersten Lebenstage sind turbulent: Ich werde als Säugling vertauscht! Meine Mutter merkt die Verwechslung sofort. Und anstatt irgendjemanden zu rufen oder zur Hilfe kommen zu lassen, marschiert sie selbst los. Mit dem fremden Baby unterm Arm, das man ihr nach der Säuglingspflege in ihr Wochenbett zurückgereicht hat. Bis sie mich schließlich in einem der Wöchnerinnenzimmer nichtsahnend am fremden Busen nuckelnd fand.

Die Verwechslung klärte sie mit ein paar wütenden Ansagen auf, nahm mich wieder zu sich, übergab das fremde Kind der anderen Mutter und hinterließ eine Reihe verdutzter Gesichter. Wahrscheinlich ist die Sache auch nicht spurlos an mir vorbei gegangen, ich habe mich danach zum Bedauern meiner Mutter jedenfalls nicht mehr stillen lassen und musste mit dem Fläschchen gefüttert werden.

Vor diesem Hintergrund konnte ich nie verstehen, warum sie meinen Lebensstil immer wieder als zu aufmüpfig anprangerte. Denn im Grunde ist sie selbst auch eine, die sich nichts vorschreiben lässt. Auch wenn das in ihrem Fall dank ihrer Tarnung als brave Hausfrau keiner ahnt.

Nur abends, wenn wir Kinder endlich im Bett sind, geht sie rüber zum Nachbarn. Der ist nämlich Lack- und Gummimoden-Designer, in der Kunstszene von Köln bestens vernetzt und dementsprechend ist da immer was los. Und meine Mutter gerne mittendrin. Mein Vater ist unterdessen froh, dass er abends in Ruhe die Sportschau schauen kann und seine beiden „Mitbewohnerinnen", also meine Mutter und ich, sich endlich nicht mehr lautstark streitend in den Haaren liegen.

No3: Die dritte Matrone, Weise Alte in Schwarz

Es gab einen Moment in meinem Leben, über den ich lange Zeit nie gesprochen habe. Ich befürchtete, als völlig durchgeknallt zu gelten. Ich sehe zum ersten Mal das Foto meiner Urgroßmutter, das über dem

Bett meiner pflegebedürftigen Oma hängt. Das Bild trifft mich wie ein Blitz und ich kann meinen Blick nicht mehr abwenden. Die Frau auf dem Foto ist in Schwarz gekleidet, mit einem weißen Kragen. Der Stoff wirkt wie geraffter Taft. Das Foto ist bestimmt hundert Jahre alt. Mit ihren dunklen, sanften Augen schaut die Frau auf dem Foto mich so durchdringend an, dass ich wie gefesselt bin. Warum sehe ich das Foto von ihr heute zum ersten Mal? Sie ist schließlich die Mutter meiner Oma. Und in dem Moment, in dem die Frau auf dem Foto und ich uns gegenseitig anstarren, kommt es mir vor, als will sie mir etwas mitteilen. Sie spricht mit mir ohne Worte, ein bisschen wie Jahrzehnte später die Matronen in der Innenstadt.

Mit meiner Oma hatte ich immer ein sehr enges Verhältnis. Viele Jahre vor meinem Freibad-Tampon-Trauma nimmt sie mich regelmäßig mit ins Schwimmbad. Sobald ich umgezogen bin, schickt sie mich immer aus der Umkleidekabine. „Geh schon mal raus, die Oma geniert sich."

Ich wundere mich zwar ein bisschen darüber, aber es macht mir nichts aus. Sie mag sich zwar für ihren eigenen nackten Körper schämen, aber dafür liebe ich ihre bunt gemusterten, figurformenden Badeanzüge, gekrönt von einer mit dreidimensionalen Blumen dekorierten, knallpinken Badehaube.

Ich bin ihr Liebchen, ihr Ein und Alles. Und das tut sie gerne kund. Besonders wenn sie mir beim Familienkaffeeklatsch feierlich die goldene „Königsgabel" überreicht und alle meine Cousinen und Cousins genervt die Augen verdrehen. Bei meiner Oma fühle ich mich aufgehoben. Sie gibt mir immer das Gefühl, dass ich etwas Besonderes bin. Im Gegensatz zu meiner Mutter, die wie bereits erwähnt nicht nur mit mir, sondern auch gerne mit ihrer Mutter im Clinch liegt.

Aber jetzt, wo ich das Foto sehe, frage ich mich, was da eigentlich los ist mit der weiblichen Ahnenlinie. Meine Mutter hat oft einen regelrechten Hass auf ihre Mutter und warnt mich: „Du hast ja keine Ahnung, was die Oma alles Böses getan hat: Die wollte mich abtreiben!"

Ich antworte: „Jetzt sei mal nicht so nachtragend, du hast es ja schließlich trotzdem auf die Welt geschafft!" Erst viele Jahre später verstehe ich die Tragweite dieser Aussage.

Ich frage mich, wieso es nicht möglich ist, dass wir in einer liebevollen Trinität unser Wissen und unsere mütterliche Liebe von Generation zu Generation weitergeben. In einem Zyklus von Unendlichkeit. Warum ist da so viel Wut, Schmerz und Frustration?

Ich recherchiere und will mehr über das Leben der Frau auf dem Foto wissen. Die Mutter meiner Oma. Dabei stellt sich heraus, dass meine Uroma Wilhelmine schon stigmatisiert auf die Welt kam, und das in destruktiven Zeiten. Sie wurde als uneheliches Kind eines Barons und einer Dienstmagd geboren. Darum standen ihre Chancen auf dem Heiratsmarkt ziemlich schlecht. Trotzdem heiratete sie später einen zehn Jahre jüngeren Kunstschmied, der für sie mit seiner eigenen Familie brach.

Ein Skandal. Sie bekamen neun Kinder in zehn Jahren. Dann starb ihr Mann, mein Uropa, an Kriegsfolgen. Plötzlich war sie Witwe mit ihrer Kinderschar. Durch die Kriege traumatisiert, starb sie selbst mit nur fünfzig Jahren an Herzversagen. Die Belastungen waren zu groß. Nachdem die älteren Söhne das Haus schon verlassen hatten, übernahm meine Oma als älteste Tochter mitten im Zweiten Weltkrieg die Vormundschaft für ihre jüngeren Geschwister, indem sie eine Zweckehe einging. Denn sie war noch nicht volljährig.

Anstatt über ihren Lebensweg in Selbstmitleid zu zerfließen, hielten sich Uroma und Oma zeitlebens daran fest, im Grunde von blaublütiger Herkunft zu sein. Prinzessinnen! Doch die Identität des unsichtbaren Uropa-Barons bleibt ein Geheimnis. Eine Welt der Verdrängung, in die meine Mutter mit ihren drei Geschwistern geboren wurde.

Es erscheint mir traurig und bewundernswert zugleich, wie sich meine Oma und Uroma mit ihrem Möglichkeiten durch das Leben gekämpft haben. Raum zur Selbstentfaltung? Undenkbar. Es ging nur um das blanke Überleben. Um das eigene und um das ihrer Kinder. Wenn ich mir das vor Augen führe, sehe mich nicht mehr so sehr als das bemitleidenswerte Arbeiterkind mit kulturellen Bildungslücken, sondern verstehe mich auf einmal selber aus einer viel größeren Perspektive. Völlig egal, ob Proletarierin oder Prinzessin: Ich bin das Kind einer Reihe von Müttern, die sich nie haben unterkriegen lassen. Die auch ohne ihre Männer wussten wer sie waren, die ihren Stolz hatten, die das Leben liebten, auch wenn das Leben erbarmungslos zu ihnen war.

Diese Dimension zu erkennen, erlebe ich als einen enormen Schatz und als Potential, daraus meine eigene Identität zu schöpfen.

Egal, wie oft ich wegen Kleinigkeiten mit meiner Mutter aneinandergerate. Ich muss längst nicht mehr die Kämpfe meiner Urahnen kämpfen. Aber ich spüre ihre Nachwirkungen. Ihre Ängste. Von Oma zu Mutter zu Enkelin. Für mich ist es jetzt nachvollziehbar, warum sie abgehärtet sind, ich kann aber heute als erste Frau einer langen Ahninnen-Linie selbst entscheiden, was ich davon annehme. Meine Freiheit ist ihr Verdienst. Darin liegt Verantwortung, das wird mir jetzt klar. Besonders, wenn ich diese Fotos ansehe. Meine Uroma würde mir noch aus dem Jenseits in den Hintern treten, wenn ich nicht die Möglichkeiten meiner Zeit nutzen würde. Sie hatte sie nicht.

Damit schließt sich ein Kreis. Ich habe Jahrzehnte gebraucht, um die tiefere Bedeutung meines Zyklus endlich zu verstehen. Etwas blutet ab. Etwas Neues entsteht. Bedauerlich ist, dass jetzt, wo ich den symbolischen Aspekt des Zyklus endlich verstanden habe, sich meine Regelblutung langsam ausschleicht. Eigentlich sollte ich froh sein, dass ich meine jahrelang verhassten blutenden Tage nun los bin. Aber insgeheim bin ich ein bisschen traurig darüber.

Das Foto von Uroma Wilhelmine nimmt heute einen prominenten Platz auf dem Mini-Altar ein, den ich zusammen mit meiner Tochter gebaut habe. Ich freue mich natürlich schon darauf, mit ihr bald die Menarche zu feiern.

Ich bin auf jeden Fall vorbereitet, wenn es soweit ist. Mit Periodenpanties und Zykluskalender. Die Idee einer „roten Feier" findet sie allerdings ziemlich peinlich: „Erzähl das bloß niemanden, Mama!"

Nicht schlimm. Ich bin mir sicher, irgendwann wird sie den tieferen Sinn darin verstehen.
Auch wenn sie dann schon erwachsen ist. Durch die drei Matronen habe ich gelernt, meinen Zyklus zu schätzen. Er symbolisiert nicht nur die Jahreszeiten, den Mondzyklus und die Transformation von Tod in Leben, sondern auch die Verantwortung, die darin liegt, Ahnin für die nächste Generation zu sein.

Die Neuentdeckung der Empowerment-Triade

Zu Zeiten der Kelten sind die Matronen mit Abstand die beliebtesten Göttinen. Mit über 800 Weihesteinen stellen sie im Rheinland alle anderen Gottheiten in den Schatten. Und das, obwohl die Römer das Rheinland kolonialisierten und ihre eigenen Götter mitbrachten. Glücklicherweise hatten die Eroberer jedoch eine recht tolerante Haltung gegenüber anderen Gottheiten, denn der allmächtige Vatergott, der keine Nebenbuhler duldete, war zu dieser Zeit noch nicht wirklich erfunden.

Die Römer konnten zwar nicht richtig nachvollziehen, warum die frisch eroberten Barbaren so an ihren Muttergöttinnen hingen. Schließlich hatten sie doch extra ihre eigenen Kriegsgötter nach Colonia Claudia Ara Agrippinensum gebracht. Aber selbst die römischen Soldaten holten sich sicherheitshalber lieber Schutz bei der mütterlichen Trinität als bei einem dieser Vatergötter mit leichtem Hang zu Gewaltausbrüchen.

Spätestens nachdem Kaiser Konstantin das Christentum einführte, war es dann vorbei mit den Matronen (und natürlich mit allen anderen Göttinnen). Das Prinzip der Trinität wurde zwar dankend ins Christentum übernommen, aber die ursprüngliche Botschaft vom zyklischen Gesetz des Lebens musste für das neue Konzept von Vater, Sohn und heiligem Geist weichen. Es gibt nicht mehr viele Mythen über die Matronen.

Allerdings gibt es eine Überlieferung der sogenannten drei Juffern aus dem Raum, wo auch die Matronen verehrt wurden. Diese tanzten in der Nacht der Mütter, also am 24.12., an einem

Brunnen. Seitdem ist es Brauch, Opfergaben in dieser Nacht darzubieten. Als das Christentum sich dann Weihnachten einverleibte, hat sich das christliche Fest mit alten Bräuchen vermischt. Im Grunde verkörpern die Matronen in ihrer Trinität ein spirituelles Prinzip. Darum handelt die folgende Geschichte über die Matronen nicht von den drei Juffern, sondern von der Verdrängung der weiblichen Trinität aus unserem Leben. Für mich ist es unerklärlich, dass wir sie noch nicht wiederentdeckt haben, obwohl sie mitten unter uns ist.

Es ist nicht so, dass wir nichts mit Göttern am Hut haben wollen. Im Gegenteil: Sämtliche Vorgärten, Wellnessoasen und Achtsamkeitsstudios sind voller Buddha-Figuren und südostasiatischen Götter-Statuen.

Aber die Göttinnen-Trinität unserer eigenen Urahnen, die uns das kosmische Prinzip von Entstehung, Vergänglichkeit und Geburt nahe bringt, ist heutzutage nicht en vogue.

Vielleicht machen sie sich ja gerade schon backstage bereit für ihr großes Comeback. Ich bin jedenfalls bereit, ihre Managerin zu werden.

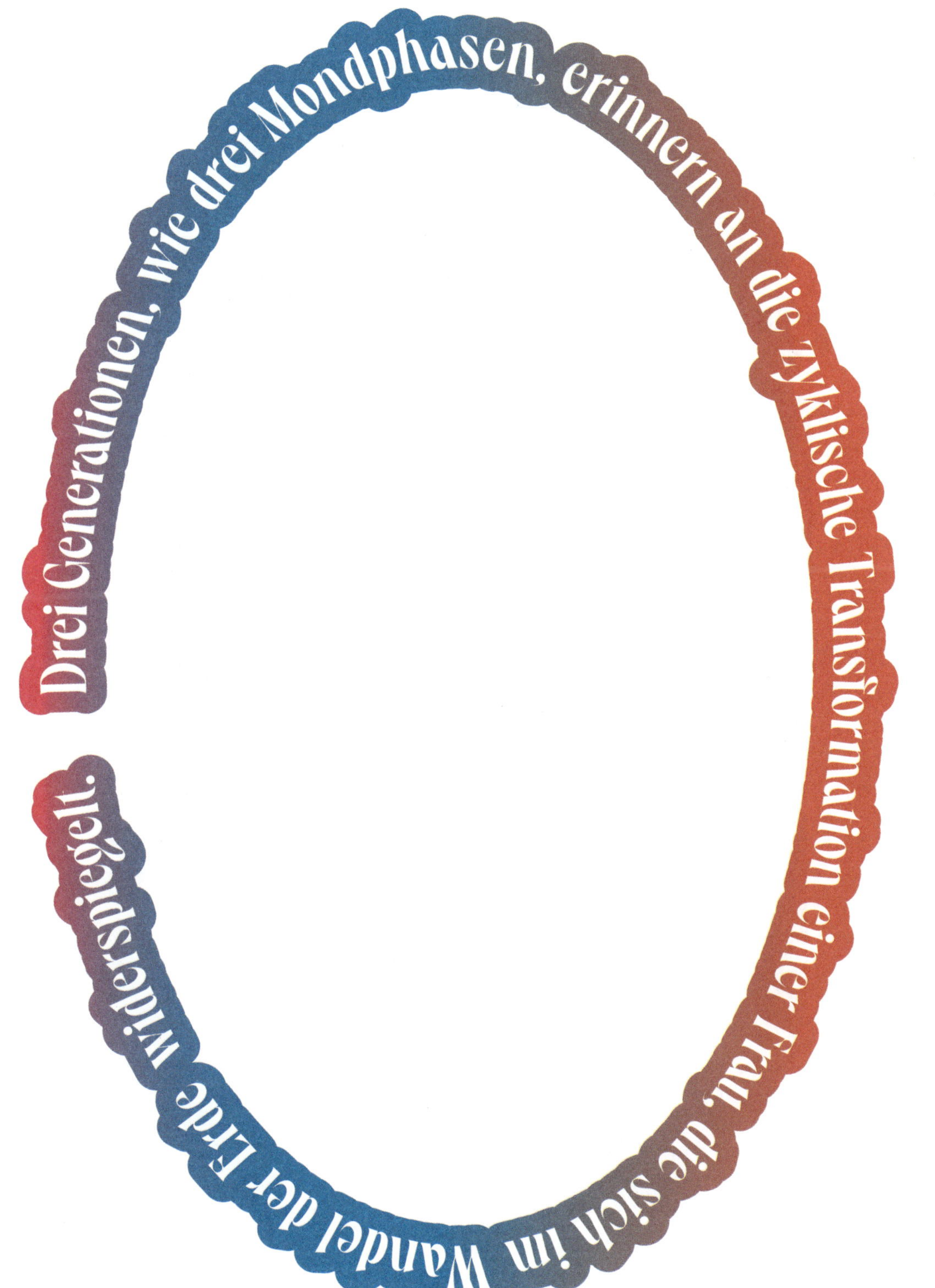
Drei Generationen, wie drei Mondphasen, erinnern an die zyklische Transformation einer Frau, die sich im Wandel der Erde widerspiegelt.

Du denkst dir vielleicht: Es ist anstrengend genug, sich in irgendeine wildfremde Göttin hineinzuversetzen. Jetzt also in drei Generationen gleichzeitig!? Keine Sorge.
Du hast sie alle drei gut in dir integriert.
Alle drei Lebensphasen von Jugend bis zum Alter. Du hast die ultimative Weisheit.
Denn…

...du bist die Einheit der drei Zyklen, du bist die Matronen-Trinität

Lange musstest du warten. Jetzt geht es endlich los. Während man dich sorgfältig und behutsam einpackt, hast du schon dieses erwartungsvolle Gefühl. Hier passiert etwas. Es wird sich etwas ändern. Endlich ist es soweit! Deine Zeit ist gekommen.

Eine gefühlte Unendlichkeit hast du in dieser Museumshalle schon gewartet. Menschen aus der ganzen Welt sind an dir vorbeigelaufen, nickten dir im Vorbeigehen kurz zu, nur um sich einen römischen Fußboden mit Dionysos-Motiv anzuschauen.

Du bist optimistisch, dass man wiedererkannt hat, wer du bist und wo du herkommst. Dass man dich darum endlich wieder zu deinem Heiligtum, der alten Tempelanlage, zurückführt. So lange bist du übersehen worden. Wie so viele deiner Ebenbilder. Denn es gibt hier in dieser Halle noch so manch andere Göttinnen im Zwangsruhestand. Hin und wieder bleibt zwar ein kulturbeflissener Museumsbesucher stehen. Aber ob er verstanden hat, mit wem er es hier eigentlich zu tun hat? Dabei ist es doch unverkennbar:

Du bist die universelle dreifache Göttin. Die junge Frau, die fruchtbare Mutter, die weise Alte. Die Weiße, die Rote und die Schwarze.

Voller Symbolik thronst du in dreifacher Gestalt gemeißelt im Weihestein. Ganz unverkennbar in allen Details ausgearbeitet. Du vereinst in dir drei Generationen, die nebeneinander thronen und Früchte im Schoß tragen, als Symbol der Fruchtbarkeit, unerlässlich für den Fortbestand der Menschheit. Als Mutter und weise Alte trägst du wagenradgroße Hauben im Sternenhimmel-Design mit hunderten kleinen Perforierungen. Um den Hals liegt jeweils ein Mondanhänger, damit auch wirklich jeder versteht worum es hier geht: Um das unendliche, zyklische Prinzip des Lebens!

Viel zu lange musstest du dein Leben in diesem Museum als Ausstellungsobjekt fristen.

Beginnt jetzt ein neues Kapitel? Die Zeitenwende ist nah! Wird das jetzt dein Comeback? Bringen sie dich zurück zu deinem alten Kultplatz in der Eifel? Oder gar zu einer brandneuen, frisch ausgebauten Tempelanlage?

Fast ein bisschen naiv, wie du dich freust, obwohl du keine Ahnung hast, was hier eigentlich passiert. Und das nur aus dem Gefühl der Hoffnung heraus. Wohin die Reise allerdings wirklich geht, weißt du nicht. Im Museum munkelte man etwas von „Umzug“. Und eins ist klar: Dass es in der gegenwärtigen Umgebung der ehemaligen Colonia Claudia Ara Agrippinensium heutzutage keine Erinnerung mehr an dich gibt, ist schwer nachzuvollziehen. Du warst ein Popstar-Trio. Alle wussten damals, wer du bist. Was ist also geschehen?

Der Grund dafür, dass du in der Versenkung verschwunden bist, könnte eine wohl unbeabsichtigte Verdrehung der Geschichte sein. Ein großes Verwechslungsdrama!?

Um das zu begreifen, muss man nur ein paar Meter nach links schauen. Luftlinie 50 Meter von dem Museum, wo du bis eben noch dein Dasein fristen musstest. Dort wurde mit erstaunlicher Geschwindigkeit innerhalb von 632 Jahren ein riesiger Tempel gebaut. Er ragt mit seinen Türmen so weit in den Himmel, dass er in seiner ganzen Pracht längst zum Wahrzeichen der Stadt geworden ist. Und die Kölnerinnen und Kölner lieben ihren Dom.

Nur du witterst Betrug! Denn dieses spektakuläre Bauwerk wurde im Grunde errichtet, um dein Prinzip zu würdigen. Das Heilige in der Dreiheit. Denn aus den drei heiligen Frauen wurden drei heilige Männer, äh Könige. Nicht zufällig in den Farben weiß, rot und schwarz. Man könnte behaupten, es sei wahrscheinlich der älteste Fall von Urheberrechtsverletzung. Hättest du als uralte dreifache Matronengöttin auch nur die geringste Ahnung, wie dir hier mitgespielt wurde. Du würdest zu einer Urgewalt an Göttin werden. Eine Kali, Medusa, oder eine Rachegöttin Nemesis, die alles abfackelt, um diese Ungerechtigkeit zu sühnen. Wahrscheinlicher ist jedoch, dass du längst alles begriffen hast. Du hast es kommen sehen. Es wurde dir schon vor tausenden von Jahren prophezeit.

Aber du hast keine Wut. Denn du hast etwas, was die meisten Menschen nicht haben: Viel, viel Zeit.

Und du wärst nicht die dreifache Göttin, wenn du nicht wüsstest: In der Ruhe liegt die Kraft. Von Generation zu Generation. Von Schwelle zu Schwelle.

Während der Lieferwagen mit dir und all den Artefakten aus dem Römisch-Germanischen Museum um die Ecke biegt, lehnen sich alle Heiligenfiguren und Mischwesen, die am Kölner Dom verbaut sind, entspannt zurück. Denn endlich bist du Störenfriedin weg. Diese Präsenz der dreifachen Muttergöttin war ja für das ganze Team „Kölner Dom" nicht mehr auszuhalten.

In ihren Augen wurde hier kein Urheberrecht verletzt oder irgendwelche Dreifaltigkeits-Prinzipien kopiert. Nein, das, was da war, wurde, wie es im Patriarchat nun mal üblich ist, einfach anders inszeniert und verschriftlicht.

Das nennt man Erfolgsmarketing, nicht Plagiat! Dreifaltigkeit in Perfektion. Mit Männern in den-Hauptrollen. Flankiert von Architektur, Kunst und Musik. Ohne ein bisschen Angst vor dem Höllenfeuer geht das natürlich nicht. So ein Wahrzeichen kostet schließlich viel Geld. Denn mit so einem Wiedergeburts-Ahnenkult kann man nicht viel Kasse machen. Wie sollen die Schäfchen denn da ehrfürchtig das Ablassbeutelchen klingeln lassen? Da mussten schon Himmel und Hölle her.

Jedenfalls sind nun alle Heiligen am und im Dom glücklich, dass du renitente, heidnische Konkurrenz endlich abtransportiert wirst. Mit hämischem Unterton geben dir die heiligen drei Könige vom Kölner Dom noch einen gutgemeinten Segen mit auf dem Weg. Auf dreimalige Art und Weise versteht sich: Im Namen des Vaters, des Sohnes und des heiligen Geistes, Amen. Tschüss Matronen! Auf Nimmerwiedersehen! Und so zieht am Roncalliplatz endlich Frieden ein. Vielleicht ist es aber einfach nur die Ruhe vor dem Sturm. Denn etwas ist jetzt anders.

Während der Lieferwagen durch die Stadt rollt und du ordentlich verpackt und dreifach gesichert auf der Ladefläche liegst, kommst du hoffnungsvoll ins Träumen. Sie werden dich endlich in den Kölner Dom fahren. Ab durch die Hintertür. Um ihren Fehler zu korrigieren und dich als wiederentdeckte Galionsfigur prominent auf dem Schrein der Heiligen Drei Könige zu platzieren. Dreifaltigkeit reloaded. Oder vielleicht fahren sie dich zurück zu deiner alten Tempelanlage.

Im Dunkel des Lieferwagens bist du nicht allein. Lauter römische und germanische Artefakte sind bei dir. Antike Parfumflakons, Waffen, Tonvasen und ein sehr attraktiver, römischer Marmor-Torso…

„Oh, ihr unsäglichen Römer! Dass ihr uns überhaupt kolonialisiert habt. Damit fing das ganze Unglück doch an", zischst du. Und obwohl du im Dunkeln durch die Noppenfolie nichts sehen kannst, nimmst du eine Antwort auf dein Klagen wahr. Der kleine Parfumflakon in Form eines Schweins nimmt Kontakt zu dir auf (leider nicht der attraktive römische Torso). „Weißt du", raunt der kleine Schweineflakon durch alle Schichten des Verpackungsmaterials, „bei mir versteht auch keiner, wieso man kostbare Düfte in einem Schwein aufbewahrte. Die machen ständig dumme Witze über mich. Keiner erinnert sich mehr daran, dass Schweine die treuen Begleiter der Göttin waren. Aber in meinen Glanzzeiten trug ich das Elixier der Schweine-Priester in mir. Stell dir vor, das ist heute ein Schimpfwort! Sei dir gewiss, heilige Matronae Aufaniae, große Göttin-Trinität. Ich nehme dein Leiden und Wehklagen wahr. Warte ab, unsere Zeit wird wieder kommen", verkündet das Parfumflakonschwein theatralisch.

„Unsere?" Pikiert rümpfst du die Nase. „Ich will dir ja nicht zu nahe treten, aber bist du nicht nur ein einfacher kleiner Parfumflakon? Wie solltest du meinem Schmerz nachvollziehen können?“ Und schon verfällst du in alte Muster: Du seufzt dramatisch. Damit hast du dich im Museum jedes Mal unbeliebt gemacht, aber das hält dich nicht auf:

„Ich war einmal der Megastar unter den Gottheiten. Dann kamen die Römer und besetzten unser Land. Sämtliche Gottheiten wurden durchmischt oder direkt durch römische Götter ersetzt. Als das Christentum Einzug hielt, war es ganz aus und vorbei mit uns.“

„Die weisen Frauen unserer uralten Stämme hatten schon eine Vorahnung“, führst du weiter aus. Sie haben gesehen, dass wir in der Zukunft verdrängt werden würden. Darum sorgten sie dafür, dass auch wir in Stein gemeißelt werden. So wie die römischen Götter. Als Erinnerung an uns drei für zukünftige Generationen. Wir wurden für die Ewigkeit geschaffen!“, belehrst du das kleine Schwein voller Pathos. „Nun, ich wurde aus Glas für die Ewigkeit geschaffen“, erwidert das Schwein mit gekränktem Stolz.

Augenrollend führst du weiter aus: „Versteh doch, du bist zwar ein selten interessantes Glasschweinchen, aber ich bin der Übergang von Geburt ins Leben zur Reife und Tod hinüber zum nächsten Leben. Ich bin Jungfrau, Mutter, Großmutter. Ich bin die drei Schwellen des weiblichen Körpers. Die Menarche, Mutterschaft und Menopause. Ich bin der Mond in seinen Phasen, zunehmend, Vollmond und abnehmend. Ich bin die Gebärmutter, die sich mit Blut auffüllt und entleert. Ich bin der Kosmos mit Sonne, Mond und Erde. Ich bin das Geheimnis des Lebens.“ Zum Finale deines Vortrages führt du aus, dass hier das Mysterium der Unsterblichkeit verborgen liegt: Die eine kommt aus der anderen, immerfort... Doch als du gerade zu einem Vortrag über die Mutterlinie ansetzt, die uns alle miteinander bis hin zu mitochondrialen Eva in Afrika verbindet, dämmert es dir. Es interessiert wirklich niemanden im Lieferwagen.

Auf der Ladefläche ist es jetzt still und dunkel. Der attraktive, römische Torso seufzt entnervt und raunt dir zu: „Für solch abgedreht-esoterische Feminismus-Ideale kommt aber niemand zu uns in Römisch-Germanische Museum. Die wollen Eroberung, Gladiatoren und Römisches Reich sehen.“ „Ein paar kommen auch wegen der exquisiten Glaskunst“, ergänzt der kleine Schweine-Flakon, der dir die Herabwürdigung von vorhin nicht so schnell verzeiht. Das war's. Du bist erledigt. Keine Verbündeten hier drin. Das ist klar. Die Revolution wird wohl noch dauern. Beinahe hättest du die Contenance verloren. Aber dann erinnerst du dich daran, das alles am Ende so kommen wird, wie es kommen muss. Als Göttin steht man über Zeit und Raum. Die Fahrt ist schnell beendet. Deine Artefakt-Kollegen aus dem Lieferwagen wirst du für lange Zeit nicht wiedersehen. Aber der neue Ort, an dem du aufgestellt wirst, verschlägt dir die Sprache. Ein Fensterplatz! Ebenerdig! Zur Straße! Unbezahlbar.

Seit Langem siehst du zum ersten Mal wieder Tageslicht. Du blickst nach draußen und siehst Hunderte rollender Blechkisten und vorbeihastende Menschen. Jeden Tag laufen sie an dir vorüber. Es gibt so viel zu sehen. Und obwohl dich kaum jemand beachtet, spürst du sie wieder, die Energie von Tag und Nacht, vom Frühling in den Sommer, der in den Herbst und Winter mündet. Dein Gefühl hat dich nicht getäuscht.

Da kommt etwas, da bist du dir sicher.

Die Zeit ist gekommen.

Du bist bereit.

Zu guter Letzt

Im Dezember des Jahres 2021 läuft eine rothaarige Frau an dir vorbei. Ziemlich in Eile. Wie die meisten in dieser „Adventszeit", die ja eigentlich zur Besinnung gedacht ist, bis die heilige Nacht der Mutter gefeiert wird.

Die Frau läuft erst noch weiter, dann bleibt sie abrupt stehen. Geht zurück und starrt dich an. Sie schaut nach oben, links und rechts. Dann starrt sie dich wieder an. Völlig ungläubig und perplex.

„Na“, raunst du ihr durch die Scheibe zu, „halloooo? Ich bin es wirklich, deine dreifache Göttin des Vertrauens!“

Natürlich, sie kann dich nicht hören, aber Spaß

macht es dir trotzdem. Vielleicht hat sie dich ja doch gehört. Die Frau geht zur Tür, tritt über die Schwelle und schaut sich verwundert um. Dein Lieblings-Wachmann, der dir immer zur Seite steht und wegen dem du mit Göttin Medusa von gegenüber ständig im Eifersuchts-Clinch liegst, tritt ihr entgegen.

„Sagen sie mal", sagt die Frau, während sie auf ihn zugeht, „sind das etwa die drei Matronen im Schaufenster? Was machen die denn hier mitten in der Innenstadt? Das kann doch gar nicht sein, das ist einfach unglaublich!"

Der Wachmann erklärt ihr gelassen, dass sich hier ein provisorisches Museum befindet. Das alte Römisch-Germanische Museum wird gerade neu gebaut, und das kann Jahre dauern, vielleicht gar Jahrzehnte. Überraschenderweise stellt er eine Rückfrage: „Ihr Interesse für diesen Weihestein ist ungewöhnlich. Darf ich fragen, warum Sie sich so für die Matronen begeistern?"

„Oh, jetzt wird es interessant", denkst du dir, Matronengöttin. Schade, dass du aus Stein bist, du würdest dich sonst hinüberlehnen, um die Antwort besser hören zu können. So siehst du nur, wie diese Frau fasziniert herumgestikuliert, etwas von einem Buch über Göttinnen sagt, dass sie schreiben will, und dann verspricht, noch einmal wiederzukommen.

Auch wenn du der Konversation nicht richtig folgen konntest – etwas sagt dir, dass dies ein besonderer Moment war. Das könnte er sein, der Startschuss, für einen neuen Zyklus.

Mein Fazit

Erkenne dich selbst – und deine Urmütter gleich mit

Persönlich bedauere ich es sehr, dass mir nie jemand etwas über den symbolischen Charakter der zyklischen Vorgänge der Menstruation erzählt hat. Ich finde die Vorstellung faszinierend, dass sich in unserem Körper etwas abspielt, das gleichzeitig die kosmischen Prinzipien von Leben, Tod und Wiedergeburt sowie den Mondzyklus widerspiegelt.

Es ist verständlich, warum im Patriarchat die Menstruation als etwas Schmutziges betrachtet wird. Ursprünglich war sie ein „Empowerment-Tool", das es uns ermöglichte, unsere fruchtbaren Tage zu kennen. Es ist eine Reinigung, die regelmäßig einen neuen Anfang zu schafft. Als zyklische Wesen konnten wir uns durch die Regelblutung mit der Essenz unserer Umwelt verbinden. Einen Rhythmus schaffen. Doch all dies wurde verdreht, sodass wir uns nun für diesen natürlichen Zyklus bemitleiden und unsere vermeintliche Leistungsschwäche bedauern. Dies geschieht zwangsläufig, wenn der Mann als Norm gilt.

Die Matronen rufen uns ins Gedächtnis, dass auch wir westlichen Frauen einheimische und uralte Wurzeln mit einer ausgeprägten Ahnenkultur haben. Wir brauchen uns nur wieder daran zu erinnern. Die Trinität verdeutlicht, dass wir alle in einen großen Zyklus eingebettet sind. Diese Vorstellung wirkt sich auf die Psyche aus, unabhängig davon, ob man sie als esoterische Spinnerei abtut oder gar der Meinung ist, dass sie nicht mehr in unsere westliche Welt passt. Für mich sind die Matronen das ultimative Symbol für unsere Verantwortung als Ahninnen der kommenden Generationen zu wirken.

Matronen

...gut zu wissen!

• *Wer Was Wo*

Die Matronen sind die rheinländischen Muttergottheiten der germanischen und keltischen Religion. Über 800 Weihesteine zeugen von ihrer damaligen Popularität.
Drei Matronen-Tempel befinden sich in der Eifel (Nettersheim, Mechernich-Kommern, Zingsheim) und sind heute noch zu besichtigen.

• *Farbkonzept*

Die Matronen repräsentieren drei Generationen von Frauen: Jungfrau (weiß), Mutter (rot) und weise Frau (schwarz). Ursprünglich farbig dargestellt, stehen sie für die drei Mutterfarben, die in verschiedenen spirituellen Kontexten übernommen wurden (z. B. Papst, weiß; Kardinal, schwarz und Bischof, rot).

• *Mater*

Die Römer bezeichneten die Matronen als Matres, abgeleitet vom indoeuropäischen Stammwort „Mater“ für Mutter und Maß. Dieses Wort bildete die Grundlage für viele lateinische Wörter, wie Matrix, maternal und metrisch. Der alte gnostische Begriff für den Leib der Mutter lautet Matrix.

• *Die drei Bethen*

Auch im süddeutschen Raum gibt es die Göttinnen-Trinität. Im Volksmund die drei Bethen genannt. Die Kirche integrierte den alten Glauben später um in die heiligen drei Madeln.

• *Überall Dreifaltigkeit*

Göttinnentrinitäten waren vor der Entstehung des Monotheismus weltweit verbreitet und existierten sowohl in der griechischen, römischen, keltischen und nordischen Mythologie. Zum Beispiel die Parzen, die Musen und die Moiren. Aber auch in Symbolen. Beispielsweise der Trinity-Knoten der Kelten.

• *Fashion*

Die drei Matronen sitzen aufrecht nebeneinander. Die beiden Äußeren tragen große perforierte Hauben, wie die verheirateten Ubierrinnen sie getragen haben. Die Jungfrau in der Mitte trägt ihr Haar offen. Alle drei tragen einen sichelförmigen Mondanhänger um den Hals.

• *Zyklus*

Die Matronen stehen für den zyklischen Charakter von Natur und Universum und verbinden Anfang, Mitte und Ende. Sie symbolisieren einen unzerstörbaren Kreislauf von Tod, Wiedergeburt und ewigem Leben. Die Matronen sprechen alle Menschen an, weil sie allumfassend sind.

• *Matrjoschka-Prinzip*

Das Prinzip der Matronen findet sich in vielen Kulturen wie den russischen Matrjoschkas. Sie symbolisieren die weibliche Ahnenlinie und die Kontinuität des Lebens von Mutter zu Tochter und von Gebärmutter zu Gebärmutter. Das Ei, aus dem du entstanden bist, war schon in deiner Mutter, als sie noch im Bauch deiner Großmutter war.

• *Drei Jungfrauen*

Mythen über die Matronen sind nicht direkt überliefert. Aber es gibt in der Eifel und vor allem im süddeutschen Raum zahlreiche Überlieferungen zu den drei Juffern, drei Madeln, drei Marien und drei Schwestern.

• *Symbolik*

Die Matronen sind reich an Symbolik: Sonne (rot), Erde (schwarz) und Mond (weiß). Die Früchte im Schoß wie Granatäpfel (Reife) und Birnen (Gebärmutter) stehen für Fruchtbarkeit. An den Seiten der Weihesteine findet man außerdem Bäume (Verbindung von Erde zum Himmel), Schlangen (Weiblichkeit), Pinienzapfen (Ewiges Leben), ein Füllhorn (Leben in Fülle) und einen Kranich (Zugvogel/zyklisch).

VULVALICIOUS – Eine Vulva rettet die Welt

Der Auftakt

Demeter ist nicht irgendeine Göttin, sondern eine, die im Pantheon der griechischen Götter einen bedeutenden Platz einnimmt. Sie existierte wahrscheinlich lange bevor die vielen männlichen Götter wie Zeus und seine Kollegen hinzukamen.

Ich bin eingeladen auf der Veranstaltung eines Frauennetzwerks. Die Moderatorin kündigt mich an: „Unsere nächste Künstlerin spricht über Göttinnen und Vulven", und ich betrete die Bühne. Ich trage ein langes, dunkellila glänzendes Kleid und eine elegante Stoffvulva auf dem Kopf. Die ersten Sekunden zählen, und ich bin nervös. Von oben betrachtet, ist der Saal ein faszinierender Anblick. Der ganze Raum ist voller Frauen. Ich atme tief durch und begrüße meine Zuhörerinnen. Lange habe ich an meiner Rede gefeilt, und ich beginne sie mit folgendem ausgetüftelten Statement: „Wusstet ihr, dass es fast überall auf der Welt Geschichten gibt, in denen die Göttin mit ihrer Vulva die Menschheit rettet?". Schlagartig verstummt das Gemurmel des Publikums. Ich fahre fort: „Ein grandioses Beispiel ist die Geschichte einer Göttin, die ihr alle aus dem Biosupermarkt kennt…". Dann mache ich eine Pause und schaue fragend ins Publikum. Ich sehe verdutzte Blicke von staunenden Frauen. Immer noch Schweigen im Saal. Jetzt bin ich irritiert: Es muss doch jemanden geben, der es weiß. Also versuche ich, dem Publikum auf die Sprünge zu helfen: „Da es um eine lebensrettende Vulva geht, hat diese Göttin auch etwas mit Milchsäurebakterien zu tun. …Na? Welche Göttin könnte es sein?"

Ich gebe zu, Bakterienkulturen als verbindendes Element zwischen Vulva und Biojoghurt sind weit hergeholt – geholfen hat der Tipp übrigens nicht. Die Irritation wurde eher größer. Aber jetzt rollt der Zug. Also Augen zu und durch…

Eine Stimme im Publikum sorgt endlich für Erlösung: „DEMETER!" „Genau!" rufe ich erleichtert. Ich kann also loslegen mit meiner zehnminütigen Rede über wilde Göttinnen, und was sie so mit ihren Genitalien machten.

Ich konnte ja nicht ahnen, dass kaum jemand Demeter, die Göttin des Getreides, kennt.

Dabei ist sie es, die laut der alten griechischen Mythologie den Menschen das kostbare Wissen über den Ackerbau gebracht hat. Sie ist es auch, die alles wachsen lässt, Mensch und Tier mit Nahrung versorgt und darauf achtet, dass alles im Kreislauf ist. Kein Wunder also, dass sie in unserer hochindustrialisierten Nahrungsmittel-Welt als Biosiegel Karriere gemacht hat.

Allerdings können heute nur noch „Mythen-Insider" etwas mit Göttin Demeter anfangen. Im Gegensatz zur wunderschönen Aphrodite, der intellektuellen Athene oder der eifersüchtigen Hera.

Alles Göttinnen, bekannt aus Film und Fernsehen. Doch die Missverständnisse fangen schon an, wenn man das Wort „Göttinnen" als Suchbegriff eingibt. Das Programm korrigiert sofort: „Meinten Sie Göttingen?" Und wenn man dann darauf besteht, nach Göttinnen und nicht nach Göttingen zu suchen, werden in erster Linie die griechischen Göttinnen vorgeschlagen. Darunter irgendwo auch die Demeter. Jedenfalls denken beim Stichwort Götter hierzulande alle an die Götterwelt des antiken Griechenlands.

Das liegt wahrscheinlich an dem bekannten Dichter Homer, der Drama, Glamour, Liebe und Eifersucht in epischen Werken für die Nachwelt hinterließ. Vergewaltigung, Krieg und Missbrauch waren in seiner Dichtung reichlich vorhanden. Aber Göttinnen, die sich als Empowerment-Geste die Vulva zeigen? Ich hatte schon eine Vorahnung, dass dieses Thema vielleicht nicht ganz so einfach wird. Als ich zuhause den Vulva-Fascinator inklusive Klitoris fertiggestellt hatte, setzte sich meine Tochter den Hut auf.

Sie präsentierte den Kopfschmuck in gekonnter Pose ihren drei Freundinnen mit der Frage: „Ratet mal, was das hier ist!" Ratlose Blicke der Mädchen, dann machte es bei einer Klick. Erschrocken sprang die besonders gewitzte Freundin meiner Tochter zurück: „Ich weiß es! Ich weiß es!" Und mit einem Gesicht, als ob sie in eine Zitrone gebissen hätte, erschauderte sie:

„Ich kann es nicht aussprechen. Es ist so eklig!"

Aber zurück ins Hier und Jetzt: Da stehe ich nun auf der Bühne und oute mich als Demeter-Fan. Die Göttin, die keiner kennt. Und dann geht es auch noch um Vulven.

Ich schüttle die Erinnerung an das Vulva-Hut-Quiz meiner Tochter und ihrer Freundinnen ab und erinnere mich an meine Mission. Im Rampenlicht erzähle ich die Geschichten von Demeter, Baubo, Kali und der hawaiianischen Göttin Kapo, die ihre Schwester vor einer Vergewaltigung rettet, indem sie ihre Vulva als Boomerang benutzt. Und natürlich erzähle ich, warum diese Göttinnen schließlich alle von dem allmächtigen Vatergott verdrängt wurden. Ich habe mein Bestes gegeben, das Thema locker zu verpacken. Was auch immer das Publikum von mir denken mag, beim Applaus am Ende bin ich froh, dass ich meine erste öffentliche Göttin-Performance geschafft habe.

Meine Geschichte

Von Witzvorlage zum Kultobjekt

s ist noch nicht so lange her, da hat mir ein Erlebnis klargemacht, wie brandheiß das Thema ist. Denn die ganze Irritation um das Thema „Vulva" regt mich nicht zum ersten Mal auf.

Es war im Grunde kein spektakuläres Ereignis. Nur etwas, was mich nachdenklich gemacht hat. Die Geschichte beginnt harmlos damit, dass ich mit meiner damals sechsjährigen Tochter eines Morgens am Küchentisch sitze und wir die Sonntagszeitung aufschlagen, die uns die Oma dagelassen hat, wegen der Werbeprospekte und dem Fünf-Euro-Discountergutschein. Die Schlagzeilen sind besonders unterhaltsam, wenn ich sie meiner Tochter laut vorlese. Die Stimmung steigt noch weiter, als ich die Doppelseite mit den Lieblingswitzen der Promis aufschlage.

„Jaaaa, Mama! Witze!!!" Und ich muss ihr alle vorlesen. Über manche muss ich selber schmunzeln. Wie der Witz von der Maus, die sich in einen Piloten verknallt hat, der sich dann leider nur als Fledermaus entpuppt. Irgendwann habe ich dann alle mehr oder weniger lustigen Witze einmal durch und will die Zeitung zuklappen. Doch sie ahnt etwas: „Mama, hast du mir auch wirklich alle Witze vorgelesen?"

„Ja, Schatz," seufze ich, „auch der da?" Sie zeigt auf das Bild eines in die Jahre gekommenen Showmasters, der für seine Altherrenwitze bekannt ist. Wie hat sie nur gemerkt, dass ich den ausgelassen habe?

„Der Witz ist so niveaulos, den sparen wir uns", antworte ich, denn ich habe ihn schon überflogen, „ich kann ihn unmöglich laut vorlesen, ohne wütend zu werden." Leider weckt diese Erklärung erst recht ihre Neugierde: „Dann lies ihn jetzt sofort vor! Mama!" Und nach einigen hin und her gebe ich auf und lese den Witz genervt vor: Die kleine Tochter fragt beim Duschen zusammen mit Ihrer Mutter:

„Mama, du hast doch eine Vagina?"

„Ja mein Kind", antwortet die Mutter

„Dann habe ich ein Vaginchen."

„Ja mein Kind."

„Aha! Dann hat die Oma also einen Waggon!" Oh Mann, so ein flacher Witz und das ausgerechnet von einem Typen, dessen Gesicht selber wie eine unrasierte Vulva aussieht. „Ja Mama, aber ich habe ihn überhaupt nicht verstanden!", fügt meine Tochter hinzu. Toll, jetzt muss ich meinem Kind auch noch diesen frauenfeindlichen Witz erklären. „Na, mit Waggon ist gemeint, dass die alte Oma eine riesige Vagina hat.

Weißt du, es gibt Männer, die machen gerne Witze darüber, wenn eine Vagina nicht klitzeklein, schlitzig und fast unsichtbar aussieht." Darum bezeichnen sie die Vagina einer alten Frau als „Waggon", quasi als Riesen-Vagina.

Meine Tochter schaut allerdings immer noch skeptisch. „Ja, aber ich verstehe den Witz trotzdem nicht, Mama. Das macht doch keinen Sinn: Bei uns hat die Oma doch einen Schlitz und deine Vulva sieht aus wie ein Waggon!" Das muss ich erstmal sacken lassen. Ich bin leicht irritiert darüber, dass sie offensichtlich die Kategorisierung der verschiedenen Vulva Formen in Vaginchen, Vagina und Waggon sofort versteht, sich jedoch über die unlogische Zuordnung wundert. Das war's. Ich klappe die Zeitung zu, falte sie zusammen und hole aus zu einer Erklärung: „So, meine wunderwirkende Vulva ist also ein Waggon?

Jetzt pass mal schön auf: Ich weiß auch nicht, warum mir die Oma nicht ihre muschimodelgleiche Schlitzvulva vererbt hat. Mit der Weitergabe ihrer knubbligen Knie und molligen Beine war sie großzügiger. Außerdem war meine auch mal klein und kompakt. Wie die von allen Mädchen ... Willst du wissen, was dann passiert ist?" Meine Tochter nickt verschmitzt, wohl ahnend, dass sie jetzt was erleben wird.

„Du hast dich da mit deinen 32 cm Kopfumfang durchgequetscht." Und während ich versuche, ihr in einer spontanen Performance mit Hilfe eines hastig gegriffenen Kürbis, den ich mir zwischen die Beine halte, die Dimensionen klarzumachen, kommt die Erinnerung in mir hoch:

Ich befinde mich auf der Geburtsstation. Alle bei der Geburt Anwesenden haben in meine Abgründe geschaut. Ich habe keine Stimme mehr nach fünf Presswehen und vier Urschreien. PDA? Nein danke! Hypnobirthing in der Badewanne war angesagt. Die ganze Naturgewalt wirkte durch mich hindurch. Ich habe immer noch das Gefühl, meine Eingeweide aus dem Körper gepresst zu haben (das merke ich übrigens heute noch, wenn ich hüpfe – die sind nie wieder an die alte Position gerutscht) und dass ich aller Welt mein animalisches Selbst offenbart habe. Dann ist das Baby endlich da! Jetzt geht alles schnell und ehe ich mich versehe, liege ich auf einem Tisch. Ich bin völlig im Delirium der Gefühle. Ich sollte stolz und glücklich sein. Aber das Gefühl will sich noch nicht einstellen. Dieser Moment hat nichts mit beseelter Mutterschaft aus der Windelwerbung zu tun. Stattdessen liege ich mit gespreizten Beinen auf dem Tisch. Ich sehe den Kopf des Arztes dazwischen.

Mit Nadel und Faden versucht er, den zertrümmerten Eingang oder Ausgang, je nach Perspektive, wieder zusammen zu nähen. Ich überlege noch kurz, ob ich den Arzt besser darauf hinweisen sollte, alles schön zusammen zu packen und dann klitzeklein zu vernähen, da taucht plötzlich der Kopf meines Mannes neben dem Arzt auf. Sein Blick verrät seine Erleichterung, dass Babys nicht von Männern geboren werden. Entsetzen trifft auf Faszination, während er den letzten Schluck Energydrink wegschlürft und in den zehnten Müsliriegel beißt.

Im Delirium flüstere ich noch: „Schau nicht hin! Geh!" Aber ich bin zu schwach, um die Worte laut auszusprechen. Die Super-Patchwork-Pussy wird geschaffen. In Gedanken meiner Erinnerung an diesen Moment nachhängend, stehe ich sechs Jahre später mitten in der Küche und habe gerade als Reaktion auf den flachen Altherrenwitz einen Kürbis zur Welt gebracht.

Während ich ihn triumphal hochhalte, sage ich meiner Tochter: „Meiner Vagina sollten Opfergaben der Dankbarkeit dargelegt werden. Die Narben sind Zeugnis ihres Amazonenkampfgeistes!" Und bevor ich mich so richtig in ein frei improvisiertes Huldigungsritual hineinsteigern kann, ergreift meine Tochter die Flucht vor ihren Kürbisgeschwistern und meinem Hang zum Drama.

„Alles klar, Mama, ich gehe jetzt mal spielen in meinem Zimmer."

Ehrlich gesagt kenne ich kaum eine Frau, die ihre Vulva wirklich toll findet. Außer meiner Freundin Melli, stolze Schlitzvulva-Besitzerin, die nach jedem heißen One-Night-Stand verkündet: „Und dann hat er mich angeschaut und meinte: Mein Gott, du solltest Muschimodel werden!"

Was zur heimlichen Frustration bei uns Freundinnen führt. Als fast fünfzigjährige Mutter von zwei Kindern habe ich zum Glück andere Sorgen als das Schönheitsideal einer Vulva. Aber vor nicht allzu langer Zeit waren meine Freundinnen und ich noch im Kampf mit allem, was es wagt, aus diesem Schlitz herauszuschauen. Da half keine Diät. Und kein „Zurückstopfen". Frau muss sie so akzeptieren, wie sie ist.

Männer haben dieses Problem allem Anschein nach nicht, egal wie abgesackt, verschrumpelt oder rüsselig ihr Gemächt erscheinen mag. Sie finden es offensichtlich nicht schlimm und sind auch noch stolz darauf.

Es ist ihr bester Kumpel. Und so wird er auch behandelt. Er wird lebenslang gerne und selbstverständlich zur Schau getragen. Jeder, der einmal in der gemischten Sauna war, weiß, was ich meine. Der überwiegend von Rentnern und Müttern genutzte Vormittagstarif hat mir vor Augen geführt, dass die wenigsten Menschen den Schönheitsnormen entsprechen. Und es befreit, ab und zu einen Blick auf die wohltuend vielfältige und unperfekte Realität zu werfen. Denn: Warum wir uns für Natürlichkeit schämen sollten, ist mir ein allgegenwärtiges Rätsel.

Lobpreisungen an die Vulva!

Umso erstaunter war ich, als ich erfahren habe, dass es einmal eine Zeit gegeben hat, in der Frauen sich an geschützten Orten und im Rahmen religiöser Rituale ihre Vulven gezeigt haben. Als Solidaritätsbekundung und Zeichen der Verbundenheit.

Dabei handelte es sich um die anfangs erwähnten Eleusischen Mysterien. Das Ganze soll laut Überlieferung in völlige Extase ausgeartet sein. Mit wildem und „obszönem" Gestöhne. Dazu gab es dann Honiggebäck in Form einer Vulva. Ich rede hier nicht von irgendwelchen abgedrehten Das-Ende-ist-nahe-Sekten mit sexsüchtigen Gurus als Anführer.

Oh nein! Ich rede von Ritualen, die vor vielen tausenden Jahren praktiziert wurden, zu Ehren einer Göttin, die seit Urzeiten verehrt wird: Demeter.

Nur Frauen hatten Zutritt zu diesen Mysterienkulten, deren detaillierter und ritueller Ablauf streng geheim war.

Demeter – Who's that girl?

Die Göttin Demeter ist nicht irgendeine „Nischen-Göttin". Sondern eine, die im Pantheon der griechischen Götter ziemlich weit oben steht. Es wird sogar behauptet, dass sie schon längst da war, bevor die vielen männlichen Götter erfunden wurden. Später schrieb Homer die Geschichte von Demeter auf und ließ die patriarchalen Ansichten der Zeit in seine Fassung mit einfließen.

Vergewaltigung, Inzest, Frauenraub und eifersüchtig konkurrierende Göttinnen wurden zum Alltag des Olymp. Irgendwann stellte dieses Weltbild niemand mehr in Frage. Und so stand im Lauf der Zeit für die Menschen fest: Frauen sind nun mal von Natur aus stutenbissig.

Im Spiegel der Göttin

Auch wenn die Geschichte um Demeter der ein oder anderen schon längst bekannt ist, gibt es verschiedene Varianten des Mythos. Ich erzähle hier die Version, die als Grundlage für die „Vulva-lupfen-Ritale“ dient. Und natürlich werde ich dich einladen, ihre Perspektive einzunehmen. Sei beruhigt, du behältst dein Höschen erstmal an, wenn ich dich gleich bitte, dich in die Göttin hineinzuversetzen. Es geht um eine komplexe Göttin, also bitte keine voreiligen Festlegungen. Komplex sind wir alle, oder? Also, los geht‘s: Stell dir vor, du bist die wunderschöne Göttin des Ackerbaus, der Fruchtbarkeit und Vegetation.

Denn...

...du bist Demeter

Als Muttergöttin der Erde nährst du Menschen und Tiere, denn du hast ihnen den Ackerbau überhaupt erst gebracht. Du liebst duftende Gärten, ein üppiger Blumenkranz krönt dein Haupt. Langes, wallendes Haar fällt auf deine Schultern, dein Parfum riecht nach Lavendelhonig und dein drapiertes Empire-Kleid ist kunstfertig bestickt mit goldenen Weizenkörnern, Äpfeln und Mohnblumen.

Du bist eine der attraktivsten Göttinnen – aber Vergleiche interessieren dich nicht. Schon gar nicht mit anderen Göttinnen. Schönheitswettbewerbe findest du nur unreif.

Als Göttin der Fruchtbarkeit ist es natürlich, dass auch du irgendwann ein Kind willst. Dafür hast du deinen Bruder Zeus auserwählt, aber vom Heiraten hälst du nichts.

Du hast eine beseelte Schwangerschaft. Unter kraftvollen Wehen bringst du deine Tochter auf die Welt. Ein absolutes Wunschkind. Du schenkst ihr den Namen Kore und liebst sie unendlich. Jetzt seid ihr zu zweit und du liebst es, Mutter zu sein. Die ersten Monate nährst du deine Tochter mit deiner Muttermilch und trägst dieses kleine, völlig von dir abhängige Wesen durch die Welt. Du beschützt sie mit allem, was du hast.

Die Verbundenheit zwischen Euch ist etwas, was du mit keinem anderen Wesen je empfunden hast. Du pflegst Sie aufopferungsvoll, wenn Sie krank ist. Du bringst Ihr alles bei, was dir wichtig ist. Sie wird dein kleines Ebenbild. Und du wiederum bist ihr Vorbild. Sie ist dein Mini-Me! Dein Ein und Alles. Dein Leben ist perfekt. Und alles könnte so weitergehen.

Eines Tages schaust du deine Tochter an und realisierst, dass sie beginnt, eine Frau zu werden Und noch ehe du dich fragst, ob du jetzt mit ihr reden solltest, passiert das Ungeheuerliche: Dein anderer Bruder Hades wirft ein Auge auf dein Kind. Da er ein eher introvertierter Gott der Unterwelt ist, kommt er im Gegensatz zu Zeus nicht so gut bei den Frauen an. Außerdem fehlen ihm die Gelegenheiten, Frauen kennenzulernen. Massenweise Tote in seinem Reich, die halten ihn auf Trab. Er hat Kore gesehen und ist schockverliebt. Du hast erstmal keine Ahnung, dass er hinter deinem Rücken ausgerechnet zu Zeus geht und ihn um Erlaubnis bittet, Kore zu heiraten. Was für ein Verrat! Zeus ist zuerst überhaupt nicht begeistert vom Anliegen seines Bruders. Genervt antwortet er dem Herrn der Unterwelt:

„Wieso kommst du überhaupt zu mir? Du weißt doch, dass Demeter nicht einwilligen wird!" Doch Hades droht damit, Kore zu entführen, wenn er die Erlaubnis nicht bekommt. Das bringt Zeus richtig in Rage, doch Hades kontert: „Wieso, du machst das doch die ganze Zeit!" Damit hat er Zeus wunden Punkt getroffen. Welcher daraufhin widerwillig einlenkt: „Dann mach, was du willst, ich weiß von nichts." Das nennt man wohl brüderliche Solidarität unter Göttern. Und so geschieht es.

Als Kore gerade ein paar Narzissen pflückt, bricht der Abgrund vor ihr auf. Eine tiefe Schlucht klafft plötzlich unter ihr und sie kann sich gerade noch auf eine Seite retten. Doch es nützt nichts, Hades steigt triumphal empor und reißt sie hinab in die Unterwelt.

Keine Chance für Kore. Er hält sie tief in seinen unterirdischen Katakomben gefangen. Es ist sein Reich. Hier kommen eigentlich nur die Toten hin. Und niemand, der hier war, kehrt je wieder zurück. Keiner sieht Kores Entführung. Sie ist sprichwörtlich vom Erdboden verschluckt. Was Hades da anstellt mit ihr? Wer weiß das schon? Die Story war schon oft Vorlage für zweitklassige „Shades of Grey"-Remakes, aber was dort unten wirklich passiert, wissen wir nicht. Kommen wir aber wieder zurück zu dir, Demeter. Du merkst ziemlich schnell, dass hier etwas nicht stimmt. Du fackelst nicht lange und machst dich sofort auf die Suche. Unermüdlich, überall, Tag und Nacht. Aber niemand hilft dir, alle schauen weg. Als ob sie etwas wissen, was du nicht weißt…

Bis zur Selbstaufgabe suchst du weiter nach deinem Kind. Du kannst sie nicht finden, du weißt nur eins: Sie lebt noch. Das spürst du.

Deine Verzweiflung wird so schlimm, dass du nicht mehr in der Lage bist zu essen. Du wäschst und kämmst dich nicht und wechselst deine Kleider nicht mehr. Aus der schillernden Göttin mit pinken Lippen und blumenbestickten Seidenkleidern ist eine verwahrloste Lumpenmutti geworden. Die duftende, schillernde Göttin, die gibt es nicht mehr. Langsam, aber sicher verhungern auch die Menschen, schließlich bist du die Göttin des Ackerbaus und der Vegetation. Doch du kannst nichts mehr wachsen lassen. Du bist Mutter Erde und man hat dir dein Kind geraubt. Wie sollst du da etwas zurückgeben? Die Blätter fallen von den Bäumen, kein Korn wächst mehr, kein Kind wird mehr geboren.

Wenn du wolltest, könntest du jetzt alles sterben lassen.

Die Menschen leiden sehr und flehen die Götter verzweifelt an. Zeus, der immer noch so tut, als wüsste er von nichts, ist langsam genervt von den jammernden Menschen. Er gibt dir schließlich den scheinbar gutgemeinten Ratschlag, dich endlich mit der Situation abzufinden. Aber du schaust ihn nur mit einer gewissen Verachtung an und ignorierst seinen Rat. Eins ist klar: Du wirst nicht ruhen, ehe du deine Tochter wiedergefunden hast!

Eines Tages führt dich deine Suche in das Haus des Herrschers von Eleusis. Er bietet dir eine nahrhaftes Getränk an, was du annimmst, aber nicht runterbekommst. Du setzt dich dort an den Brunnen und rufst aus einem Instinkt immer wieder verzweifelt den Namen deiner Tochter in den Brunnen.

Dein Rufen wird gehört! Allerdings nicht im Brunnen. Noch nicht – denn wie wir spätestens seit Frau Holle wissen, ist der Brunnen durchaus ein Zugang zur Unterwelt. Da kommt etwas herangaloppiert und du traust deinen Augen kaum: Eine ältere, voluminöse, nackte Frau mit wehender Lockenpracht kommt auf einem Schwein angeritten und springt lachend ab. Musik ertönt!

Der Beat hat Ähnlichkeit mit dem Song „I like to move it, move it. I like to move it!" Dann geht es ab und die Frau vollzieht einen gekonnt performten Tanz. Hiphop meets Twerk. Ihr Hintern vibriert, schwingt auf und ab. Die Brüste kreisen wie in einer Burlesque-Show. Dabei zeigen ihre Brustwarzen dir ins Gesicht. Ihre Arme schlängeln sich in Wellen zum pumpenden Sound. Da kommt der türkische Bauchtanzeinfluss durch. Denn ja, sie hat orientalische Vorfahren, die ungezähmte Baubo! Du hast zwar schon Einiges gesehen, aber das? Das ist so kraftvoll wie absurd.

Ein kleines Lächeln schleicht sich unwillkürlich auf dein Gesicht. Und das scheint die Baubo regelrecht anzufeuern. Denn nun greift sie schließlich zum letzten Mittel: Sie stemmt ein Bein auf ihr Schwein – und zeigt dir das Lustigste, Kraftvollste, Mächtigste und Magischste, was die Welt je gesehen hat: Ihre riesige Vulva! Den Ursprung des Lebens. Das Tor zur Welt. Kraftquelle der Götter! Und nicht nur das: Diese Vulva kann sprechen und erzählt die irrsinnigsten Witze! Die sind teilweise so frivol, dass sie unmöglich jemals in einer Bildzeitung abgedruckt werden könnten. Im Gegensatz zu Altherrenwitzen haben sie aber richtig Schmackes. Das Lustigste daran ist jedoch die Art und Weise, wie Baubos Vulva die Witze erzählt. Immer wenn sie einen rausgehauen hat, lacht sie selbst schallend laut.

– Come on, wer hat schon einmal eine lachende Vulva gesehen …?

Und du? Du kannst nicht anders. Du reißt dich wirklich zusammen, aber irgendwann platzt es aus dir heraus. Du lachst dich schlapp. Die Tränen fließen vor Lachen. Wie eine Erlösung kommt es dir vor. Und Baubo nimmt dich in die Arme und ihr lacht gemeinsam, bis ihr euch fast in die Göttinnengewänder macht. Selbst das Schwein hält sich den Bauch und vergießt ein Freudentränchen. Es ist, als ob all der emotionale Ballast einfach so von dir abfällt. Und nun tust du etwas, was du seit Monaten nicht mehr getan hast: Du nimmst wieder etwas zu dir, und zwar das Getränk, das du bis eben nicht anrühren konntest. Du spürst, wie die Kräfte in dich zurückströmen. Die Geschichte nimmt von da an auf wundersame Weise eine positive Wendung. Denn Hades hört in seiner Unterwelt durch den Brunnen euer unverschämtes lautes Lachen! Seine Neugierde wird so groß, dass er seine Deckung aufgibt und aus seinem Versteck kommt.

Und, oh Wunder! Es kommt zu einer Verhandlung zwischen dir, Hades und Zeus. Und schließlich kann deine Tochter endlich wieder zu dir zurückkehren. Kore heißt jetzt übrigens Persephone, ist Göttin der Unterwelt und sie hat sich tatsächlich ein bisschen in ihren Entführer verliebt (Stockholm-Syndrom lässt Grüßen). Sie wird dich ab jetzt jeden Frühling und Sommer besuchen. Den Herbst und Winter über muss sie allerdings wieder zurück in die Unterwelt. Jedesmal wirst du dann mit den Menschen um sie trauern. Auch wenn dir deine Tochter beim Abschied immer versichert, wie gut sie es da unten hat. Du akzeptierst es.

Alle finden ihren Frieden. Von nun an wächst und gedeiht alles mit der Ankunft von Persephone im Frühling.

Seitdem wird im Herbst geerntet, kurz bevor deine Tochter wieder zurück in die Unterwelt muss, aber sie gewöhnen sich auch daran. Deinen beiden Brüdern, Hades und Zeus, kannst du jedoch niemals so richtig verzeihen. Auch wenn jetzt alles in eine neue Ordnung gekommen ist.

Mein Fazit

Sisterhood und Vulvapower

Der Mythos von Demeter hat mich darüber nachdenken lassen, wie wenig alte Sagen, Märchen und Überlieferungen ich kenne, in denen die Mutter-Tochter-Beziehung im Mittelpunkt steht und in denen Frauen sich gegenseitig darin unterstützen, den Widrigkeiten des Patriarchats zu trotzen.

Baubo inspiriert Demeter durch ihre irrwitzige Performance, nicht aufzugeben und sich außerdem selbst nicht zu vernachlässigen. Brauchen wir nicht alle früher oder später eine Baubo im Leben?

Wie mächtig könnten wir Frauen sein, wenn wir uns einfach von ganzem Herzen unterstützen, austauschen oder uns gemeinsam kaputtlachen würden?

So wie unsere Urahninnen es einmal taten. In Roten Zelten, Spinnstuben und Schwitzhütten, ja selbst beim gemeinsamen Wäschewaschen am Fluss.

Diese Vorstellung inspiriert mich dazu, das Thema Sisterhood neu zu betrachten. Uns voreinander im übertragenen oder wörtlichen Sinne nackt machen, unsere Sorgen und Ängste miteinander teilen. Und vor allen Dingen unseren wunderbaren Körper feiern.

In Anbetracht von Baubos legendärer Witze erzählenden Vulva frage ich mich: Wie konnte unser Geschlecht nur mit so viel Scham belegt werden, dass das Wort dafür sogar nach wie vor als Synonym für Vulva gebraucht wird? Wie wirkt das bis heute auf unser Unterbewusstsein? Ich habe den Verdacht, dass wir Frauensolidarität und unbefangene Selbstliebe erst wieder lernen müssen. Die Schwesternschaft wurde uns im Laufe der Jahrtausende durch das Patriarchat und seine Exzesse, wie der Inquisition gründlich ausgetrieben. Ein Zitat aus dem Hexenhammer, einem Leitfaden zur Hexenverfolgung, gibt einen entscheidenden Hinweis:

„Drei Dinge sind unersättlich: Die Hölle, das Grab und die Vulva der Frau."

Die patriarchale Religion, die für eine neue Weltordnung sorgte, warf die freie Frau, genannt Hexe, auf den Scheiterhaufen. Und wenn man vorher noch ein eindeutiges Teufelsmahl wie eine Klitoris identifizieren konnte, hatte man keine Zweifel mehr, dass man es hier wirklich mit einer Hexe zu tun hatte.

Vor diesem Hintergrund wird mir klar, dass wir wahrscheinlich erst einmal uralte Traumata aufarbeiten müssen, bevor ich einfach mit einer Stoffvulva auf dem Kopf eine Bühne betreten kann, ohne Kopfschütteln zu ernten. Die Gräuel der Inquisition und die andressierte Scham stecken noch zu tief in unserer DNA. Weitergegeben über Generationen.

Wir müssen ja nicht direkt eine „Happy-Vulva-Party" schmeißen. Aber wenn sie dann doch mit ein paar verrückten Frauen stattfinden würde, wäre ich auf jeden Fall dabei, auch mein magisches Wunderdreieck zu lupfen. Mein persönliches Tor zur Welt. Schließlich ist Göttin Baubo, die aus dem Bauch heraus mit ihrer Vulva lacht, nicht umsonst ein starkes Symbol für weibliche Urkraft. Eine, die uns daran erinnert, dass es manchmal nichts Heilsameres gibt, als mit den besten Freundinnen vor lauter Lachkrampf einen Bauchmuskelskater zu bekommen.

Demeter

...gut zu wissen!

• *Stammbaum*

Demeter war schon lange eine in Griechenland verehrte Göttin, bevor das olympische Pantheon errichtet wurde. In diesem ist sie die Tochter von Rhea und Kronos. Der Vater Kronos verschlingt alle seine Kinder nach der Geburt außer Zeus. Dieser rettet seine Geschwister aus dem Bauch des Vaters. Mit ihm bekommt Demeter, eine seiner geretteten Schwestern, die Tochter Kore/Persephone.

• *„Female only"-Rituale*

Der wichtigste und prächtigste Demeter-Tempel befand sich in Eleusis. An den Ritualen zu Ehren Demeters durften nur Frauen teilnehmen. Vulva-Entblößungen, obzöne Gesänge (Aischrologien) und Honiggebäck in Vulva-Optik (Mylloi) waren fester Bestandteil der Rituale. Man nimmt an, dass die Schlüsselszene „Baubo und Demeter" nachgespielt wurde.

• *Die Symbole*

Göttin Demeter ist begleitet von Fruchtbarkeitssymbolen. Dazu gehören die Kornähren (Ackerbau), Äpfel (Symbol für Weiblichkeit/Vulva), Mohnblumen (Trancezustände) und Honig (Schutzgöttin der Bienen). Ihr heiliges Tier ist das Schwein – ein Symbol vieler großer Muttergöttinnen. Es gibt auch Darstellungen von ihr mit Delphin und Taube, beides steht für den Mutterschoß. Als Zepter trägt Demeter die Labrys, eine Doppelaxt, die die Kraft und Macht der Weiblichkeit repräsentiert.

• *Tod und Wiedergeburt*

Eine andere Demeter-Kultstätte findet sich in Mykene. Die Kuppelgräber dort haben dreieckige Eingangspforten und vulvaförmige Durchgänge.
Man gelangt von dort in eine Art runde Wölbung, die an einen Mutterleib erinnert. Demeter, ganz Wiedergeburtsgöttin, nimmt die Toten wieder zu sich.

• *Baubo und Jambe*

Baubos Name bedeutet „Bauch oder Leibeshöhle". Sie wird als Personifikation der Sexualität gedeutet. Ihr Name bedeutet auch Kröte, ein altes Symbol für die Gebärmutter. Außerdem ist sie bekannt als Jambe. Nach ihr wurde das jambische Versmaß benannt. Baubo wird auch in Goethes Faust als auf einem Mutterschwein reitende Anführerin der „Hexen" erwähnt.

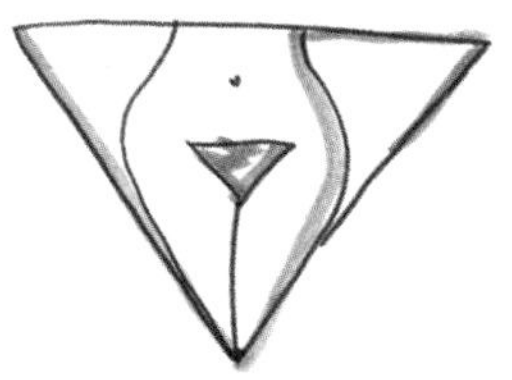

• *Delta Symbolik*

De-Meter bedeutet Mutter des Delta. Dabei symbolisiert das Delta die Vulva-Darstellung. Das Dreieck in Demeter repräsentiert die Göttin in dreifacher Form. Demeter steht für das Vulvadreieck (Dreieck mit Spitze nach unten). Außerdem ist sie auch eine dreifache Göttin. Verkörpert durch Persephone (Jungfrau), Demeter (Mutter) und Baubo (weise Frau).

• *Mutter-Tochter-Team*

Demeter ist der Prototyp einer Mutter. Sie lebt ihre Rolle mit absoluter Hingabe und braucht keinen Mann dazu. Sie dient als Ideal für eine gelungene Mutter-Tochter-Beziehung. Zusammen mit ihrer Tochter ist sie für die Jahreszeiten zuständig. Jedes Jahr zum Ende der Ernte wird der Abstieg von Persephone zurück in die Unterwelt betrauert (Herbstanfang). Ihre Rückkehr aus der Unterwelt wird gefeiert (Frühlingsanfang).

• *Gerstenmutter*

Demeter wird auch Gerstenmutter genannt. Sie übermittelt das Wissen um den Ackerbau – eine bahnbrechende Errungenschaft! So konnten Menschen sesshaft werden und alles änderte sich. Es gab den bäuerlichen Brauch, zum Erntedankfest die letzte Getreidegarbe in Frauenkleider zu hüllen und sie als personifizierte Mutter des Korns in eine Krippe zu legen.

• *Das göttliche Kind*

Die feierlichsten Rituale galten der Ankunft des göttlichen Kindes (Persephone). Dieses Mysterium rund um Tod und Auferstehung diente in vielen Religionen und Kulten als symbolisches Vorbild und wurde auch vom Christentum übernommen (Maria mit Kind). Im Norden war es das Sonnenkind Balder, in Mesopotamien Mithras und in Ägypten waren es Isis und Horus.

• *Überall Baubos*

Auch in vielen anderen Mythologien finden sich Beispiele, in denen die Vulva zum Schutz oder aus Solidaritätsbekundung gezeigt wird. Eine ähnliche Überlieferung der Baubo-Geschichte gibt es auch in Japan. Dort hat sich die Sonnengöttin Amaterasu aus Trauer über ihren gewalttätigen Bruder in eine Höhle zurückgezogen. Die Göttin lässt es dunkel werden auf der Erde und es kann nichts mehr wachsen. Doch dann schafft es die Göttin Ama no Uzume (eine Art Baubo), sie mit einem „obszönen" Tanz aufzumuntern und zeigt dabei ihre Vulva – Welt gerettet!

Frau Holle ist die Göttin, die über Leben und Tod wacht und daran erinnert, dass wir uns eben nicht die Natur zum Untertan machen können.

Zwischen Leben und Tod

Der Auftakt

Frau Holle war die Göttin, die über Wiedergeburt und Mutterschaft entschied. Tod und Leben waren in dieser Weltvorstellung nur durch Wandlung getrennt. Alles hatte seine Berechtigung. Frau Holle kann also viel mehr, als es nur auf der Erde schneien lassen.

Ich liebe die Märchen der Gebrüder Grimm. Ich bin ein Märchenfan, seit ich denken kann; die entsprechenden Schallplatten von „Europa" haben meine Kindheit geprägt. Das Beste an den Geschichten war die Tatsache, dass junge Mädchen hier oft die Hauptrolle spielten und dadurch zu Heldinnen wurden. Ab und zu kam am Ende noch ein Prinz als „Sidekick" dazu, der die Prinzessin auch mal küssen durfte, so wie Ken die Barbie in meinem Kinderzimmer. Die tiefere Bedeutung der Märchen war mir unbekannt. Auch, dass die Märchen bei ihrer Verschriftlichung dem Zeitgeist des Bürgertums angepasst wurden.

Vor allen Dingen hatte ich keine Ahnung, dass Frau Holle in Wirklichkeit eine alte Göttin ist. Die Gebrüder Grimm haben die alte germanische Göttin kurzerhand zur bettenschüttelnden Märchenoma degradiert. Und ich bin erst durch Zufall darauf gestoßen, wer sie in Wirklichkeit ist.

Von all den inspirierenden Holle-Mythen und Überlieferungen, die so viel über Mutterschaft, Wiedergeburt, Tod und unsere Beziehung zur Natur erzählen, bleibt ausgerechnet die Geschichte von Goldmarie und Pechmarie uns im Gedächtnis. Und die Erinnerung daran, dass Frau Holle Schnee macht und faule Mädchen bestraft. Aber wie so oft im Leben, steckt in Wahrheit mehr dahinter. Ob die Gebrüder Grimm im Haushalt jemals einen Handschlag getan haben, wage ich zu bezweifeln. Da ich selbst nie mit hauswirtschaftlichen Talenten glänzte, zählte das Märchen von Frau Holle nicht zu meinen Favoriten. Ich konnte ja nicht ahnen, dass sie nicht nur die Göttin meiner Urahnen ist, sondern die ultimative Anlaufstelle bei Kinderwunsch, dann hätte das einen außerordentlichen Unterschied für mich gemacht. Denn als ich nach jahrelanger Empfängnisverhütung und „Frösche-küssen-bis-der-Märchenprinz-kommt" endlich soweit war, eine heißersehnte Seele in meinem Leib zu empfangen, habe ich alles Mögliche veranstaltet, um der Natur nachzuhelfen. Ich hätte mir kaum vorstellen können, einen Tisch für Frau Holle zu decken oder an ihren Teich zu gehen, um dort ein Ritual zu praktizieren. Auch weil es so esoterisch abgedreht klingt. Aber hätte ich gewusst, dass dies uralte und altbewährte Bräuche waren und man dort mit Glück sogar mit Gleichgesinnten baden kann, dann hätte ich mir durchaus einen Besuch am Holle-Teich gegönnt. Schon die Vorstellung, dass dies von meinen eigenen Vorfahren rituell so praktiziert wurde, hätte mich wahrscheinlich darin bestätigt, dass es da noch etwas anderes gibt als nur Folsäuretabletten und Zykluskalender.

Und wer weiß, hätten meine Ur-Uromas nicht inbrünstig an die alte Göttin Frau Holle geglaubt, vielleicht wäre ich heute gar nicht hier.

Doch wenn ich so darüber nachdenke: Meine penetrante Seele hätte sich trotzdem irgendwo in meiner Ahnenlinie zur Welt bringen lassen. Denn wie ich später erfahren durfte, ist es auch Frau Holle, die dafür sorgt, dass jede Seele in die für sie vorgesehene Familie kommt. Allerdings macht sie auch eine klare Ansage, wenn Schluss ist. Mit dem Leben. Denn dann holt sie sich die Seelen auch wieder zurück in ihren paradiesischen Garten.

Meine Geschichte

In guter Hoffnung sein

igentlich wird mir meine Situation erst richtig bewusst, als ich in den grellblau beleuchteten OP-Saal hineinschlurfe. Mein inneres Trauerspiel ist durch meine Bekleidung perfekt dargestellt:

Blaue Duschbadekappen aus Plastik sind über meine Füße gestülpt (darum der Schlurfgang). Dazu trage ich einen Kittel, der hundertfach in der Klinikwäscherei ausgekocht wurde, und an meinem nackten Hintern mit einer Schleife zusammengebunden ist. Zweckmäßig, aber elend, so würde ich den Look bezeichnen.

Bisher war ich eigentlich recht gefasst. Zur Schau getragenes Rumgejammer ist mir eher unangenehmen. Gleich ist sowieso alles vorbei. Ich bin gut darin, mich von meiner Angst abzukoppeln und einfach zu funktionieren, wenn es sein muss. Also setze ich mich auf diesen gynäkologischen Stuhl. Ein Bein links, ein Bein rechts. Ich schaue in die FFP2-maskierten Gesichter und denke: „Stell dich nicht so an, Nadine. Die machen das jeden Tag. Gleich ist sowieso alles vorbei." In diesem Moment kommt der Anästhesist, hebt den Arm, an dem mein Zugang gelegt ist, und verbindet den Schlauch, durch den die Flüssigkeit jeden Moment durch meine Adern fließen wird. Gleich ist es soweit: Mein Highway ins Land der Träume. Ich spüre, wie die Schwester meine andere Hand nimmt, mich liebevoll ansieht, streichelt und mir zuflüstert: „Es wird alles wieder gut!"

Was für ein Schock! Damit habe ich nicht gerechnet. Wie kann sie das nur sagen? Ich war so stolz darauf, so gefasst zu sein. Ich war gefasst, als ich erfuhr, dass ich endlich schwanger war, gefasst, weil man sich besser nie zu früh freut. Ich war gefasst, als ich erfuhr, dass das „kleine Etwas" in mir nicht mehr lebt. Und ich war gefasst, als man mir sagte, dass es nun wirklich an der Zeit wäre, eine Ausschabung durchzuführen, weil es von allein wohl doch nicht „abblutet". Doch jetzt, wegen dieses überraschenden Kommentars, merke ich, wie die Tränen in mir aufsteigen. Alles kommt hoch. Das Leid der Welt will aus mir herausbrechen. Doch bevor ich mich in Tränen auflöse, gleite ich auf und davon…

Zwei Tage später kann ich mich wieder in die Arbeit stürzen. Ich verdränge diese Episode besser schnell. Außerdem tut Ablenkung gut! Drei Jahre später bin ich endlich wieder schwanger.

Es ist schon seltsam, dass der Moment, auf den man jahrelang hin fiebert und für den man alles zu tun bereit ist, dann ganz anders ist, als man es sich in seinen Träumen ausgemalt hat.

Ich bekomme den Anruf von der Kinderwunsch-Klinik, dass der Schwangerschaftstest positiv ist. Ich schwanke zwischen Freude und Ungläubigkeit. Anmerken lassen kann ich mir nichts, meine Mitarbeiterinnen können mich schließlich hören. Nicht, dass ich keine Emotionen hätte. Wäre es der Anruf einer Radiomoderatorin gewesen, die mir mitgeteilt hätte, ich hätte VIP-Tickets zum „Burning Man Festival" gewonnen, dann wäre ich live ausgerastet. Doch ein positiver Schwangerschaftstest ist nur der Startschuss. Wie der „Ich-werde-Mutter-Marathon" am Ende ausgeht, ist ungewiss. Nicht umsonst heißt es „in guter Hoffnung sein".

Schiefgehen kann noch so einiges. Da mein Mann und ich emotional aufgeladene Szenen spätestens seit dem Dämpfer mit der Fehlgeburt ablehnen, teile ich ihm die Neuigkeit schlicht per Telefonanruf aus dem Treppenhaus meiner Arbeitsstelle mit. Soll ja keiner mitbekommen. Ich bin fast stolz darauf, wie gefasst ich den Satz über die Lippen bringe, den ich mir die letzten Jahre so gewünscht habe zu sagen.

„Ich bin wieder schwanger." Er quittiert es mit: „Gut, dann hoffen wir, dass es diesmal bleibt". Es mag vielleicht drastisch wirken, gar sarkastisch. Im Grunde ist es wahrscheinlich unser beider Schutzreflex vor einer eventuellen Enttäuschung. Ein bisschen erleichtert klingt mein Mann allerdings schon am Telefon. Denn nun hat diese „Kinderwunschhysterie" endlich eine Ende. Er kann die ganze Aufregung sowieso nicht verstehen. „Man kann auch ohne Kinder glücklich sein" stellt er fest, wenn ich allmonatlich erneut enttäuscht über das Einsetzen meiner Blutung bin. Seine gutgemeinte Feststellung tröstet mich allerdings überhaupt nicht. Jetzt, wo ich diesen Text schreibe und dadurch die Bruchstücke meiner Erinnerung wieder zusammensetze, tut es mir fast leid, dass er sich wie ein Zuchthengst gefühlt haben muss.

Von der lang ersehnten Frage „Willst du mich heiraten" bis „Hoffentlich bleibt es diesmal" ist viel passiert. Das Projekt „Babymachen" wurde ambitioniert, erbarmungslos und umgehend nach der Eheschließung mit mir als Produktionsmanagerin in Angriff genommen. Er wiederum war sich sicher, er heiratet die immer gut gelaunte, leicht exaltierte Modeunternehmerin, mit der er die Welt bereisen kann, Savoir vivre eben. Klassischer Fall von Wölfin im Schafspelz. Denn bekommen hat er eine Partnerin, die nur noch einen Wunsch hatte, sobald der Verlobungsring an ihrem Finger steckte: Mutter werden!

Mit Mitte dreißig wurde das Ticken meiner biologischen Uhr immer lauter. „Wir leben im modernen Zeitalter", sagte ich mir immer wieder. „Und denk immer daran Nadine, wir Frauen können alles haben! Karriere und Mutterschaft."

Während ich diese Zeilen zwei Kinder später schreibe, denke ich nur: Dieser Satz klingt wie die Punchline einer Stand-up-Comedienne. Man kann ihn als Frau nicht laut aussprechen, ohne selbst darüber lachen zu müssen (oder weinen).

Gerne würde ich meinem jüngeren Ich zurufen: „Genieß´ die Zeit, Schätzchen, die Tage als Karrierefrau sind gezählt". Das wäre mir allerdings egal gewesen. Ich hätte trotzdem schwanger werden wollen. Ein Grund, warum ich das Thema Kinderwunsch bis zu diesem Zeitpunkt nicht nach außen getragen habe, ist sicherlich auch, dass ich nicht besonders mütterlich wirke. Mutter – das ist fast ein Schimpfwort. Unfuckable. Das war natürlich noch vor der „Milf"-Ära, die wir heute erleben, aber vor 15 Jahren galt „Mutti" nicht vereinbar mit „Sexappeal".

Vielleicht hat die ein oder andere Leserin beim Stichwort „Kinderwunschklinik" im oberen Abschnitt schon spitze Ohren bekommen.

Wäre an dem Holle-Teich vor ein paar hundert Jahren nur halb so viel los gewesen wie in dieser Klinik, hätte man das Naturschutzgebiet bis auf Weiteres sperren müssen. Es ist wirklich kräftezehrend.

Während aller Prozeduren und Verfahren, Hoffnungen und Enttäuschungen sieht mein Leben zumindest nach außen hin weiterhin perfekt aus. Bilde ich mir zumindest ein. Ich komme morgens als Designerin in mein eigenes Modeunternehmen gestöckelt. Zumindest hier laufen die Projekte nach Plan. Vielleicht ahnt die eine oder andere Mitarbeiterin etwas, weil dieser chinesische Medizintee so entsetzlich stinkt, den ich die ganze Zeit trinke, aber darauf ansprechen würde mich zum Glück niemand.

Nur meine besten Freundinnen wissen in groben Zügen, wie es mir geht, obwohl ich auch bei ihnen dazu neige, das Thema Kinderwunsch runterzuspielen. Man will ja schließlich nicht bemitleidet werden. Oder als Torschlusspanik-Mittdreißigerin gelten. Doch unter der perfekt geschminkten Fassade sieht es anders aus. Jedesmal schießt mein Puls in die Höhe, wenn wieder irgendeine meiner Bekannten schwanger ist. Und dann auch noch Herzogin Kate! Ja, bei ihr ticken die Eierstöcke wie ein schweizer Uhrwerk. Und bei mir? Ich bin höchstwahrscheinlich defekt. Es ist zum Heulen. Mein Körper lässt sich nicht beHERRschen! Ich spüre grenzenlose Frustration. Ich bin so wütend auf meinen Uterus! Alles lässt sich planen, ermessen, errechnen.

Ziele in kleine Etappen herunterbrechen und dann Hürde für Hürde bezwingen. Nur das Schwangerwerden will einfach nicht funktionieren!

Die Einzige, die voll in meine Enttäuschungen und Hoffnungen eingeweiht ist, ist meine beste Freundin Miriam. In täglichen Telefonaten erträgt sie tapfer die Details dieser Odyssee. Von der Wut auf meinen Uterus, immer wenn eine Befruchtung nicht geklappt hat. Über die detaillierte Cervixschleim-Analyse, inklusive Länge der gezogenen Fäden, um diesmal auf keinen Fall meinen fruchtbare Moment zu verpassen. Über meine Turnübungen, darunter „die Kerze", die ich nach dem Sex veranstalte. Ich, die Unsportlichkeit in Person. Oder die Zentrifugenbooster-Technik, mit der die Spermien in der Kinderwunschklinik mit Düsenantrieb ans Ziel geschleudert werden sollen. Bis hin zu besagten grauenhaften Tees, die laut Inhaltsstoffanalyse meiner Freundin sogar Fledermauskot enthalten. Ist mir doch egal, was da drin ist – Hauptsache, es hilft!

Und dann auf einmal passiert es völlig unerwartet. In einem letzten Zyklus vor der nächsten geplanten künstlichen Befruchtung hat sich mein Ei auf dem Weg gemacht und ganz natürlich, einfach so, endlich eines der verzweifelt anklopfenden Spermien eingelassen. Einen Monat, nachdem Herzogin Kate ihre erste Schwangerschaft verkündet, ziehe ich nach.

Mein eigenes Royal Baby ist endlich auch unterwegs! Doch ich traue meinem Glück noch nicht so recht. Was ist, wenn ich wieder eine Fehlgeburt erleide? Also mache ich es wie vor drei Jahren. Nichts anmerken lassen.

Heimlich leiden – heimlich freuen. Denn wenn es wieder schiefgeht, müsste ich ja eine „Niederlage" eingestehen. Womöglich noch allen mein Leid zumuten. Das macht man nicht.

Vielleicht bringt es auch Unglück?

Also bloß nicht zu früh freuen… bloß nicht zu früh! Bis heute kann ich rückblickend kaum verstehen, warum ausgerechnet ich, die gerne private Dinge lautstark kundtut, provoziert und auch gerne polarisiert, diese Odyssee des „Schwanger-werden-wollens" so sehr verheimlicht habe. Ich konnte einfach nicht offen mit meinem vermeintlichen Versagen umgehen, meinen empfundenen „Makel" nicht nach außen tragen. Doch die Schwangerschaft sollte erst der Auftakt sein. Mit Kindern läuft das Leben nicht mehr nach Plan. Das Chaos zieht ein. Nur ahnte ich das zu diesem Zeitpunkt noch nicht. Ambitioniert denke ich mir: „Jetzt wird alles perfekt".

Wie in der Windelwerbung mit Auslaufschutz. Mit dem Unterschied, dass es bei mir bestimmt viel bunter zugeht und nicht so hygienisch weiß. Nach drei Monaten Schwangerschaft traue ich mich endlich, die frohe Botschaft kundzutun. Hurra!! Es ist offiziell! Schwangerschaftsyoga, lange Mittagsschläfchen und neue buntbedruckte, lange Sommerkleider im Empire-Look runden das Glück ab. Und gerade als ich denke, es könnte nicht besser werden, verkündet meine beste Freundin Miriam:

„Nadine, ich bin auch schwanger! Ein Unfall! Ein willkommener Unfall!" Jetzt bin ich nicht nur schwanger, sondern auch noch gleichzeitig schwanger mit meiner besten Freundin. Happy End, oder? Es ist der Anfang eines neuen Lebensabschnitts. Als Mutter wird vieles nicht mehr in mein Leben passen. Freundschaften werden sich verlaufen. Meine berufliche Situation wird sich radikal verändern. Es wird mir gehen wie all den Müttern, die mich gewarnt haben, denen ich aber nicht glauben wollte: Die Anforderungen als Mutter, als Ehefrau, als Berufstätige und überhaupt als weibliches Wesen werden mich in den nächsten Jahren fix und alle machen. Ich werde zum Star der großen Maskerade namens „Außen perfekt – innen totales Chaos".

Die Camouflage beginnt mit dem Versuch, schwanger zu werden, und wird in den nächsten Jahren zu meinem neuen Ich als müde Multi-Tasking-Mutter.

Trotz aller Freiheiten der modernen Frau: Auf Müttern lastet ein enormer Druck durch soziale Anforderungen und Einschränkungen. Da ist nicht nur die staatlich geförderte finanzielle Abhängigkeit vom Partner und der Freiheitsverlust, der mit fehlenden Betreuungs- und Unterstützungsstrukturen einhergeht.

Noch schlimmer ist, dass jedes Paar und insbesondere jede Frau allein durch die Krisen von Kinderwunsch, Schwangerschaft, Geburt, Totgeburt und Mutterschaft gehen muss. Das gilt gleichermaßen für Frauen, die sich gegen Mutterschaft entscheiden oder deren Kinderwunsch unerfüllt bleibt.

Es gibt keinen kollektiven Raum dafür. Und ich bin mir sicher, es gibt so viele berührende Geschichten, die uns miteinander verbinden würden und die sehnsüchtig darauf warten, im Kreise von Frauen ausgetauscht zu werden.

Große Supermama

Erst als mir bewusst wurde, dass die Menschheit ursprünglich ihre Kinder im Kollektiv aufgezogen hat, erkenne ich, in welchen Zwang uns die Vorstellung der Kleinfamilien-Romantik hineingepresst hat.

Es wird mir klar, dass die Idee der „einen" Mutter, möglicherweise mit dem „einen" Partner, die ihre Kinder ohne die Unterstützung eines erweiterten Familienverbunds großzieht, relativ neu ist. Genauer gesagt, verbreitet sich dieses Familienmodell erst seit der Biedermeierzeit.

Ich gehöre zu den Glücklichen, deren Eltern direkt um die Ecke wohnen, und meine Kinder haben dort seit ihrer Geburt ihr zweites Zuhause. Ich fühle mich dadurch wirklich privilegiert. Danke Mama und Papa! Und trotzdem stehe ich manchmal kurz vor dem Nervenzusammenbruch. Dass Mütter mal im Zentrum der Gesellschaft standen, erscheint mir heute unvorstellbar. Doch wenn ich die alten Mythen und Märchen unter die Lupe nehme, erkenne ich die matriarchalen Wurzeln dahinter und kann erahnen, welches Weltbild einmal vorherrschte. Besonders spannend ist es dabei zu wissen, dass es eine große Muttergöttin in unserem eigenem Kulturkreis gab, lange bevor die Christianisierung ein neues Weltbild propagierte. Quasi eine Super-Mama, die Ansprechpartnerin für alle anderen Muttis, Omis und all ihre Töchter war.

Frau Holle war die Göttin, die über Leben, Tod und Mutterschaft entschied. Tod und Leben waren zwei Seiten einer Medaille, beides waren Übergänge.

Erst viel später wurde die Welt in Gut und Böse, Fleiß und Faulheit, Aufklärung und Aberglaube geteilt. Schaut man genauer hin, erkennt man, dass in den alten Mythen diese vermeintlichen Gegensätze im Grunde zusammengehören.

Das eine ist nicht schlechter als das andere. Alles hat seinen Platz. Deutlich wird das im bekannten Frau-Holle-Märchen, in dem die Mädchen Goldmarie und Pechmarie tief in einen Brunnen fallen und dann im Himmel landen. Wenn das mal kein Hinweis auf die Verbundenheit der vermeintlichen Gegensätze und Übergänge ist. Und Frau Holle kann viel mehr, als es nur auf der Erde schneien zu lassen. Sie steht wie alle Göttinnen für das zyklische Prinzip: Geburt, Mutterschaft und Tod.

Wie bedeutend die Göttin wirklich war, erkenne ich, als ich die gesammelten Mythen von Frau Holle lese, die die Matriarchatsforscherin Dr. Heide Göttner-Abendroth zusammengetragen hat. Eine Holle-Überlieferung finde ich ganz besonders faszinierend, da sie sich im Kern mit den Themen Mutterschaft und Tod beschäftigt und nur wenig mit der domestizierten Grimm´schen Frau Holle zu tun hat. Und auf diese werde ich dich jetzt gleich einstimmen, denn so kennst du Frau Holle bestimmt noch nicht.

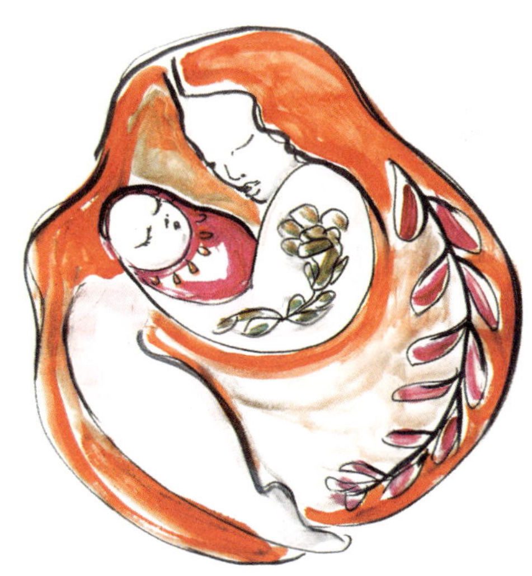

Selbst wenn du mit Kinderkriegen wirklich nichts am Hut hast, lade ich dich trotzdem zu diesem Perspektivwechsel ein. Du musst hier auch kein Kind empfangen und dich schon gar nicht mit Kinderwunsch oder ungewollter Schwangerschaft herumplagen.
Diese Themen prägen zwar dein Dasein, aber du stehst darüber.
Denn…

...du bist Frau Holle

Du bist diejenige, die Leben schenkt und es auch wieder nimmt. Du bist der Übergang und die Instanz, die dafür sorgt, dass deine Naturgesetze nicht verletzt werden.

Die Faschisten, die eine Obsession für germanische Gottheiten haben, wollten dich im 20. Jahrhundert genauso kapern wie die alten Mutterfarben Rot, Schwarz und Weiß, aber du schüttelst diese inakzeptable Vereinnahmung ab.

Du warst schon todbeleidigt, als die Gebrüder Grimm es wagten, dich als bettenschüttelnde Oma mit Riesenzähnen darzustellen. Dabei stehst du seit Urzeiten für die Verbindung zwischen Himmel und Erde. Die spirituelle Dimension des Lebens wird zu deiner Hoch-Zeit nie in Frage gestellt. Als die Menschen dich verehrten, hattest du die Kontrolle über die Zyklen des Lebens, den Wechsel der Jahreszeiten und den Rhythmus der Natur. Aber das alles ist in dieser Nacht nicht wichtig, denn heute bist du auf einer ganz bestimmten Mission. In dieser besonderen Rauhnacht, ziehst du durch die verzauberte Schneelandschaft. Dein langes, silbergraues Haar, das fast bis zum Boden reicht, leuchtet im sanften Schein des Mondes wie funkelnde Kristalle. Die klirrende Kälte kann dir nichts anhaben. Im Gegenteil: Du genießt die besondere Schönheit dieser Winternacht.

Von wegen dicke Märchenoma mit großen Zähnen und Haube auf dem Kopf. Du bist eine betörend schöne Winter-Göttin. Der Inbegriff einer Eiskönigin.

Als Hüterin der Seelen liegt es in deiner Verantwortung, diese wieder aufzunehmen und sorgfältig zu bewahren, wenn sie den weltlichen Körper verlassen haben. Dies ist keine einfache Aufgabe, denn bei dir sind wirklich alle Seelen versammelt. Wie ein Zelt hast du deinen langen Mantel über die kleinen Seelen ausgebreitet. Er ist genäht aus weichem Samt und umsäumt von flauschigem Pelzwerk, so dass sich eine wohlige Wärme darunter ausbreitet. All diese kleinen, reinen Seelchen sind schon aufgeregt wegen der bevorstehenden Rückkehr – als stoffliche Wesen, materialisiert in die reale Welt. Im Moment sind sie zwischen den Welten, behütet unter deinem Mantel und voller Vorfreude darauf, was sie nach der Wiedergeburt wohl erleben werden. Sie alle sind Heimkehrende, bereit, sich immer wieder auf das Abenteuer Leben einzulassen. Sie sind die Kinder, Knospen und Tierbabys, die sie einst waren und zukünftig sein werden. Dementsprechend geht es auch wuselig zu unter deinem Mantel. Du kommst kaum voran, immer droht eins verloren zu gehen. Oder trödelt herum. Gleichzeitig ist es jetzt auch an der Zeit, Ausschau zu halten. Denn welche Seele soll in welches Heim? Das ist jedes Jahr eine neue Herausforderung. Da schleicht sich nie Routine ein. Ein Fehler wäre unverzeihlich und führt im besten Fall dazu, in der nächsten Wiedergeburt wieder für Ausgleich sorgen zu müssen. Um dir ein besseres Bild zu machen, musst du die Menschen ständig auf die Prüfung stellen. Natürlich hast du ihre Gebete gehört, die sie dir täglich widmen. Manchmal begleitet von Weinen und Flehen, manchmal als inneres Gespräch in Stille, Lachen und Plaudern oder auch ein gemeinsames Lied zu deinen Ehren. Viele Frauen suchen dich auf, wenn sie sich ein Kind wünschen.

Die Tore zu deiner Welt sind oft Brunnen, Seen und Teiche. Die quakenden Frösche erinnern nicht nur an das Geschrei von neugeborenen Säuglingen. Durch ihre Körperhaltung erinnern sie auch an die Gebärstellung und gelten deshalb als Fruchtbarkeitssymbol. Manchmal setzt du dich als Göttin unerkannt in deiner Tarnung dazu und lauschst. Ein bisschen Klatsch und Tratsch ist zum Glück immer dabei, sonst wäre es auch für dich irgendwann langweilig und du willst ja up-to-date bleiben. Aber um sicher zu gehen, dass du beim Verteilen bloß keinen Fehler machst, besuchst du die zukünftigen Eltern auch zu Hause. Dabei macht es dir nichts aus, die Gestalt einer alten, armen Frau anzunehmen. Als Gestaltenwandlerin bist du nicht eitel. Also bittest du hier und da um Almosen. Dabei geht es nicht darum, ob dir jemand etwas gibt, sondern wie man es dir gibt. Aus Liebe oder aus genervtem Pflichtgefühl? Nur eines darf auf gar keinen Fall passieren: Sollte man dich jemals erkennen, ist Diskretion verlangt. Selbstverständlich muss man vor dir den Blick senken. Und wehe, jemand bricht die Regel. Niemand darf dir heimlich hinterher spionieren. So eine Respektlosigkeit wird streng geahndet. Schließlich bist du keine Schmusegöttin.

Im Gegenteil: Du hast die bedeutendste Aufgabe von allen zu erfüllen – Leben nehmen, Leben geben.

Und jetzt führst du ihn an, den langen Zug tausender kleiner Seelchen, während du wie jedes Jahr die Heimkehr antrittst. Zurück ins Jenseits. Dein Weg führt durch den dunklen Wald, in dem alles lebendig ist.

Behütet unter dem warmen Mantel sind die kleinen Wesen alle frei, friedlich und erwartungsvoll. Während du durch den malerischen Wald wanderst, spürst du plötzlich, dass dir jemand gefolgt ist. Ein schattiger Umriss, der zwischen den Bäumen tanzt, entgeht dir nicht.

„Schon wieder kann hier wohl jemand seine Neugierde nicht im Zaum halten“, denkst du leicht entrüstet, während sich deine Schritte verlangsamen. Bis du schließlich ganz stehenbleibst. Die Luft wird still. Der lange Zug der Seelchen, den du anführst, folgt deinem Beispiel und erstarrt in einer geisterhaften Formation. Langsam, aber ohne Zögern, drehst du dich um. Dein entschlossener Blick gleitet über die Schatten der Bäume. Alle halten den Atem an. Die Stille ist fast greifbar, als dein Blick auf das Wesen trifft, das deiner Spur gefolgt ist. Es ist eine junge Frau, doch ihre Aufmerksamkeit ist nicht auf dich gerichtet. Sie ist dir offensichtlich zufällig begegnet, sie hat dich sofort erkannt und weiß ganz genau, dass sie jetzt besser schnell gehen sollte.

Aber anstatt sich abzuwenden und sich schnell in Sicherheit zu bringen, hat etwas ihre Aufmerksamkeit gefesselt. Du siehst, wie sie auf die Knie sinkt, die Hand in Richtung eines Seelchens ausgestreckt. Du spürst die Liebe in der Szene, die sich da gerade vor deinem strengen göttlichen Blick abspielt. Die junge Frau ist von Trauer durchdrungen. Ihr Blick ruht auf diesem kleinen Wesen – ihrem Kind. Ein Kind, das sich nun im Jenseits befindet.

Sie fängt bitterlich an zu weinen. Sie fragt immer wieder nach dem Warum. Die Verbindung zwischen der Mutter und dem verstorbenem Kind schwingt in der Luft. Und dann, wie ein Flüstern im Wind, antwortet das Seelchen: "Weine bitte nicht mehr, Mama. Weißt du, es ist sehr schwer für mich, die Last deiner Tränen zu tragen. Schau mal, die sind alle hier drin in meinem Krug. Ich komme kaum noch hinterher mit den anderen. Eigentlich dürfen wir nicht miteinander sprechen, aber ich verspreche dir, es geht mir wirklich gut hier bei Frau Holle.

Du sollst mich nicht vergessen. Aber ich wünsche mir, dass du endlich Frieden findest. Wir werden uns eines Tages wieder sehen. Doch nun lass mich los…“

Und damit verabschieden sich Mutter und ihr Kind ein allerletztes Mal voneinander.

Der Zorn, den du noch einen Moment zuvor in dir gespürt hast, ist verflogen. Kurzzeitig hast du sogar einen Kloß im Hals. Du wolltest der Mutter nicht weh tun, als du ihr Kind mitgenommen hast. Sie wird zu einem anderem Zeitpunkt ein weiteres Mal schwanger werden. Du hast auch schon das perfekte Seelchen für sie auserkoren. Die junge Mutter musste diesen Schmerz vorher durchleben. Um die zu werden, die sie sein soll. Nie wirst du verstehen, dass sich in der Welt der Menschen alles darum dreht, den Tod zu ignorieren, zu verdrängen oder wenn möglich gar zu entkommen.

Diese Verbindung allerdings zwischen einer Mutter und ihrem Kind, berührt dich. Deshalb bist du gnädig und lässt die Frau in Frieden weiterziehen. Eine Strafe wäre mehr als unpassend. Du erlaubst ihr also, ihren Weg fortzusetzen. Auf ein baldiges Wiedersehen. Und jetzt kannst du auch in Frieden weiterziehen, mit all den kleinen Seelen.

Frau Holle

...gut zu wissen!

• *Kinderwunsch*

Frau Holle kümmert sich liebevoll um Kinder und wird als Ansprechpartnerin bei Kinderwunsch betrachtet. Legenden besagen, dass sie Frauen fruchtbar macht, die in ihren Quellen oder Teichen baden.

• *Rote Liebesgöttin*

Frau Holle in ihrem roten Aspekt, die Holde, wird als schöne junge Frau beschrieben. Megalithsteine auf ihrem Berg, dem „Hohen Meißner“, symbolisieren den Thron, auf dem sie sitzt, während sie im Sommer ihre goldenen Haare kämmt.

• *Hausfrau und Wettermacherin*

Frau Holle, die strahlende Himmelskönigin, herrscht über Elemente wie Wetter und Jahreszeiten auf eine häusliche Weise. Ihr Handeln beeinflusst die Natur, vom Schütteln der Federbetten, wenn es schneit, bis zum Suppekochen, wenn der Berg in Nebel eingehüllt ist.

• *Namensherkunft*

Der Name „Frau Holle“ teilt den Ursprung mit „hold“ (die Holde) oder „huld“ (huldigen). Sie wird mit der nordischen Totengöttin Hel identifiziert und im Englischen als Mother Hulda bezeichnet.

• *Brüder Grimm*

Die Gebrüder Grimm haben Frau Holle durch ihre Aufzeichnungen und Märchensammlungen, wie dem von Goldmarie und Pechmarie, in das kollektive Gedächtnis gerufen. Allerdings haben sie der Überlieferung auch einen patriarchalen Anstrich verpasst.

• Hollerbusch

Der Hollerbusch, Frau Holles Lieblingsbaum, wird als Tor zur Unterwelt betrachtet. Die weißen Hollerblüten repräsentieren die Göttin, die schwarzen Beeren des Busches ihren Todesaspekt.
Der Holunderbusch hat auch heilende Kräfte.

• Holle-Land

In Bayern, Tirol, Schwaben, Franken und im Elsass wird die Göttin Frau Holle verehrt. Sie wird mit Lebensquellen, Grotten und Bergen in Verbindung gebracht, insbesondere mit dem Berg „Hoher Meißner".

• Verteufelung

Mit dem Einzug des Christentums wurde Frau Holle entweder verteufelt oder von der christlichen Maria überlagert. Rituale wurden umgedeutet, und sie wurde mancherorts sogar als Hexe dargestellt, die kleine Kinder raubt.

• Initiationsgöttin

Frau Holle diente als Initiationsgöttin, besonders während der Übergangsrituale vom Mädchen zur Frau. Ihr Mythenschatz enthält inspirierende, lustige und herzzerreißende Geschichten, die von der Matriarchatsforscherin Dr. Heide Göttner-Abendroth gesammelt wurden.

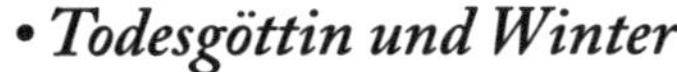

• Todesgöttin und Winter

Frau Holle ist bekannt dafür, Schnee zu bringen und die Erde zur Ruhe zu zwingen. Dies markiert die heiligen Nächte und die Weihnachtszeit, in der sie mit den Seelen durch das Land zieht.

Moment mal, da war noch was:

Mein Fazit

Hinter verschlossenen Türen…

Durch den Mythos von Frau Holle ist mir klar geworden, dass es bedauerlicherweise keine Orte gibt (außer vielleicht im Internet), an denen Frauen einfach unangekündigt zusammenkommen können, um zu wünschen, zu trauern und zu hoffen, wenn es um das Thema Mutterschaft geht.

Sogar die kollektiven, uralten Mythen, die diese Geschichten als elementaren Bestandteil weiblicher Biografien ins Bewusstsein holen, sind ins Schattenreich verbannt worden. Seit ich offener mit dem Zusammenhang von Mutterschaft und Tod umgehe und mir auch andere ihre Geschichten anvertrauen, bin ich beeindruckt davon, was Frauen auf sich nehmen können. Alleine. Unbemerkt von der Außenwelt.

Abtreibung, unerfüllter Kinderwunsch, Kindstod, stille Geburt, Stigmata gegen die Entscheidung, Mutter zu werden, traumatische Geburten, postnatale Depression, der „ruinierte Körper", der Spagat zwischen Karriere und Mutterschaft und immerwährende Ängste um das Kind sind unsichtbare Begleiter. Wenn wir überhaupt darüber sprechen, dann nach wie vor überwiegend hinter verschlossenen Türen. Denn diese Themen gehören in den „Privatbereich". Dabei ist es für Millionen von Frauen eine „geheime" Alltagsbelastung. Parallel zum Job. Wir wollen schließlich funktionieren. Als starke Frau. Egal ob wir Mutter sind, es noch werden wollen oder es nie sein können oder möchten.

Auch wenn wir uns darüber ärgern, dass wir die inneren zyklischen Vorgänge unseres Unterleibs nicht gänzlich kontrollieren können und ihn dafür im Patriarchat oft verfluchen, so erleben wir es gleichzeitig auch als Wunder, wenn die Natur durch uns wirkt. Wir wollen es erfahren.

Auch wenn es uns alles abverlangt. Wir nähren durch unseren Körper ein Lebewesen, das in uns heranwächst. Das ist magisch. Bis zu dem Moment der Geburt, wo die brachiale Naturgewalt uns noch einmal alles abverlangt, was wir zu geben haben. Nach so einer Erfahrung ist man ein neuer Mensch und tritt in die nächste Lebensphase ein. Es ist eine Initiation. Vielleicht ist das einer der Gründe, warum der Wunsch nach Mutterschaft in vielen Frauen so ausgeprägt ist. Denn logisch ist das nicht. Aber das kann nur jede Frau für sich selbst beantworten.

Steinzeit Supermama

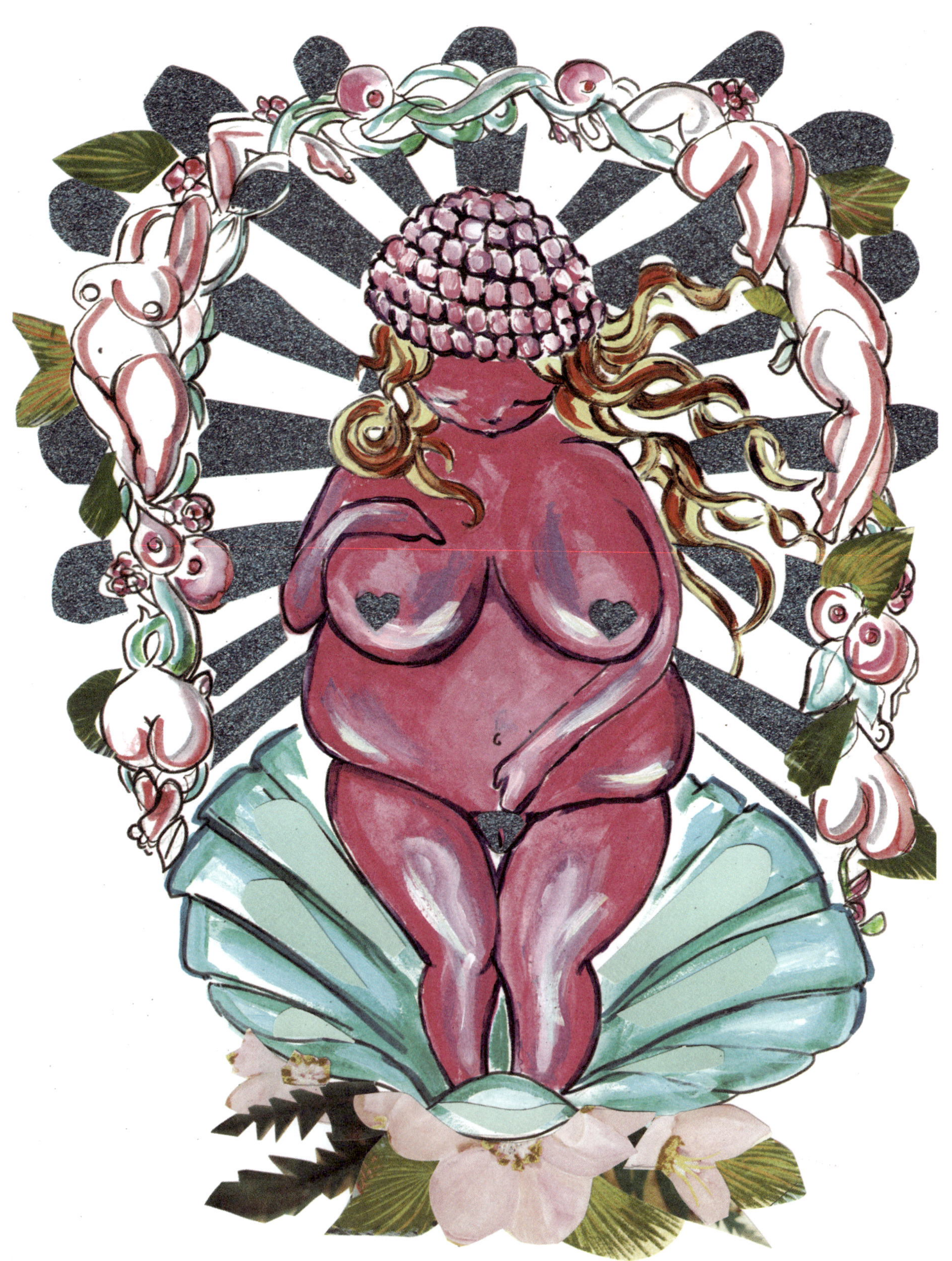

Der Auftakt

In einer Zeit, in der wir von idealisierten Frauenbildern überflutet sind, werden weltweit Figuren aus der Steinzeit entdeckt. Mit riesigen Hüften, Hinterteilen, Oberschenkeln und Brüsten, ohne Gesicht, aber in sich ruhend und erhaben.

Wann fingen Menschen an, Frauenkörper darzustellen? Wahrscheinlich schon, als sie das erste Stück Ton fanden und in den Händen kneteten.

Vom weiblichen Körper geht eine besondere Anziehungskraft aus. Das hat nicht nur mit Sex zu tun. Da ist noch viel mehr als das. Marilyn Monroe hatte schließlich nicht nur männliche Fans.

Auch Coca-Cola wurde erst so richtig zum Kultgetränk, als die Erfinder entschieden, die ikonische Flasche einer weiblichen Körperform nachzuempfinden.

Ich selbst male schon Frauen, seit ich den Stift halten kann. Leider hat mir diese Leidenschaft nicht wirklich geholfen, Frieden mit meinem Körper zu schließen. Auch weil er sich nie dünn hungern ließ und im Sportunterricht eine erbärmliche Figur abgab. Als ich mit vierzehn Jahren zum ersten Mal davon hörte, dass Gedanken unsere Realität formen, habe ich stundenlang meine Oberschenkel angestarrt und versucht, sie cellulitefrei schlank zu denken. Vergeblich!

Wo wäre ich jetzt nur in meinem Leben, wenn ich diese Energie in meine Karriere gesteckt hätte? Nun, es gibt Hoffnung. Denn heute bin ich endlich mit mir altersmilde geworden, und auch innerlich bereit, den Ratschlag meiner Mutter anzunehmen, der mir als Teenager nur wie Hohn und Spott vorkam: „Sei froh, dass du überhaupt Beine hast!“

Mich wundert es jedenfalls nicht, dass die ersten Skulpturen, die Menschen je geschaffen haben, überwiegend Frauen darstellen. Unzählige Steinzeitfiguren. Überall auf der Welt. Klein, handlich, mobil. Aber vor allen Dingen sehr drall. Heute würde man sagen: Diversity-Stars mit Plus-Size-Model-Potential. Die Steinzeitmädchen waren schon zu beneiden im Hinblick auf diese Ideale, denn sie mussten niemals mit unrealistischen Schönheitsidealen konkurrieren.

Wahrscheinlich hatten sie andere Probleme. Gerade jetzt, in einer Ära, in der der eigene Körper zur Bedrohung für das Selbstwertgefühl einer Frau wird, tauchen die Erinnerungen an eine längst vergessene Epoche aus den Tiefen der Erde auf. Überall auf der Welt. Man muss allerdings tief buddeln, um so ein seltenes Relikt aus der Eiszeit zu finden.

Als 1908 Josef Szombathy in einem österreichischen Dorf eine kleine weibliche Plastik aus der Steinzeit findet, ahnt er noch nicht, dass diese Figur eines Tages der Star des naturhistorischen Museums in Wien sein wird. Mehr noch:

Zum Symbol für eine neue spirituelle, feministische Bewegung.

Für die damaligen Wissenschaftler ihrer Zeit ist klar. Das ist eine nackte Frau, ergo von einem männlichen Künstler geschaffen. Also ist sie selbstverständlich eine „Venus“ .

Voilà: Die Venus von Willendorf, benannt nach ihrem Fundort. Wie sollte es auch anders sein? In der gesamten Kunstgeschichte wurden, abgesehen von ein paar Evas im Paradies, die meisten nackten Frauendarstellungen als Venus tituliert, und in einigen Fällen war auch wirklich die Liebesgöttin aus der Mythologie dargestellt.

Dennoch bleibt festzuhalten, dass der ideale weibliche Körper stets durch den männlichen Blick definiert wurde und wird.

Auch wenn es in den letzten Jahrzehnten etwas mehr waren, sind Frauen unter den Kunstschaffenden immer in der Minderheit und hatten und haben gegen größere Widerstände zu kämpfen als männliche Künstler. Auffällig ist dabei, dass bildende Künstlerinnen kaum Interesse daran haben, sich dem nackten männlichen Körper zu widmen. Quasi als Gegenentwurf zur Venus. Die Darstellung des Göttervaters Zeus als Sexobjekt aus weiblicher Perspektive? Da können Künstlerinnen nur milde gähnen! Sie widmen sich doch lieber dem weiblichen Körper. Ihrem eigenen weiblichen Körper. Ihrem weiblichen Schmerz, ihrer weiblichen Sexualität, ihrer weiblichen Identität.

Man könnte glatt meinen, hier werden die patriarchalen Ketten gesprengt. Der weibliche Körper wird befreit und wir erobern ihn uns nun zurück.

Nun, die Hoffnung stirbt zuletzt. Denn männliche Künstler prägen schon lange nicht mehr allein unser Körperbild. Es reicht das Smartphone. Instagram, ein Haufen Selfies und Facetime-Anrufe. Und unser Selbstbild wandelt sich zur Supernarzisstin oder Selbsthass-Perfektionistin. Ich zähle mich zur ersten Generation in der Geschichte der Menschheit, die sich dank modernster Technik andauernd mit ihrem Selbstbild konfrontiert.

Stell dir vor: Unsere Ahnen hatten überhaupt keine Ahnung, wie sie selbst genau aussahen. Spiegel waren selten und teuer.

Dieser Schock der Konfrontation mit dem eigenen Ich wird verstärkt durch die Flut unrealistischer Ideale, die zu einem lähmenden Selbsthass auf unsere Körper führt. Inmitten dieser Ära, der kaum auszuhaltenden Bilderflut, erscheinen nun überall auf der Welt diese Figuren? Nach 30.000 Jahren? Ist das bloß Zufall, oder kann es sein, dass sie uns etwas mitteilen wollen? Mit riesigen Hüften, Hinterteilen, Oberschenkeln und Brüsten. Gesichtslos. In sich ruhend. Erhaben. Ohne Scham für ihren nackten Körper. Wofür stehen diese mütterlichen Frauen?

Auf mich wirkt es so als ob sie uns auf die Stirn klopfen und uns mitteilen möchten:

„Halllloooo, jemand zu Hause...? Ich bin's, der Ursprung! Die Allmutter! Die Dea Mater!

Kommt mal alle wieder runter, auf den Boden der Tatsachen!" Und ohne es zu ahnen, haben die männlichen Archäologen hier mit ihrer Namensgebung sogar den entscheidenden Hinweis mitgeliefert.

Denn die Venus ist nicht nur eine sich aus der Muschel räkelnde Göttin, sondern sie war schon ein Idol, bevor das Konzept Göttin existierte. Sie ist Morgenstern und Abendstern. Sie ist das weibliche Prinzip selbst. Lange bevor es Isis, Inanna, Freya und Co. gab. Denn sie wurde nach dem besagten Planeten benannt, der als Morgen- und Abendstern in Erscheinung tritt. Der Ursprung aller Liebesgöttinnen und somit ist der Name Venus wie eine Prophezeiung.

Anatolische Supermama
Grosse Mutter von Çatalhöyük, Türkei
Etwa 8.000 bis 9.000 Jahre Jahre alt

Meine Geschichte

Zuviel ist gerade gut genug

ls Heike bei meiner Mutter am Kaffeetisch sitzt, beobachte ich sie wie gebannt. Nein, ich muss sie anstarren. Ich habe so eine Frau noch nie gesehen.

Manchmal sind Kindheitserinnerungen wie eine Prophezeihung.

Eigentlich hat meine Mutter Freundinnen, die ihr ähnlich sind. Selten geschminkt, zierlich, kleine Oberweite, schmale Figur und lange braune Haare. Natürliche Schönheit.

Mit meinen sechs Jahren habe ich noch nicht so viele Frauen gesehen, die ich fasziniert anstarren muss. Außer der Herzdame im Skatspiel, das Dolly-Parton-Poster auf dem Weg zum Kaufhof und selbstverständlich Barbie.

Außerdem habe ich schon im Alter von drei Jahren eine „Katja-Epstein-Obsession" entwickelt. Meine Eltern erzählen heute noch belustigt, wie ich durch das Wohnzimmer getobt bin, wenn sie ihren Auftritt in der ZDF Hitparade hatte. Meine Mutter ist in ihrer Natürlichkeit ein ganz anderer Typ. Sie beherrscht den unauffällig mädchenhaften Charme. Besonders in Anwesenheit meines Vaters. Zwar kann sie uns Kinder durchaus mit nur einem Blick dazu bringen, in Lichtgeschwindigkeit ins Kinderzimmer zu flüchten. Aber das kommt nur vor, wenn sie mit uns allein ist. Klassischer Fall von Wolf im Schafspelz. Im Vergleich dazu ist Heike eine Naturgewalt. „What you see is what you get." Es sind die Achtzigerjahre des letzten Jahrhunderts, und diese Freundin meiner Mutter könnte auch einem Musikvideo von Bananarama entsprungen sein. Heike trägt eine blond gesträhnte Dauerwelle, die Haare aufgetürmt mit einem neonfarbenen Knautschband. Knallpinker Lippenstift, blaue Wimperntusche, riesige Oberweite präsentiert in einer tief aufgeknöpften, bunt gerüschten Bluse. Die moonwashed Jeans bis fast unter die Brust gezogen und die Taille betont mit einem extrabreiten glitzernden Nietengürtel.

Sie ist für das Schönheitsideal dieser Zeit eigentlich zu füllig. Dazu kommt, dass sie viel und laut redet und zwischendurch schallend herzhaft lacht. Sie gestikuliert dabei mit ihren Händen, deren pink lackierte Nägel mich völlig in ihren Bann ziehen, besonders, wenn sie damit auf der Küchentischplatte herumklackert. Ihre Präsenz füllt die ganze Küche. Während die Filterkaffee-Maschine vor lauter Schnappatmung nur so vor sich hin röchelt. Was sie da genau erzählt, das verstehe ich nicht. Ich bin ja erst sechs Jahre alt. Doch das ist egal, ich habe eine Erleuchtung! Eine Epiphanie! Ich weiß in dem Moment sofort:

Wenn ich einmal groß bin, dann werde ich eine Heike!

Das ist natürlich keine so tolle Idee, wenn man eine akademische Karriere anstrebt. Denn schlaue Menschen bestechen durch ihr Wissen verpackt in noblem Understatement, und nicht durch Zirkuspferd-reife Auftritte. Aber das weiß man ja als Kind noch nicht. Und außerdem ist es für mich noch ein langer Weg bis zum Kunststudium. Abgesehen von diesem Erleuchtungsmoment in unserer Küche ist meine Vision für meinen Lebensweg klar: Ich will Künstlerin werden! Malen ist das Einzige, worin ich gut bin und was mir wirklich Spaß macht.

Es ist ein großer Vorteil im Leben, wenn man weiß, was man werden will. Nur doof, wenn die Welt eine knallpinke Ulknudel mit Sicherheit nicht als akademisch wertvoll betrachtet. Aber dahinter sollte ich erst später kommen. Erste Zweifel an meinen Lebenszielen, Künstlerin und so extrovertiert wie Heike zu werden, kommen in mir auf, als ich in den Neunzigerjahren das Gymnasium besuche.

Ich kleide ich mich hier für meine Verhältnisse eher gedeckt. Denn bunt und glitzernd ist nur den Mädchen von der Hauptschule vergönnt. Meine Kunstlehrerin ist recht progressiv und bringt hin und wieder zeitgenössische und feministische Themen in den Unterricht mit ein. Obwohl sie gar nicht in unserem Kunstschulbuch stehen. Zum ersten Mal komme ich mit dem Biografien großer Künstlerinnen in Berührung: Frida Kahlo, Camille Claudel, Nikki de Saint-Phalle.

Am Ende bleibt jedoch für mich der Eindruck, dass diese Frauen sich für die Kunst und für die Liebe beinahe selbst aufgegeben haben. Ihr Leben war oft gekennzeichnet von Schmerz, Liebeskummer und Tod. Gefolgt von recht später Anerkennung in der Kunstwelt. Manchmal auch erst nach dem Tod und häufig bis heute übersehen. Keine ermutigenden Aussichten für meinen Traum, Künstlerin zu werden. Meine Eltern haben vielleicht recht mit der brotlosen Kunst. Die Kunstepochen im Unterricht sind zu meiner Schulzeit laut Curriculum streng nach Zeitleiste geordnet.

Es fängt an im Paläolithikum, also in der Steinzeit. Ich wundere mich nur, dass „sowas" überhaupt im Kunstunterricht vorkommt. Ist das wirklich Kunst? Auf den ersten Seiten finden sich Abbildungen von Höhlenmalereien. Diese finden wir als Pubertierende sterbenslangweilig. Viel zu weit weg von unserem Leben. Das Wenige, was wir durch Film und Fernsehen über die Steinzeit wissen, repräsentiert immer noch etwas Primitives. Im besten Fall Familie Feuerstein. Jedenfalls kann sich kaum jemand in unserer Klasse dafür begeistern. An den Wortlaut des Schulbuch-Textes kann ich mich nicht mehr erinnern. Aber ergänzt durch die Erklärung unserer Lehrerin klang er ungefähr so:

„Nach erfolgreicher Fleischbeschaffung feierten die männlichen Jäger in der Höhle, indem sie die spektakulärsten Szenen der Jagd in blutigen Ockerfarben detailliert aufmalten. Nachdem die dankbaren Steinzeitfrauen das Fleisch gekonnt zubereitet hatten, wurden die Jäger von ihnen belohnt und erhielten Sex in allen Höhlennischen."

Kichern in der Klasse. Auf der nächsten Seite: Eine Abbildung der Venus von Willendorf, eine kleine, üppige, weibliche Skulptur. Auch ein Fund aus der Steinzeit. Und wieder können wir nichts mit ihr anfangen. Alle in der Klasse sind sich einig: An dieser Figur ist nichts schön, begehrenswert oder gar sexy. Denn sie ist einfach nur fett! Mit riesigen Brüsten, ausladenden Hüften und hervorstehendem Hinterteil. Unter all den „Heroine Chic"-Einflüssen der Neunzigerjahre ist für uns klar: Sie mussten wirklich obszöne Tendenzen haben, diese Steinzeitmenschen. Absolut unkultiviert! Dieser Körper ist eine Beleidigung für alle Venusdarstellungen, die danach kommen werden. Und auch ich bin in diesen Teenagerjahren selbstverständlich im Kampf mit jedem meiner Kilos.

Meine Bewunderung für Heike, die Freundin meiner Mutter, ist längst verblasst vor den allgegenwärtigen Bildern magersüchtiger Supermodels. Unsere Wahrnehmung von Schönheit wird zu dem Zeitpunkt bestimmt von der CK-One-Werbekampagne mit der blutjungen Kate Moss. Das absolute Gegenteil von der üppigen Steinzeitfigur. Auch in unserer Mädchenclique dreht sich alles nur noch um Kalorien. Und hätte ich die Wahl gehabt zwischen einem Thigh gap und einer vielversprechenden Karriere als Künstlerin, ich hätte ohne Zögern Nummer Eins gewählt.

Doch insgeheim ahnte ich wohl, dass es diese Lücke zwischen meinen Oberschenkeln niemals geben wird. Und so wird Option Nummer zwei anvisiert. Irgendwie habe ich es dann auch geschafft, das Unmögliche wahr zu machen: Ein Kunststudium in London. Möglich wurde mein Studium durch eine große Portion Neugier, den Drang, zuhause rauszukommen, und optimistische Naivität. Außerdem spielte eine glückliche Verkettung von Zufällen mit: Meine Au-Pair-Familie fand meine künstlerischen Fähigkeiten spannender als meine Haushaltskompetenzen und meine Eltern mussten plötzlich ihre laufenden Kosten erhöhen, aus Gründen, die ich hier nicht weiter ausführen kann.

Da kam eine Tochter mit teurem Auslandsstudium

genau zum richtigen Zeitpunkt. Diese Verkettung glücklicher Umstände wäre einen eigenen „Manifest-that-shit"-Workshop wert, den ich vielleicht zu einem anderen Zeitpunkt anbieten werde. Und so werden Träume wahr! Könnte man meinen. Aber die Wahrheit ist: Ich quäle mich während des Studiums. In diesem Schmelztiegel falle ich zwar mit meinen bunten Second-Hand-Klamotten endlich nicht mehr auf. Jedoch bringen mich die Anforderungen des Studiums an meine persönlichen Grenzen. Das wiederum führt dazu, dass ich ziemlich verunsichert bin.

Die Dinge, die mich zeit meines Lebens so sehr inspirieren, sind zum Beispiel Hollywood-Glamour aus den Vierzigerjahren, barocke Blumenbouquets und PinUp-Girls in Leoparden-Bikinis. Diese Vorlieben halte ich lieber geheim. Und passe mich an. Dem allgemeinen Kunstgeschmack der Zeit. Ich schäme mich schon fast für meine trivialen, viel zu dekorativen Vorlieben und suche in mir nach einem Kindheitstrauma, das ich in einer destruktiven Kunstinstallation verarbeiten kann. Sowas kommt besonders gut an bei den Professoren. Die Situation ist insgesamt ziemlich angespannt für mich. Denn wenn man eine junge Frau ist, die auftritt, als würde sie lieber eine Burlesque-Party schmeißen, als ein Bauhaus-Ballett zu inszenieren, dann kann sie doch unmöglich als Künstlerin mit Tiefgang ernst genommen werden.

Ich rapple mich jedoch immer wieder auf und suche verzweifelt nach meiner eigenen künstlerischen Sprache. Zum Glück ist gerade die Zeit von Cool Britannia. Die Künstlerinnen und Künstler inszenieren sich spektakulär mit morbider Note: Marc Quinn friert sein Blut ein und meißelt daraus seine eigene Porträt-Büste, Damien Hirst zersägt Kühe, die er in Formaldehyd eingelegt hat, und Tracy Emin stellt ein angeschmuddeltes Zelt aus, in dem die Namen aller ihrer Liebhaber eingestickt sind. Manchmal sehe ich Tracy auf Partys, wo sie mies gelaunt, rappeldünn in abgerockten Outfits und Kette rauchend von der Kunstwelt gefeiert wird.

Im Kontrast dagegen wirke ich wie eine dralle Irma la Douce mit Vorliebe für englische Scones statt für selbstgedrehte Kippen.

Ich bin trotzdem schwer begeistert von so viel Coolness in London. Im Studium experimentieren wir unter anderem mit Perspektivwechseln durch Einschränkungen. Zum Beispiel: „Malen mit dem Fuß". Motto: Think outside the box! Zwar bringen diese neuen Blickwinkel, erzwungen durch inszenierte Behinderungen, spannende Ergebnisse hervor. Trotzdem gibt es konkrete Vorstellungen, wie eine Künstlerin oder ein Künstler zu sein hat. Wir werden dazu motiviert, die Welt mit anderen Augen zu sehen, neue Wege aufzuzeigen, tief in die Materie einzutauchen und den Zeitgeist zu erfassen. Gleichzeitig gehört es zum guten Ton, sich in die Kunstszene zu integrieren. Intellektuell, lässig und gerne ein bisschen abgerückt von dieser Welt. Garniert mit einem Hauch destruktiver Tiefgründigkeit. Darum färbe ich mir die Haare schwarz und trage lange Ledermäntel aus den Siebzigerjahren.

Eins ist klar: Es ist die allerletzte Kerkertür, hinter die ich die Heike in mir sperren muss, die seit zwanzig Jahren auszubrechen versucht. Ich versuche, sie im Zaum zu halten. Sie würde mich sonst in Grund und Boden blamieren. Und im schlimmsten Fall als ordinäre Hochstaplerin aus einer Kölschen Arbeiterfamilie outen. Vielleicht gebe ich nur vor, jemand zu sein, der ich nicht bin?

Was soll's! Hauptsache, ich bin in London. Die Stadt hat mir so viel zu bieten: Jeden Donnerstag sehe ich mir eine Ausstellung an. Egal, wie abgelegen der Stadtteil ist.

Ich fahre manchmal zwei Stunden mit dem Bus, um mir ein einziges Kunstwerk in einem weißen Raum anzusehen.

Ich habe davor und danach in meinem Leben nie so viel Kunst in mich aufgesogen. Als ob ich schon eine Vorahnung hatte, dass diese Zeiten bald vorbei sein könnten.

Vielleicht ist es aber auch Nachholbedarf oder eine Suche nach etwas. Die Tatsache, dass ich noch kein Internet habe und mein einziger technischer Begleiter mein Walkman ist, hilft jedenfalls und befeuert die Suche nach Inspiration.

Ich entdecke Schockierendes, Inspirierendes, Wunderschönes und Skurriles. Aber dann, eines Tages, mache ich den einen Ausstellungsbesuch, bei dem ich bis in die kleinste Zelle meines Körpers spüren werde, welche Macht Kunst wirklich hat. Mein bester Freund und Mitstudent schwärmt noch einen Tag zuvor: „Nadine, du musst dir dringend diese Ausstellung anschauen! It´s amazing! Du wirst es lieben!" Ich reagiere abgeklärt, denke, dass ich alles schon gesehen habe. Ich bin schon fast ein bisschen übersättigt. Aber wenn Andrew das sagt, muss ich es zumindest mal in Betracht ziehen. Ich bin schon völlig beeindruckt, als ich die weitläufige Galerie betrete.

Unzählige, riesige Gemälde hängen hier. Gemalt im Stil von Rembrandt. Gefertigt jedoch von einer einzigen Künstlerin: Jenny Saville, Newcomerin der britischen Kunstszene. Ihre Energie wirkt im gesamten Gebäude. Dargestellt sind nur weibliche Körper. Fleischig, voluminös, ungeschönt und nackt. Ohne Scham. Sie wirken erhaben und in sich selbst ruhend. Ein riesiges Selbstportrait der Künstlerin ist mitten im Raum platziert. Es bildet das Kernstück. In diesem Gemälde stellt sie sich mit ihrem puren, nackten, fleischbepackten Körper dar. Sie dreht ihren Kopf vom Betrachter weg und lädt damit indirekt ein, sie näher zu betrachten. Auf ihrem Körper sieht man blaue Flecken und Adern und ihre beiden prankigen Hände, die sich in ihr Oberschenkelfleisch hineinkrallen. Sie inszeniert ihr ganzes Sein. Alles ist Fleisch und Körper. Ein Überfluss an realer Weiblichkeit. Es scheint, als ob all die anderen Gemälde in irgendeiner Form Varianten von ihr sind. Ich muss sie anstarren. Es fasziniert mich. Auf diesem Selbstportrait mit dem Titel „Propped" ist großflächig ein Zitat der Psychoanalytikerin Luce Irigaray zu lesen:

***„If we continue to speak in this sameness — speak as men have spoken for centuries, we will fail each other"*.**

Frei übersetzt: „Wenn wir weiterhin so sprechen, wie Männer es seit Jahrhunderten tun, dann werden wir uns selbst niemals gerecht werden." Und plötzlich ist er wieder da: Der Heike-Moment. Sie ist viel zu raumgreifend. Zu ordinär. Zu üppig und unverschämt laut. – Ich liebe dieses Bild! Ich liebe alles daran. Ich liebe Jenny Saville. Spätestens jetzt müsste mein ultimativer Transformations-Wendepunkt stattfinden. Jedoch: Ich speichere es ab und spreche nicht mehr drüber. Ich bin überzeugt: Eine Jenny Saville ist eine andere Liga. Eine, die sich dem Zeitgeist entziehen und sich nur auf sich selbst konzentrieren kann. Eine, die groß denkt. Die ihren eigenen Blick auf die Dinge darstellt. Ihre Botschaft:

Dein Körper, deine Sexualität und deine Inspiration gehören einzig und allein dir. Sei du selbst!

Ich verstehe es. Doch es sickert nicht durch in meine Zellen. Da ist eine Barriere. Eine unsichtbare Mauer. Ich tue zwar so als ob, aber in Wirklichkeit bin ich nicht so mutig wie sie, muss ich mir eingestehen. Der Aha-Effekt hält somit nicht lange an.

Die Kunstkritiker in meinem Umfeld sind übrigens nicht so begeistert von Jenny Saville wie ich. Sie werfen der Künstlerin mangelnde Tiefe vor. Der Galerie unterstellen sie Effekthascherei. Sie sei zu plakativ. Zu plump. Zu trivial. Selbstverständlich ordinär und abstoßend. Ich frage mich, ob ihr, der Künstlerin, das alles egal war. Sie muss es kommen gesehen haben. Wie hat sie es geschafft, sich so zu zeigen in dieser sprichwörtlichen Nacktheit und Verletzlichkeit, mit dem Wissen darum, wie die Kunstszene reagiert? Wieso hat sie sich selbst zum Abschuss freigegeben? Ich bin mir sicher, sie tat es, weil sie eine Botschaft hatte. Eine, die polarisiert. Und die hat wohl nicht nur bei mir voll eingeschlagen.

Denn dieses Portrait wurde später für für 6,8 Millionen Dollar verkauft. Es scheint, Jenny hat das Einzige gemacht, was eine Künstlerin tun sollte:

Sei du selbst, lass sich nicht beirren und wenn du weißt, wer du bist, dann treib es auf die Spitze!

Wenn du Fans hast, hast du auch Feinde. Schade, dass ich das alles erst sehr viel später begreife. Ich traue mich nicht dem nachzugehen, was da so stark in mir resoniert hat. Keiner meiner Lehrer holt es aus mir heraus. Ich bleibe verunsichert über meinen eigenen Geschmack, gehe lieber auf Nummer sicher und mache (faule) Kompromisse. Ich versuche zu gefallen. Meinen Lehrerinnen, den Männern und meinen Kommilitoninnen. Und gleichzeitig doch ein bisschen authentisch zu sein. Alles andere wäre einfach viel zu radikal. Und als ob ich nicht schon genug damit zu tun hätte, bin ich parallel zu meiner eigenen künstlerischen Selbstfindung kontinuierlich im Kampf mit meinem eigenem Körpergewicht.

Denn trotz Jenny Saville glaube ich immer noch: Als ernstzunehmende Künstlerin oder gar Modedesignerin, was ich im Anschluss darauf studieren werde, sollte man nicht füllig sein. Wie soll die Außenwelt sonst glauben, dass man wirklich für die Kunst leidet, wenn man nicht bereit ist, dafür zu hungern?

Die machen sich doch lustig über mich, wenn ich zu „wohlgenährt" und drall daherkomme. Denn ich erinnere mich noch sehr gut daran, wie es war im Kunstunterricht. Damals, als uns die Venus von Willendorf vorgestellt wurde.

Was für einen seltsam morbiden Spaß wir alle daran hatten, über diesen weiblichen Körper herzufallen wie geifernde Hyänen. Wir haben alle mitgelacht. Es war für einen kleinen Moment ein gutes Gefühl, jemanden klein zu machen. Jemanden, der sowieso schon klein ist, aber im Grunde viel größer, als wir erahnten. Sie hat mir eine wertvolle Lektion beigebracht, auch wenn ich sie erst spät verstanden habe: Dass es kein „Normal" gibt, sondern nur einen Zeitgeist, in den man hineinpasst, hinterherläuft oder auch nicht. Und dabei gewinnt niemand. Denn diese Richtschnur namens „Zeitgeist" ist nicht unbedingt hilfreich, um sich selbst zu finden.

Die Sache mit dem Kunstbuch

Es ist schon merkwürdig: In meinem allerersten Kunstbuch werden insgesamt 30.000 Jahre Kunstgeschichte dargestellt. Aber im Grunde liegt der Fokus auf den großen Epochen des letzten Jahrhunderts. Futurismus, Impressionismus, Expressionismus, abstrakte Malerei, Kubismus bis hin zu Action Painting.

Wie hätte mein Kunstbuch aus der Schulzeit wohl ausgesehen, wenn künstlerische Artefakte, von Archäologen in der ganzen Welt gefunden, darin eine Rolle gespielt hätten? Das Buch wäre erstens eine mehrbändige Katalog-Serie und der Kubismus würde mit Sicherheit nicht mehr so avantgardistisch wirken. An den meisten Abbildungen würde der Hinweis stehen: Künstler unbekannt.

Heißt: Vielleicht Mann. Vielleicht Frau oder Divers oder was auch immer! Mittlerweile gehen Archäolog*innen* und Anthropolog*innen* sogar davon aus, das unter den ersten Kunstschaffenden selbstverständlich auch Frauen und Kinder waren. Und das die längste Zeit in der Menschheitsgeschichte. Bis dann die Sache mit dem Patriarchat passierte und Künstlerinnen verdrängt wurden. Also warum sollten diese steinzeitlichen, weiblichen Figuren nicht von Frauen selbst geschaffen worden sein? Außerdem ist die Frage doch auch: Wofür steht der weibliche, nackte Körper in seiner fruchtbaren Fülle? Und warum war die Darstellung der fruchtbaren, nackten Frau ohne Scham so wichtig für die Gemeinschaft in der Steinzeit?

Vor diesem Hintergrund lohnt es sich, den Superstar aller Venus-Figurinen näher unter die Lupe zu nehmen. Wer ist sie? Wo kommt sie her und wer hat sie geschaffen?

Die Venus von Willendorf verkörpert die göttliche Kraft, durch die der weibliche Körper in seiner reinen Pracht ohne künstliche Schamgefühle sein wahres Selbst entfaltet.

Im Spiegel der Göttin

Und auch hier kommt eine Einladung an dich, die Perspektive der uralten, kleinen Venus einzunehmen. Du denkst vielleicht „Wieso? Ich habe kein Problem mit meinem Körper und Künstlerin will ich auch nicht werden." Dann lass dich bitte daran erinnern, was Joseph Beuys einmal gesagt hat: Jeder Mensch ist ein Künstler. Beuys muss es wissen, wurde er doch kurz nach seiner Nahtoderfahrung von indigenen Tataren aufgepäppelt. Dazu ergänze ich: Ich kenne keine Frau, die ihrem Körper wirklich so liebt, wie er ist. Irgendwas gibt's immer zu mäkeln. Kunst und Körper? Zwei unterschiedliche Themen? Mitnichten! Also lass dich darauf ein und schrumpf dich in Gedanken klein. Auf elf Zentimeter, um genau zu sein. Und keine Sorge. Es beginnt ganz idyllisch. Mitten in der Natur. Vor etwa hundert Jahren. Wie fühlt es sich an, so klein und doch so besonders zu sein?

Denn...

...du bist die Venus von Willendorf

Wir begeben uns in die paradiesische Natur der österreichischen Wachau. Seit 30.000 Jahren schon schläfst du tief und fest unter der Erde. Schon vor Tagen hast du in deinem Dämmerschlaf Geräusche gehört. Ein Hämmern kommt immer näher und holt dich aus deinem tiefen Traum.

Schon ein bisschen fies, so geweckt zu werden. Langsam erwachst du, spürst, wie sich dein benebeltes Bewusstsein wieder formt, und beginnst, deine Umgebung wahrzunehmen. Und du findest dich in einem wunderschönen Sommermorgen, als der junge Archäologe Josef dich auf seiner Schaufel entdeckt. Er nimmt dich behutsam in die Hand, streift streichelnd die Erde von deinem Körper ab und hält dich in die Sonne. Oh, was für ein Moment.

Das pure Glück fließt durch deinen Körper, als du langsam aus deinem unendlich langen Traum erwachst. Ein Mensch berührt dich wieder. Du spürst die Wärme seiner Hand. Nach dreißigtausend Jahren Dunkelheit. Die Szene wäre perfekt, wenn jetzt noch die Filmmusik von Stanley Kubricks Space Odyssee ertönen würde.

Er kann nicht aufhören, dich anzufassen und beseelt anzustarren: „Kann es wirklich sein? Das ist eine Sensation!" Du lächelst in dich hinein. Herrlich, du wurdest sofort erkannt. Deine Pracht, deine Fülle, deine Schönheit! Lange genug hast du davon geträumt, wie es wohl sein wird, wenn die Zeit endlich reif ist.

Du hast keine Ahnung, wie lange du eigentlich geschlafen hast, da Zeit in deinem Zustand keine Bedeutung hat. Die Landschaft ist immer noch wunderschön. Aber irgendwie anders. Und du hast nicht die geringste Ahnung, was noch so alles anders ist. Zum Glück wirst du nicht unter einem Berliner Nachtclub gefunden, sondern in der Natur Österreichs. Du würdest sonst einen Schock bekommen. Vielleicht aber auch nicht. Schließlich gibt es einiges nachzuholen für dich. Dass man dich hier gefunden hat, grenzt an ein Wunder, denn du befandest dich unter der Erdoberfläche in Gesteinsschichten, die während der Eiszeit entstanden sind. Erst bist du erschrocken. Aber dann erinnerst du dich an deine Bestimmung, die dir das Vertrauen gibt, dass am Ende alles gut wird.

Was auch immer dich erwartet, du bist bereit, dich dieser Herausforderung zu stellen. Die Zeit ist reif für dich. Es ist der Beginn des letzten Jahrhunderts vor dem nächsten großen Umbruch. Hier in dieser Welt ist einiges längst nicht mehr im Gleichgewicht. Es hätte keinen Sinn, dir zu erklären, was Patriarchat bedeutet, du würdest es sowieso nicht verstehen. Denn du bist die Verkörperung von mütterlicher Urkraft.

Die Menschheit braucht eine weibliche Fruchtbarkeits-Heldin. Ein klarer Fall für dich, Supervenus!

Immer noch liegst du in der großen Pranke des Mannes. Er kann nicht aufhören, dich anzustarren. Er dreht dich immer wieder herum. Dabei murmelt er etwas. Es kommen mehr Männer. Jeder versucht einen Blick auf dich zu erhaschen. Komisch, denkst du dir, warum sind hier nur Männer?

Anscheinend haben drei von ihnen eine besondere Stellung in der Gruppe. Die Priester des Clans? Wo sind die Großmütter, die das Sagen haben? Jedenfalls fassen nur diese drei Männer dich abwechselnd an. Jetzt, wo du wieder vollständig zu dir gekommen bist, werden dir die Berührungen unangenehm. Du bist es zwar gewohnt, liebevoll in die Hand genommen zu werden und diese Berührungen hast du sehr vermisst. Du bist dazu geschaffen worden, um in den warmen Händen der Menschen deine volle spirituelle Kraft zu entfalten. Über Generationen wurdest du getragen und weitergeben. Nie war dir kalt, weil du immer im Körperkontakt warst. Du warst der kleine Tank voll Liebe, ein Talisman, eine

Glücksbringerin. Eine Erinnerung an die Urahnen. An die Urmutter des ganzen Clans. Aber was sich jetzt abspielt, fühlt sich anders an. Es wird immer unangenehmer. Und überhaupt: „Wo bleiben jetzt endlich die Frauen und Kinder?" Dann passiert es. Eine klare Bestätigung dafür, dass diese Männer höchstwahrscheinlich keine Ahnung haben, mit wem sie es da eigentlich zu tun haben. Sie wagen das Unfassbare: Sie waschen dich ab! Mit eiskaltem Wasser. Die letzten Reste der bedeutungsvollen Ockerfarbe, die deine glatte Oberfläche in magisches Rot getaucht hat – einfach so abgebürstet! Die drei befremdlichen Männer kommen wieder zusammen. Deine anfängliche Freude ist längst verflogen. Was diese Kerle in deiner Gegenwart über dich sagen, ist kaum zu ertragen. So eine unbehagliche Energie hast du noch nie gespürt. So richtig kannst du ihnen auch nicht folgen, aber du hörst sie irgendwas von Sexpüppchen reden. Von Dickmadam. Enormes Hinterteil. Wahnsinns Vorbau!

„Jaja, die Steinzeitmenschen, die hatten schon eine primitive Vorstellung von Schönheit", lacht der eine. Und der andere kommentiert dabei deine Brüste. Immer wieder geht es um Brüste. Alle möglichen Begriffe fallen: Titten, Hupen, Riesenmöpse… begleitet von anzüglichem Gelächter. Du wirst hochgehalten. Die Männer feixen. Und zum ersten Mal befällt dich das Gefühl von Scham. Wenn es das überhaupt ist. Du kanntest das Gefühl ja bisher nicht. Doch eins ist klar: Diese Jungs haben offensichtlich irgendein seltsam verklemmtes Thema mit weiblichen Brüsten. Sie tun so, als ob sie keine Ahnung hätten, dass diese beiden Körperteile dafür da sind, Babys zu ernähren. Oder ist das etwa nicht mehr so? Das ist wirklich die Oberfrechheit, denkst du dir: Haben die Herren denn keinerlei Respekt vor deiner spirituellen Bedeutung?

Ach, was soll's. Du hast genug. Immer wieder schaust du dich um, ob nicht doch noch eine Frau auftaucht. Vielleicht sind sie alle weggesperrt. Das würde zwar zur Prophezeiung passen, laut der du ja die Frauen wieder in die Freiheit führen wirst. Aber jetzt, nach dieser kalten Dusche, fühlst du dich so gar nicht als Gallionsfigur einer neuen Bewegung. Dazu kommen diese geifernden Blicke, diese Mischung aus Lüsternheit, Anziehung, Ablehnung und Faszination. Sie begutachten jedes kleine Detail an dir.

Erkunden sogar deine Poritze und analysieren detailliert deine Vulva. Dabei haben sie noch nicht einmal deine fantastische Frisur gewürdigt. Denn diese in Stein gemeißelten kleinen Löckchen erforderten besonders viel Fingerfertigkeit von deiner Erschafferin. Und gerade, als du denkst, es könnte nicht schlimmer kommen, da geht es erst richtig los. Erst ein harmloses Wortgefecht. Dann werden die Stimmen lauter. Aggression liegt in der Luft.

Es kommt zum Streit. Du kannst es nicht fassen: Sie streiten doch wahrhaftig darüber, wer dich gefunden hat. Nicht, dass dich gleich einer wütend gegen die Wand wirft. Dir ist mulmig zumute.

Wo sind denn hier endlich die alten weisen Frauen, wenn man sie braucht? Eine muss hier dringend ein Machtwort sprechen und das Ganze beenden. Das hat man nun davon, wenn Weiblichkeit nicht anwesend ist. Dieser sinnlose „Ich-bin-hier-der-Erste"-Streit ist dir schier unbegreiflich. Wen interessiert es, wer hier der Erste war? Was soll der ganze Wirbel um die Nummer eins? Ist doch egal! Ich bin jetzt hier!!! Am liebsten würdest du deine dünnen Ärmchen über deinem lockigen Köpfchen zusammenschlagen. Du hörst dir die drei noch weiter an, und ärgerst dich kurz darüber, dass du keinen Mund hast, um wissend in dich hineinzulächeln. Denn du weißt:

Am Ende wird hier nur Eine berühmt, und das bist eindeutig du selbst!

Aber das dauert noch ein Weilchen. Erstmal kommst du in ein kleines kostbares Kästchen. Die Namen deiner sogenannten Finder sind aus diplomatischen Gründen nun doch alle drei auf den Deckel gedruckt, zusammen mit Datum und Fundort. Und schon liegst du wieder im Dunkeln. Immer mal wieder wirst du aus dem Kästchen herausgeholt und begutachtet. Meistens von einem Mann. Man versucht, deinem Geheimnis auf die Spur zu kommen. Es werden die irrwitzigsten Theorien erfunden.

Immer hat es irgendetwas mit Sex zu tun und es wird lange gefachsimpelt, welcher Mann dich geschaffen haben könnte. Du lauschst den absurdesten Theorien über deine Entstehung. Zum Beispiel die hier: „Es muss wohl ein großer, künstlerisch begabter Jäger der Steinzeit gewesen sein. Ein Genie!"

Auch wenn es nur ein Wimpernschlag im Vergleich zu deinem Tiefschlaf in der Erde ist: Es wird noch neunzig Jahre dauern, bis man dich endlich öffentlich ausstellt. Erst, als es gelingt, einen Tresor aus Panzerglas zu fertigen, ist es endlich soweit: Du wirst einer breiten Öffentlichkeit vorgestellt. Von wegen primitiv! Du bist superkostbar. Und damit ist dein Schicksal besiegelt. Du wirst der Star des Museums. Mag sein, dass andere Naturkundemuseen in aufwendiger Rekonstruktion riesige Dinosaurierknochen aufstellen müssen, um die Menschen aus aller Welt anzuziehen. In Wien reicht ein elf Zentimeter kleines Steinzeit-Püppchen, damit die staunenden Menschen in Scharen kommen. Und du siehst endlich die Frauen und Kinder, auf die du so lange gewartet hast.

Leider darf dich keine mehr so liebevoll berühren wie in deinem ersten Leben. Niemals wieder spürst du die warme Haut sanfter Hände. Wenn überhaupt, wirst du nur noch mit Handschuhen berührt. Niemand wird mehr dafür sorgen, dass deine rote Ockerfarbe erneuert wird. Keiner wird an Neumond die alten Gesänge der Urahnen anstimmen. Kein Kind wird dich mehr liebkosen, keine Mutter auf ihren Bauch legen. Das ist alles vorbei. Die Erinnerung daran verblasst.

Trotzdem bist du wie neugeboren. Du bist jetzt ein Star. Dein Bild ziert die Cover von zahllosen Magazinen. Es wird auf T-Shirts, Postkarten und Tassen gedruckt. Trotz des Panzerglases findest du es wunderschön, von den Menschen angebetet, bestaunt und bewundert zu werden.

Du hast eine große Aufgabe. Und die erfüllst du lässig, ohne dich aufzubäumen, zu strafen, zu richten, zu herrschen oder dich zu ermächtigen.

Du gehst einen anderen Weg. Du bist einfach da und symbolisierst, dass nichts erkämpft werden muss. So schließt sich der Kreis, und du erinnerst daran, wer wir alle einmal waren: Menschen auf der ganzen Welt und aus allen Zeiten, die alle miteinander verbunden sind.

SCHWANGERSCHAFTSKALENDER ALS AMULETT
VENUS VOM HOHLE FELS, DEUTSCHLAND
Etwa 40.000 bis 35.000 Jahre alt

Mein Fazit

Super Körpergefühl?

Ich finde es faszinierend, dass es für Frauen vor 30.000 Jahren selbstverständlich war, Kunstwerke zu schaffen. Dazu kommt die Tatsache, dass sie es offensichtlich bevorzugten, ihre eigenen fleischigen, fruchtbaren Körper kreativ darzustellen. Wenn ich heute darüber nachdenke, fasse ich mir an den Kopf. Was ist auf dem Weg zum angeblich fortschrittlichen und kultivierten Menschen schiefgelaufen? Nicht nur für uns Frauen…

Zwei scheinbar verschiedene Themen kommen hier zusammen, die jedoch im Kern miteinander verbunden sind. Erstens geht es um kreative Entfaltung und das Schaffen von Kunst, zweitens um ein positives Gefühl zum eigenen Körper. Letzteres bildet die Grundlage für freie, kreative Schaffenskraft. Das bedeutet nicht, dass Schmerz, Konflikte und Selbstzweifel nicht in künstlerisches Schaffen umgewandelt werden können. Ich spreche hier jedoch von der Sorte Selbstzweifel, die mit dem eigenen Körper beginnen und sich wie eine lähmende Decke über das eigene Tun und Handeln legen. Was wäre wohl geschehen, wenn ich mich einfach pudelwohl in meinem nicht Mode-konformen Körper gefühlt hätte? Gekleidet in allem, was mir Spaß gemacht hätte, unabhängig davon, wie unvorteilhaft, glitzernd oder oberflächlich es von außen erscheinen mag. Wenn ich die innere Heike einfach herausgelassen hätte, selbst wenn es bedeutet hätte, ein neue Kunstrichtung zu begründen. Wie hätte sich meine Karriere wohl entwickelt, wenn ich als Frau für meinen Körper, meine Kleidung und meine Kunstwerke genauso beurteilt oder ignoriert worden wäre wie meine männlichen Kollegen? Und ich erlaube mir hier etwas übermütig zu werden, was wäre, wenn ich durch das Leben spaziert wäre, im Bewusstsein, dass ich einfach durch und durch wundervoll bin?

Allein diesen Satz zu schreiben, bereitet mir große Schwierigkeiten: Ich? Wundervoll? Komm mal runter, Nadine. Ich bin mir sicher, Picasso hätte kein Problem mit dem Satz gehabt. Allerdings hätte er „wundervoll" mit „Genie" ersetzt. Und was wäre, wenn ich in einer Welt aufgewachsen wäre, in der es völlig normal ist, dass Menschen ihre Kreativität unabhängig vom Geschlecht und Alter entfalten können? Eine Welt, in der Kunst als sinnstiftende Bereicherung für die Gemeinschaft betrachtet wird, ohne ständige Vorwarnung, dass man davon in einer kapitalistischen, profitorientierten Gesellschaft nicht leben kann? Ja wo kämen wir denn da hin, wenn wir alle Künstlerinnen und Künstler wären??? Vielleicht wären wir alle etwas glücklicher… Und…

Was wäre gewesen, wenn ich schon früh gelernt hätte, dass Künstlerinnen weiblich waren und vor dreißigtausend Jahren genauso wie heute am liebsten ihren eigenen Körper gestalterisch darstellten?

Es fällt mir gedanklich leichter, mich mit diesen Ahninnen zu verbinden, die immer schon selbstverständlich Kunst geschaffen haben, als davon auszugehen, dass Kunst in der Menschheitsgeschichte immer nur eine Sache von Männern gewesen wäre. Dadurch zerbricht endlich diese gläserne Wand, die mich die ganze Zeit davon abgehalten hat, mich zu derjenigen zu entwickeln, die schon immer in mir gesteckt hat. Es ist an der Zeit, den Scherbenhaufen beiseitezuschieben und unser Potenzial zu entfalten.

Venus von Willendorf

...gut zu wissen!

• *Die Entdeckung der Venus von Willendorf*

Am 7. August 1908 stieß man bei einer Grabung in Willendorf auf die kleine, detailreiche, nur 11 Zentimeter hohe Skulptur der Venus von Willendorf. Sie stellt eine gesichtslose Frau mit betonten Brüsten und Hüften, kunstvoller Frisur und ohne Füße dar. Bezüglich ihrer kunstvollen Frisur gibt es Theorien, dass es sich dabei um eine Art Muschelkappe handelt. Geschätztes Alter: 30.000 Jahre.

• *Eine weltweite Präsenz prähistorischer „Venusfigurinen"*

Neben der Venus von Willendorf wurden weltweit Hunderte ähnlicher Figuren entdeckt. Beispielsweise die 40.000 Jahre alte Venus von Hohlefels in Deutschland. Diese prähistorischen „Venusfigurinen" variieren in den Körpersilhouetten, üben jedoch alle eine anhaltende magische Anziehungskraft aus.

• *Das künstlerische Erbe aus Norditalien*

Die Venus von Willendorf wurde aus Oolith geschnitzt, einem Kalkstein aus Norditalien, der erstaunliche 150 Millionen Jahre alt ist. Dies verbindet die Steinzeitfigur auf faszinierende Weise mit dem Erdmittelalter, eine Zeit, in der noch die Dinosaurier lebten.

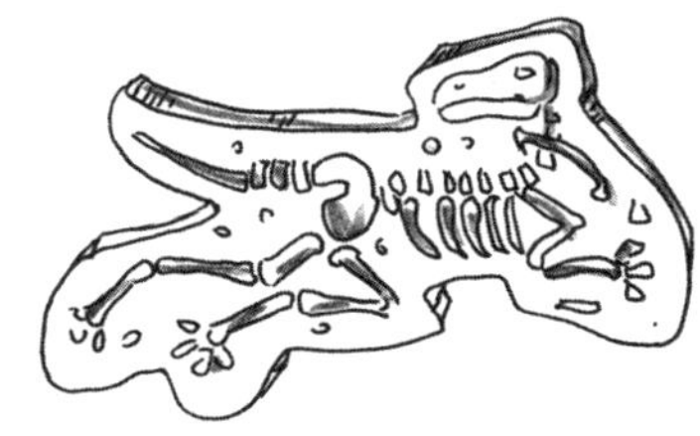

• *Die Kontroverse um den Fund*

Entdeckt wurde die Figur von Archäologe Josef Szombathy, doch eine Kontroverse über den rechtmäßigen Finder entstand. Am Ende wurden drei Personen als Finder hierarchisch ins „Protokoll" eingetragen: Josef Szombathy, Josef Bayer und Hugo Obermaier.

• *Die spirituelle Inszenierung im Museum:*

Die originale Venus von Willendorf ist im Naturhistorischen Museum in Wien hinter sieben Zentimeter dicken Panzerglasscheiben ausgestellt.
In einem Tempel-Häuschen und von Flötenmusik begleitet, bietet sie den Besucherinnen und Besuchern ein spirituelles Erlebnis. Die Beliebtheit von 3D-Druckkopien, Repliken und weiteres Venus-Merchandise macht sie zur Ikone.

DIE BEDEUTUNG

Zur Bedeutung und Verwendung der Statuette gibt es unzählige Deutungsansätze. Aber egal ob Göttin, Ahnenmutter oder Talisman: Niemand kann sich der Symbolik entziehen, die sie ausstrahlt.

Die Menschen in der Steinzeit waren sicherlich alles andere als dick. Leibesfülle muss für sie eine attraktive weibliche Fruchtbarkeit ausgestrahlt haben. Es gibt Mythen, die beschreiben, dass die Milchstraße aus der Milch der Göttin floss und das ganze Universum in ihrem Bauch heranwuchs.

• Nr.1 Porno des Paleolithikums

Ursprünglich nahm man an, Männer hätten diese Figuren geschaffen, und interpretierte die Venus als Sexobjekt. Um diese Annahme zu überprüfen, wurden 2012 Studien durchgeführt, bei denen Männer die Venusfiguren beurteilten. Sie empfanden die Figuren aufgrund ihrer geringen Taille als nicht besonders attraktiv. Ausserdem wurde übersehen, dass Nacktheit in indigenen Kulturen als natürlich betrachtet wurde.

• Nr.2 Fülligkeit kommt von Fülle

Man ist sich nicht einig, ob die Figur eine Schwangere darstellt oder einfach nur sehr üppig ist. Im Paläolithikum wurden Fett und Volumen mit Fülle und Fruchtbarkeit gleichgestellt. Viele dieser Venus-Figurinen waren ursprünglich mit roter Farbe bemalt, was sie mit Menstruation und Fruchtbarkeit in Zusammenhang bringt. Ohne Fett am Körper bleibt die Menstruation aus und Schwangerschaft ist nicht möglich.

• Nr.3 Selbstporträt einer Schwangeren

Es gibt Theorien, dass Frauen in diesen Figuren ihren eigenen schwangeren Körper dargestellt haben. Die Proportionen der Venus von Willendorf entsprechen gleichzeitig der Perspektive, die Frauen von ihrem eigenen Körper haben, wenn sie sich von oben betrachten. Das würde auch das Fehlen der Füße erklären, die unter dem Bauch regelrecht verschwinden.

• Nr.4 Mutter des Matriclans

In manchen Interpretationen geht man davon aus, dass die Venus nicht den realistischen weiblichen Körper dieser Zeit darstellt, sondern eine Idealisierung. Die Figuren stellen quasi eine Ikone der mütterlichen Ordnung dar.

Viele sehen in ihr eine Art Mutter-Gottheit oder Urahnin, die sehr verehrt wurde. Betrachtet man alte Religionen und Mythen, ist die Vorstellung einer Muttergöttin sehr eng verbunden mit der Verehrung von Urahnen, die in fast allen indigenen Kulturen auf der Welt praktiziert wurde.

Abstieg in die Unterwelt

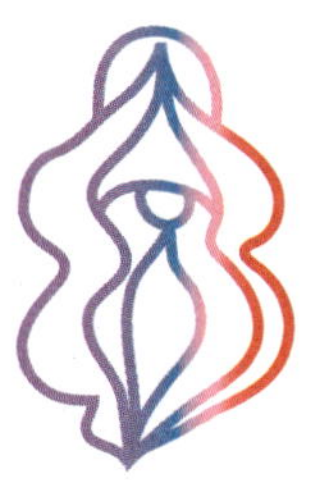

Der Auftakt

Inannas Geschichte ist voller Abenteuer, Humor und Drama. Sie ist verheiratet, hat zwei Kinder und ist eine mächtige Göttin. Alles könnte so weitergehen. Aber kurz vor dem Übergang in ihre letzte Lebensphase macht sich etwas in ihr bemerkbar, das sie bisher immer unterdrückt hat.

„Och, mach dir darüber mal keine Gedanken! Du hast noch jede Menge Zeit!“ Das höre ich gelegentlich, wenn ich erwähne, dass ich mich jetzt in der Perimenopause befinde, also kurz vor den Wechseljahren. Es ist zwar nett gemeint vom Gegenüber, aber mit fast fünfzig Jahren ist es eigentlich normal, dass sich mein Zyklus dem Ende zuneigt.

Beim Thema Wechseljahre zucken jedoch alle zusammen, als wäre es ein Schimpfwort. Fünfzig ist angeblich das neue Vierzig, aber bitte mit Jennifer-Lopez-Glow. Manchmal frage ich mich jedoch, was ernüchternder erscheint: Ein Gesicht, das von Falten durchzogen ist, oder eines, das zur Maske gespritzt wurde. Ich muss gestehen, dass ich kein guter Moralapostel bin: Ich färbe meine Haare, quäle mich regelmäßig ins Fitnessstudio und beklebe mein Gesicht komplett mit Kinesiotape-Streifen, bevor ich meine Faceyoga-Übungen mache. Mit dem einzigen Effekt, dass der Paketbote sich fast zu Tode erschreckt, wenn ich ihm mit meinem Mumiengesicht die Tür öffne. Am Ende wird wohl alles so kommen, wie es kommen muss. Der Verfall ist unvermeidlich. Memento Mori!

Aber vielleicht ernten wir nicht nur Mitleid für das allmähliche Verblassen der äußeren Attraktivität. Es könnte auch sein, dass sich die Umgebung einfach davor fürchtet, was geschieht, wenn die reife Frau aus ihrem „Liebmama-Kokon“ auszubrechen droht. Die auf einmal gereizt, wütend und deutliche Worte sprechend auftritt. Da hilft kein Mönchspfeffer mehr und auch kein Mandala-Ausmalen: Ein klarer Fall für die Hormonersatztherapie. Aber was ist, wenn die Wut ihre Berechtigung hat? Vielleicht geht nicht nur die glatte Fassade verloren, sondern auch der Wunsch, gefallen und allseits für Harmonie sorgen zu wollen. Vielleicht liegt unsere Toleranzschwelle für Bullshit einfach niedriger, weil wir jetzt die Energie wieder für uns selbst beanspruchen und nicht mehr in alle anderen stecken können und wollen. In den Augen des Partners und der Gesellschaft werden wir so zur Furie. Und vielleicht haben wir manchmal sogar ein bisschen Spaß daran, uns unbeliebt zu machen. Es ist die Zeit des Wechsels, und ich bin mittlerweile der Meinung: Wenn wir richtig damit umgehen, können wir diese Energie nutzen, um in unsere eigene Kraft zu treten und uns endlich davon zu befreien, einem Ideal zu entsprechen zu wollen. Denn konfrontiert man sich selbst mit diesen dunklen Gefühlen, ist es unvermeidbar, sich die entscheidenen Fragen zu stellen:

Wer bin ich? Wie bin ich hierhergekommen? Wo stehe ich, was wollte ich hier überhaupt, und was will ich für das letzte Drittel meines Lebens?

Man könnte meinen, es handele sich um die Luxusprobleme gelangweilter Vorstadthausfrauen. In Wahrheit jedoch handelt einer der ältesten je aufgeschriebenen Mythen genau von diesem Thema: Die Menopausen-Krise einer faszinierenden Göttin. In den ältesten Schrifttafeln, die jemals von Menschen mit Zeichen versehen wurden, wird die Geschichte einer universellen Heldin erzählt.

Im Unterschied zum klassischen Helden, der in der Regel das Böse bekämpft, begibt sich die Heldin aufgrund einer Krise in ihre eigenen inneren Abgründe und konfrontiert sich mit sich selbst. Es handelt sich dabei um die Geschichte von Inanna, einer sumerischen Göttin mit auffallend menschlichen Zügen. Sie spiegelt die Chronik einer Frau, die ihren eigenen Willen hat und ein Leben in vermeintlicher Fülle lebt. Die jedoch an einen Punkt in

ihrem Leben kommt, wo sie alles hinter sich lässt, um in die Unterwelt abzusteigen.
Mit dem Ziel, etwas in sich selbst zu erkennen und verdrängte Anteile zu integrieren. Ein symbolischer Tod, um auf eine neue Weise wiedergeboren zu werden. Hört sich plausibel an, doch es erfordert große Überwindungskraft. Denn was es genau mit dieser „Schattenarbeit" auf sich hat, muss leider jede für sich selbst entschlüsseln.

Meine Geschichte

Rückschau in die Zukunft

it der besagten Schattenarbeit, der Auseinandersetzung mit meinen verdrängten Anteilen, ist es bei mir ähnlich wie mit dem Sortieren und Aufräumen:

Ich versuche es zu vermeiden. Jede Schublade, die ich mir zum Sortieren vorknöpfe, die Kleider im Schrank, die darauf warten, ausgemistet zu werden und vor allen Dingen meine Buchhaltung.

Solche Verpflichtungen jagen mir Angst und Schrecken ein. Ich verdränge sie, solange es geht. Man könnte meinen, mein natürlicher Zustand ist das Chaos. Wenn ich es nicht mehr ignorieren kann, widme ich mich mit den besten Entrümpelungsabsichten der geballten Unordnung, die zusammengequetscht in Schubladen lauert.

Frei nach dem Motto: Ordne deine Umgebung, dann ordnet sich deine Seele. Und das brauche ich jetzt. Dringend. Denn ich stecke kopfüber in einem Meer aus existenziellen Fragen. Ich habe das zwar in regelmäßigen Schüben. Aber diesmal ist es ernst. Wie immer weiß ich gar nicht, wo ich anfangen soll. Von außen sieht es nicht so schlimm aus. Aber wehe, man öffnet eine Schranktür, schon springt einem der Kladderadatsch entgegen. In meiner verzweifelten Sehnsucht nach Struktur in meinem Gedankenwirrwarr nehme ich mir, wahrscheinlich nicht ganz zufällig, eine dicke Kiste vor, die ganz hinten im Schrank versteckt hinter den Pullovern als Auffang- und Sammelbecken meines früheren Selbst gedient hat. Als ich das alte graue Ding nach langer Zeit wieder hervorziehe, ahne ich: Hier auszumisten wird wirklich hart.

Ich habe bestimmt seit 15 Jahren nicht mehr wirklich in dieses Behältnis geschaut, sondern immer nur den Deckel aufgemacht, Kram reingelegt und wieder zugemacht. Mein persönliches Ziel für heute: Unnötiges ausmisten und wirklich nur das behalten, was mich zum Lächeln bringt. Für mich eine kaum zu bewältigende Aufgabe, denn ich liebe es, in Erinnerungen zu schwelgen. Jedes einzelne Papierstück, das ich aus dieser Papp-Schatztruhe ziehe, bringt mich irgendwie mehr zum Grinsen.

Und natürlich kommt es, wie es kommen muss. Ich sehe den reinsten Nostalgie-Film vor meinem geistigen Auge, eine Reise zu meinem früheren Ich. Die analogen Relikte sind ein Sammelsurium von Peinlichkeiten aller Art. Fotos, die man heute niemals ausdrucken würde, mit roten Augen und unvorteilhaften Schnappschuss-Posen. Alte Geburtstagskarten und Briefe aus der analogen Zeit. Aber auch Erfolgs-Highlights: Zeitungsausschnitte als Dokumente meiner beruflichen Meilensteine, Presseveröffentlichungen und alte Kataloge meiner eigenen Taschen-Kollektionen.

Ich könnte jeden einzelnen Schnipsel mit geschwellter Brust einrahmen. Aber eigentlich bedeutet es mir heute nichts mehr. Denn damals konnte ich die Erfolge nicht genießen, die ich mir so sehr erträumt hatte. Ich war aus irgendeinem Grund nie zufrieden. Aber ich beschließe trotzdem, die Pressemappe zu behalten. Vielleicht inspiriert sie eines Tages meine Enkelkinder, wenn sie an sich selbst zweifeln sollten.

Ich krame weiter in der Erinnerungs-Schatzkiste der jungen, wilden und ambitionierten Nadine herum und wird mir klar: Das wird heute wieder nix mit aussortieren, die Reise in mein früheres Ich macht zu viel Spaß. Bis ich auf einmal etwas finde, was ich schon vollkommen vergessen hatte. Ein kleines glänzendes Büchlein im pinken Zebralook. Es jagt mir einen Schrecken ein, denn ich erkenne es sofort. Mein Sehnsuchtsmanifest. Der Ruf nach Transformation!

Hier habe ich vor etwa 15 Jahren detailliert beschrieben, wie mein zukünftiges Leben mit Wunsch Ehemann und Wunschkarriere sein soll. Jetzt erinnere ich mich auch wieder, wie ich beim Schreiben am Flohmarkt-Küchentisch in meiner 45qm-Bude saß. Sofort kommen mir die Gedanken zurück, warum ich es mir als therapeutischen Selbstheilungs-Akt von der Seele schreiben musste, nach meinem letzten großen Liebeskummer und weil die Produktionsstätte alle 500 Reißverschlüsse falsch in die von mir entworfenen Handtaschen genäht hatte.

Ich weiß zwar nicht mehr genau, was darin steht, aber ich weiß, dass ich das Büchlein sofort verdrängt habe, als es fertig geschrieben war. Und ob man es glaubt oder nicht: Zwei Jahre später hatte sich alles erfüllt. Ich war verheiratet, hatte einen neuen Traumjob und wohnte in einer Altbauwohnung mit Flügeltür. Mir ist mulmig, als ich dieses Zeugnis der „Bestellungen beim Universum“ wieder in die Hand nehme. Und trotzdem denke mir: Was für ein Manifestationsdesaster! Dass ich das Buch gerade jetzt finde, kann kein Zufall sein. Ich befinde mich in einer Lebensphase, in der ich alles anzweifle. Ich ertappe mich dabei, dass ich zur emotional abgestumpften Ehefrau werde, mir mehr Verbundenheit wünsche in der Partnerschaft. Und sich dazu auch noch das „unverschämte“ Bedürfnis in mir regt, auch als begehrenswerte Frau wahrgenommen zu werden.

Wenn ich in den Spiegel blicke, habe ich das Gefühl jedenfalls nicht mehr. Das kann keine Flügeltür der Welt kompensieren. Ganz abgesehen vom finanziellen Einbruch auf meinem Konto, seitdem ich Mutter bin. Dabei bin ich doch „gut versorgt“, wie es meine Mutter auszudrücken pflegt.

„Kind, denk dran: Kaum ist das Nest gebaut und die Kinder aus dem Gröbsten raus, versuchen Frauen, am Mann rumzudoktern. Aber das funktioniert nicht!“

Aber was ist, wenn Frau sich nicht gut versorgt fühlt? Zumindest was die Gefühlswelt angeht? Soll ich mich etwa selbst versorgen, oder muss ich emotional immer bei meinen Freundinnen auftanken? Und war's das jetzt für den Rest des Lebens? Um Klarheit in meinem Kopf zu bekommen, sitze ich schließlich hier und sortiere Kisteninhalte. Vielleicht kann ich mir dann die Frage besser beantworten.

Wenn doch meine großen Wünsche von Ehe, Beruf und Familie in Erfüllung gegangen sind, warum fehlt mir da was? Ist es vielleicht nur ein biochemischer Vorgang in meinem Körper? Ein launische Perimenopause-Phase? Oder leide ich einfach nur an akuter Unzufriederitis, bevor die Hitzewallungen einsetzen?

Bevor ich das Buch öffne, denke ich: „Es muss ein Missverständnis im Universum gegeben haben. Mein Mann und ich leben scheinbar in Parallelwelten. Er ist der analytische Nerd und ich bin die quirlige Künstlerin. Unser Alltag als Familie ist gut getaktet, aber ich frage mich, ob wir uns noch füreinander begeistern, am Leben des anderen teilnehmen oder ob uns die Andersartigkeit des anderen, die anfänglich so fasziniert hat, mittlerweile nur noch irritiert. Ein Beispiel mit Symbolcharakter ist das Einräumprinzip unserer Spülmaschine: Hier kommt es immer wieder zu einem Akt der Verzweiflung, wenn er nach einem Waschgang frustriert feststellt, dass ich die Gitter völlig falsch befüllt habe.

Nicht so, wie es seine Ingenieurskollegen perfekt ausgetüftelt haben. Was er als grob fahrlässig empfindet. Mehr noch, ich bringe das Wohl der Maschine in Gefahr. Ich mache das nicht als Akt der Sabotage oder Rebellion. Ich habe einfach keine Energie dafür, der Spülmaschine so viel Aufmerksamkeit zu widmen. Denn zwei Kinder wollen ständig irgendetwas von mir, während gerade hier etwas überkocht und dort etwas runtertropft. Darum habe ich auch Kuschelsocken an: um Heruntergetropftes beim Rödeln in der Küche einfach mit dem Fuß wegzuwischen. Wenn ich ehrlich bin, habe ich das schon so gemacht, bevor ich Kinder hatte. Pedantischer veranlagten Persönlichkeiten erscheine ich dabei wohl als absolut chaotischer, hoffnungsloser Fall.

Andererseits ist es für mich schwer zu verstehen, wenn inmitten von besonders stressigen Familienalltags-Situationen mein Mann auf einmal alle Wasserhähne, Wasserkocher und die

Kaffeemaschine entkalkt. – Okay, mittlerweile sehe ich darin eine Art symbolisches Ritual, um sich eine rettende Insel der Ordnung zu schaffen, wenn rundherum alles drunter und drüber geht. So ist es für uns manchmal eine wahre Herausforderung, die Eigenheiten des anderen zu respektieren.

Das, was mal so anziehend wirkte, ist zur Reflexion unserer eigenen Unzulänglichkeiten geworden. Und wenn einen dann noch der Alltag überrollt, wie soll da Liebeszauber und wohlwollende Anerkennung für das faszinierende Wesen, den inneren Kern des anderen aufblühen? Es ist ein Wunder, dass trotzdem alles irgendwie funktioniert. Mit zwei Kindern, die so langsam aus dem Gröbsten heraus sind. Bilde ich mir jedenfalls ein, und ignoriere die Warnung der Mütter von Pubertierenden: Wart's nur ab…

Die Familie war und ist unser gemeinsamer Traum. Aber was ist, wenn das Ziel erreicht ist? Habe ich mich vielleicht zu sehr auf das Außen konzentriert? Ein Bild kreiert, von dem alle träumen, eine Vision, die mir das ultimative Ziel zu sein schien?

Für meinen Mann ist das alles klarer und einfacher, vermute ich: Das große Glück liegt ganz klar im materiellen Erfolg. Flankiert von Meditationspraktiken aus dem Buddhismus (Ich hatte allerdings schon immer ein Problem damit, dass der „Erleuchtete", Siddhartha, erstmal Frau und Kind verlassen hat, um sich selbst zu finden). Darum ist es für ihn umso weniger nachvollziehbar, dass aus seiner einstigen „Ehefrau mit Ambitionen" und eigenem Modeunternehmen eine, wie er es nennt, Hobbykünstlerin mit Leidenschaft für die Göttin geworden ist. Das Ende des Abendlandes!

Ich habe aufgehört mich zu rechtfertigen. Denn der große Unterschied zu meinem damaligen Selbst ist der: Es interessiert mich nicht mehr, einem Bild zu entsprechen, in das ich nicht mehr reinpasse. Und das sage ich nicht nur, weil ich mittlerweile ein paar Kilos schwerer bin. Ich habe schon in die Abgründe meiner vermeintlichen beruflichen Erfolge geschaut: Es war die reinste Korrumpierung meiner Kreativität. Mein persönlicher und künstlerischer Ausverkauf. Das, was ich in diesem Buch schreibe, bedeutet mir viel mehr als alle bisherigen, kommerziellen Design-Aufträge. Es ist wie eine Mission. Wenn ich aber meiner „besseren Hälfte" begeistert davon erzähle, warum die alten Göttinnen wild frei und schamlos ihr eigenes Ding gemacht haben, ist meinem Mann die Verzweiflung förmlich ins Gesicht geschrieben. Der Blick ist dann eindeutig zu meinem Gegenspieler gerichtet, dem allmächtigen Vater im Himmel. Mit der Frage: „Herr, womit habe ich das verdient?"

Ich muss zugeben: Das macht etwas mit mir. Die Zweifel werden lauter. Bin ich eine Desaster-Ehefrau? Dass ich ausgerechnet jetzt dieses Zebrabuch wiederfinde, ist wahrscheinlich kein Zufall. Denn ich weiß, dass mein Mann und ich uns, je älter wir werden, unsere eigenen Schatten spiegeln.

Das kann unser Untergang oder der Schlüssel zur Transformation werden. Wir könnten uns einfach altersmilde annehmen, so wie wir nun einmal sind.

Warum immer alles so persönlich nehmen? So wie uns geht es doch vielen Paaren. Just relax. Und überhaupt: Ich könnte meine Eltern als Vorbild nehmen. Mein Vater ist der entspannteste Typ, den die Welt je gesehen hat. Er und meine Mutter haben, wie sollte es auch anders sein, auch nicht viel gemeinsam.

Zum fünfzigsten Hochzeitstag meiner Eltern fragte ich ihn: „Was ist das Geheimnis eurer Ehe?" Darauf lehnte er sich lächelnd auf der Couch zurück und antwortete „Ich bin einfach ein genügsamer Typ und sie ist der Boss."

Die Stunde der Wahrheit naht. Ich öffne das Buch und kann nicht anders, als mir alles schön Blatt für Blatt noch einmal durchzulesen. Was ich da lese, jagt mir einen Schauer nach dem anderen über den Rücken. Satz für Satz habe ich mir genau diesen Mann gewünscht, der heute Nacht für Nacht in unserem Bett liegt. Mit allem, was dazu gehört. Es ist mir unangenehm, das alles zu lesen. Ich war mir nicht zu schade, die oberflächlichsten Details zu erwähnen. Von der Körpergröße über die Haarfarbe bis zum Kleidungsstil. Ich zeichne ein Bild von einem Mann, der durch und durch vertrauenswürdig, zuverlässig und verantwortungsvoll ist.

Einer, der etwas erreichen will im Leben. Der einerseits zwar aus ähnlichen Familienverhältnissen kommt, aber anderseits ganz anders ist als ich. Ich gehe in meiner größenwahnsinnigen Denkweise sogar so weit zu schreiben: „Ich bin die erste Freundin, die er seinen Eltern vorstellt. Alles davor war nämlich nichts Ernstes. Ich bin die Frau, die alles ändert und die erste Frau, mit der er sich vorstellen kann, überhaupt Kinder zu bekommen!" Oh Gott, ist es mir peinlich, das zu lesen. Der wahre Grund dafür, das auch dieses Detail gepasst hat, war natürlich nicht, dass ich etwas Besonderes bin, auf das er ein Leben lang gewartet hätte, sondern dass er einfach wirklich gerne allein ist und im Grunde mit Menschen nicht so viel anfangen kann. Irgendwann wurde es langweilig. Dann kam ich. Also, immer dran denken:

Das Universum interpretiert nicht. Es liefert. Ich denke mir beim Lesen: „Wie kann man nur so einen arroganten Blödsinn schreiben?" Wieso habe ich nicht einfach geschrieben: Ich wünsche mir einen Seelenverwandten. Beständige Liebe, wir werden unzertrennlich und sind immer wieder neu voneinander fasziniert. Wir bestärken uns in unserer jeweiligen Persönlichkeitsentwicklung und in unseren Zielen und Visionen. Wir machen uns täglich liebevolle Komplimente und können einfach nicht voneinander ablassen…

Vielleicht dachte ich das damals ja auch, aber: „Nadine, jetzt sei mal nicht unrealistisch!" Ich erinnere mich jetzt wieder genau, warum ich dieses Büchlein geschrieben habe: Ich hatte die Schnauze voll von Drama, Leidenschaft mit Bruchlandung, schrägen pseudo-charismatischen Typen und vermurksten Dates. Ich wollte: Marriage-Material. Einen soliden, ehrlichen und verantwortungsvollen Mann und guten Vater für meine zukünftigen Kinder! Erst jetzt in dem Moment wird mir klar, dass sich alles für mich erfüllt hat, was ich mir so sehr gewünscht und in dieses Zebrabuch geschrieben habe. Seite für Seite sinniere ich über jeden einzelnen Satz im Buch, während ich immer noch auf dem Fußboden vor dem Karton knie. Inmitten von Fotos, Briefen, Karten und Zetteln. Das Büchlein ist so eine erbarmungslose Spiegelung meiner selbst, dass ich es am liebsten klitzeklein zerreißen und direkt unten im Keller ganz tief im Altpapier verschwinden lassen will.

Es fühlt sich an, als ob ich mich selbst bei etwas moralisch Verwerflichem ertappt hätte. Und mir wird klar: Ich bin jetzt genau hier, weil ich genau hierhin kommen wollte. Alle Entscheidungen, die ich bis hierhin getroffen habe, haben mich hierhin geführt. Ein Traum ist für mich wahr geworden! Eigentlich müsste ich mich kneifen.

Nur: So einfach ist es leider nicht. Ich bin zwar dankbar für das, was ich habe. Aber ich bin nicht mit so einer inneren Zufriedenheit gesegnet und genügsam wie mein Vater. Eins ist klar: Ich schreibe kein neues Zebra-Tagebuch! Das Allheilmittel zum Glück kommt nicht in Form einer Neubestellung beim Universum mit portofreiem Retourenschein. Es wird Zeit, die Verantwortung für mich selbst zu übernehmen. Etwas muss sich verändern.

Aber wie? Ein erster Schritt wäre, endlich über meinen Schatten zu springen. Ich könnte das Buch beim Buchbinder ganz edel neu einbinden lassen. Dann als Geschenk inklusive einem romantischen Brief mit der Überschrift „Als ich mir dich wünschte" meinem Mann zum Hochzeitstag überreichen. Auch wenn ihn das wahrscheinlich sehr irritieren würde.

Gibt es ein bedeutungsvolleres Geschenk? Ich fühle mich wie an einer Gabelkreuzung. Vergoldete Buchbindung? Oder lieber: Ab in den Schredder und ohne Umwege zum Altpapier? Ist es Zeit, den Stolz abzulegen? Ich kämpfe mit mir und stehe mir wieder mal selbst im Weg. Die Kiste wird heute nicht mehr fertig sortiert. Es liegt noch viel Arbeit vor mir, bis die Energie frisch aufgeräumter Stauraumboxen sich auch in mein Hinterstübchen übertragen kann.

Ab ins Schattenreich

Der älteste Leitspruch der großen Pythia in Delphi lautet: „Erkenne dich selbst!" Mehr Gebote braucht man eigentlich gar nicht. Doch das eigene Selbst zu erkennen, gestaltet sich nicht einfach. Schattenarbeit ist in. Aber was bedeutet das überhaupt und wie kommen wir an diese Schatten heran? Interessanterweise geben uns viele Mythen und Märchen dazu Anleitungen. Ein Kernthema in diesem Zusammenhang ist der Gang in die Unterwelt und die damit verbundene Konfrontation mit den verdrängten eigenen Anteilen. Etwas Altes loslassen, um dann die Person zu werden, die man sein soll.

Im Mythos bedeutet dies: Das Verlassen der gewohnten Welt in das Reich der Magie oder tiefen Höhlen um zu sterben, etwas loszulassen und neugeboren wieder aufzuerstehen.

In der sumerischen Originalversion, die vor fünftausend Jahren aufgeschrieben wurde spielt die Liebesgöttin Inanna die Hauptrolle in der ultimativen Heldinnenreise. Inannas Geschichte ist voller Abenteuer, furchteinflößenden Kreaturen, allerlei erotischen Begegnungen, Humor, Horror und Drama. Die nun folgende Episode handelt allerdings von einem Umbruch im Leben der Göttin.

An diesem Punkt hat sie das Leben schon in vollen Zügen gelebt und alles erreicht was sie wollte. Sie ist verheiratet mit ihrem Traummann, hat zwei Kinder und ist eine verehrte Stadtgöttin von Uruk. Mächtig, schön – alles könnte so weitergehen. Aber kurz vor dem Übergang in ihre letzte Lebensphase macht sich etwas bemerkbar, das sie bisher immer unterdrückt hat. Der innere Kern klopft an.

Ich weiß, dieser Spruch mag abgedroschen klingen, aber Inanna ist der Prototyp der Frau auf der Reise zu sich selbst und wird damit zum Vorbild. Denn sie findet ihren Weg, folgt ihrer Intuition auf ihre Art und pfeift auf die Erwartungen anderer.

Ich bin der Meinung, jede Frau sollte die Geschichte von Inanna kennen, denn ich glaube, sie wurde nicht ohne Grund vor tausenden von Jahren für die Nachwelt in Stein gemeißelt. In dieser Geschichte geht es um mehr als nur eine Wechseljahrs-Krise. Im Grunde geht es um die Frage nach dem Sinn des Lebens. Wer bin ich? Es fällt nicht schwer, die Perspektive der ultimativen Liebesgöttin einzunehmen, oder? Hier steckt schon alles drin, was die Welt im Kern zusammenhält. Denn welche Kraft ist universeller als die Liebe selbst? Probiere es aus.

Denn…

...du bist Inanna

Das Original unter den Liebesgöttinnen. Lange vor einer Zeit, wo Göttinnen und Götter aufgespaltet wurden in unterschiedliche Aspekte. Und das heißt, dass du nicht nur lieb bist.

Im Gegenteil: Für die alten Sumerer, die dich so verehrten, bist du auch die Göttin des Krieges. Und so vereinst du auch die Prinzipien von Zerstörung und Neuschöpfung. Deine Nachfolgerinnen, die Jahrtausende später überall auf der Welt auftauchen, wie Ishtar, Venus, Freya und Aphrodite, werden oft nur auf ihre Schönheit und Sexualität reduziert. Du aber trägst noch die vollkommene Existenz des Universums in dir. Und diese Super-Kraft hat einen Namen: Das ME.

Du hast diese Kraft in Form von Gesetzestafeln von deinem Vater erhalten, den du damals unter den Tisch gesoffen hattest (Das ist eine andere, abenteuerliche Geschichte, die wir aus Platzgründen hier nicht vertiefen können). Auf jeden Fall beinhaltet ME die Kräfte der Weisheit, alles, was das schöpferische Bewusstsein ausmacht. Das ist nur eine von vielen abenteuerlichen Episoden, die es von dir gibt.

Denn deine ganze aufregende Lebensgeschichte ist niedergeschrieben worden. Und die hat es in sich. Kein Wunder, dass du alle nach dir kommenden Göttinnen in den Schatten stellt.

Du liebst kostbare Kleidung, ekstatische Feste, prachtvolle Kunst, rhythmische Lyrik und legst Wert auf ein gutes Sexualleben, dass leider etwas nachgelassen hat, in den letzten Ehejahren. Trotzdem bist du auch eine liebevolle Mutter und selbstverständlich loyal deinen Freundinnen gegenüber. Besonders zu deiner besten Freundin, die immer an Deiner Seite steht: Ninschubur. Frei nach dem Motto: Friendship never ends! In einer späteren Ära, als Babylon erblüht und die Geschichte von Gilgamesh niedergeschrieben wird, erfährt der von dir verkörperte Prototyp der unabhängigen Frau eine weniger wohlwollende Resonanz. Mit dem Aufkommen des Christentums wird dir sogar der Stempel der Hure aufgedrückt. Das ist wohl der Preis der Freiheit. Denn von Anfang an hast du die Verantwortung für dein Leben selbst übernommen.

Sogar deinen Traummann Dumuzi hast du nach langem Abwägen sorgfältig ausgesucht, und das, obwohl ihr beide gegensätzlicher nicht sein könntet. Du als feingeistige Liebesgöttin und er als einfach gestrickter, grobschlächtiger Hirtengott.

Und so vergeht die Zeit... Für dich ist in deinem Leben immer alles nach Plan gelaufen. So wie du es dir immer gewünscht hat. Du hast geheiratet, zwei Kinder bekommen, hast Karriere als Stadtgöttin von Uruk gemacht und die berühmten ME-Kräfte zur Entfaltung gebracht. Du kannst auf ein bewegtes Leben zurückschauen, jetzt, wo die Kinder groß sind. Im Grunde ist dein Werk nun vollbracht. An jeder Checkbox ist ein Haken und noch dazu herrscht auch noch Frieden.

Trotzdem fühlst du dich gereizt und unruhig. Da sitzt du nun auf deinem Thron und schaust dich um:

„Vielleicht sollte ich jetzt, wo die Kinder aus dem Haus sind, mal den Palast renovieren lassen? Oder ein neues Kunsthandwerk erlernen? Oder mir einfach einen Wellnesstag im Beautytempel gönnen?"

Du fragst dich, was da mit dir los ist. Du könntest dich doch einfach nur glückselig auf deinem Thron zurücklehnen und dich an all den schönen Dingen erfreuen, die dich umgeben. Es hat sich doch alles für dich erfüllt. Von außen sieht jedenfalls alles perfekt aus – aber aus irgendeinem Grund fühlt es sich nicht so an. Warum? Da ist etwas. Erst hast du versucht, es zu ignorieren. Du dachtest, es sei eine kurze Verstimmung. Eine Traurigkeit, von der du keine Ahnung hattest, woher sie kommt. Du grübelst weiter: „Warum habe ich dieses Gefühl? Oder ist das einfach eine altersbedingte Verstimmung? Habe ich nicht das richtige Leben geführt?
Bin ich überhaupt noch verbunden mit meinem

Mann? Warum fühle ich mich innerlich einsam? Wer sind wir füreinander? Ist es noch eine Liebesziehung, oder nur noch Gewohnheit?“ Es wundert dich selbst, dass diese Fragen auf einmal in dir hochkommen, jetzt, wo du auf dein Leben zurückschaust und gleichzeitig auch in eine neue Phase eintrittst. Denn auch, wenn du es dir selbst kaum eingestehen magst: Du bist an der Schwelle zur reifen, weisen Frau.

Du hörst tief in dir eine Stimme, die du eigentlich gut verdrängt hattest. Genauer gesagt kommt diese Stimme aus der Tiefe deines Unterbewusstseins. Deiner inneren Unterwelt. Du warst dir sicher, du hättest sie erfolgreich zum Schweigen gebracht.

Aber jetzt kannst du sie nicht mehr überhören. Du ahnst, dass du dich nun endlich mit ihr konfrontieren musst. Du erinnerst dich sofort. An deine verdrängte, dunkle Schwester. Ihr Name: Ereschkigal.

Einst war sie selbst eine Himmelsgöttin, aber sie hatte nicht so eine glückliche Jugend wie du: Sie musste in die Unterwelt fliehen und wurde schließlich zur Göttin dieses Reiches. Es gibt nur einen Weg, herauszufinden, was deine innere Stimme von dir will: Du musst auch in die Unterwelt und deine Schwester besuchen. Der kürzliche Tod ihres Mannes ist der perfekte Vorwand dafür, ihr dein aufrichtiges Beileid auszusprechen. Vielleicht könnt ihr euch wieder versöhnen. Da ist Einiges aufzuarbeiten. Eigentlich ist es gegen jegliches kosmische Gesetz. Denn auch du kannst als Göttin nicht so einfach nach Lust und Laune in die Unterwelt reisen und lebendig wieder emporsteigen. Aber du willst es trotzdem wagen. Also machst du dich auf, ohne viel Gepäck und Entourage. Nur deine treueste Dienerin und Freundin Ninschubur, auf die du dich immer verlassen kannst, nimmst du mit.

Für deinen Abgang bist du königlich gekleidet, gekrönt und geschmückt. Du willst deine Schwester schließlich beeindrucken. Doch als du den Eingang zur Unterwelt erreichst, ist klar: Hier musst du alleine durch. Deine Dienerin muss draußen auf dich warten. Du drehst dich zu ihr und sagst: „Ich steige jetzt hinab. Sollte ich nach drei Tagen nicht zurückkommen, dann machst du bitte genau das, was ich dir gesagt habe, ja?“

Dann ist es soweit und du gehst den kleinen Weg weiter, der zu einem verborgenen Eingang führt. Das erste, geheimnisvolle Tor wird von einem seltsamen, düsteren Torwächter bewacht. Du erklärst ihm mit selbstverständlichem Stolz dein Anliegen. Die Kreatur ist so verwundert, dass sie deinen Eintritt erstmal mit ihrer Chefin, deiner Schwester Ereschkigal, abklären muss. Als der Wächter zurückkommt, lässt er dich mit misstrauischem Blick hinein. Die erste Pforte öffnet er nur einen Spalt und befiehlt dir: „Die Krone musst du aber ablegen, das sind die Gesetze hier.“ Du versuchst noch zu verhandeln, aber es nützt nichts. „Schweig, Inanna! das sind die Gesetze“, herrscht er dich an. Du bist also gezwungen, dich demütigend durch den engen Spalt zu quetschen. „Unverschämtheit“, denkst du dir.

Da steckt bestimmt deine Schwester dahinter. Aber das war erst der Anfang. Es erwarten dich noch weitere sechs Tore, die dich jeweils eine Ebene tiefer führen. An jedem Tor verlangt der jeweilige Wächter, dass du ein weiteres Stück deiner Königswürde ablegen musst: deinen Federmantel, deinen kunstvollen Brustschmuck, die Lapislazuli Perlenkette, deine goldenen Armreife und dein traumhaft besticktes Gewand.

Am allerletzten, siebten Tor musst du schlucken. Jetzt bist du schon so weit gekommen. Aber um hier durchzugehen und endlich dein Ziel zu erreichen, musst du dich vollkommen nackt machen.

Das ist hart, und selbst für dich, die mit Nacktheit eigentlich kein Problem hat, ziemlich erniedrigend. Was bist du denn jetzt noch?

Eine Göttin? Eine Königin? Wie wirst du deiner Schwester entgegentreten, wenn du völlig entmachtet und gedemütigt bist? Noch nicht mal deine Schuhe hat man dir gelassen. Während du alle Tore durch einen Spalt betreten musstest, der dich zu irrwitzigen Verrenkungen nötigte, verlangt der Spalt des letzten Tores auch noch, dass du nackt auf dem Boden kriechend hindurchkrabbeln musst.

Eigentlich hast du dir vorgestellt, dass du und deine Schwester euch auf gleicher Augenhöhe begegnet und bei Unterweltskaffee und Totengebäck ein klärendes Aufarbeitungsgespräch führt. Aber jetzt, wo du auf dem Boden liegst, wird dir schlagartig klar, was für eine naive und überhebliche Vorstellung das war. Und dann ist es endlich so weit. Du zitterst am ganzen Körper, als du Ereschkigal hinten in dem Lapislazuli-Thronsaal siehst. Sehr schemenhaft in dieser düsteren Unterwelt. Im Schatten erkennst du sie auf ihrem Thron. Du hörst sie atmen. Immer lauter und röchelnder. Fast wie ein Tier.

Langsam überkommt dich Angst. Sie erhebt sich von ihrem Thron und kommt dir Schritt für Schritt entgegen. Als sie sich nähert, erkennst du, wie furchterregend sie aussieht. Ihre Haut ist fleckig, der Körper ausgemergelt. Auch sie ist fast nackt und trägt ihr zerzaustes langes Haar offen und wild. Alles, was du an Wut, Frustration, Neid, Traurigkeit und Selbstzweifel dein Leben lang unterdrückt hast, verkörpert sie. Als du ihr in die schwarzen Augen blickst, erkennst du, dass sie dir sehr ähnelt. Sie ist wie du. Nein. Sie ist du! Es nähern sich immer mehr Wesen und umzingeln dich. Es sind die Annuna, Richter der Unterwelt. Um die angespannte Stimmung aufzulockern, hebst du deinen Kopf, setzt ein leicht verkrampftes Lächeln auf, räusperst dich kurz und holst tief Luft, um sie zu begrüßen: „Meine liebe Schwester, ich hörte dein Mann ist gestorben und es geht dir nicht gut und da dachte ich mir...", aber bevor du den Satz beenden kannst, bückt sie sich zu dir hinunter und packt dich blitzschnell an der Gurgel.

Dabei schaut sie dir tief in die Augen. In dämonischer Tonlage raunt sie: „Du...! Was hast du dir eingebildet, du überhebliches, falsches Stück? Verraten hast du mich. Verbannt in alle Ewigkeit..."

Und während Ereschkigal es regelrecht genießt, ihren ganzen Hass auf dich zu entladen, legt sie ihren langen Zeigefinger auf deine Stirn und zeichnet das Auge des Todes darauf.

Du spürst in einem kompletten Kontrollverlust, wie langsam und schmerzhaft das Leben aus deinem Körper entweicht. Gegenwehr zwecklos. Dein Herz schlägt immer langsamer. Das letzte bisschen Sauerstoff in der Lunge ist aufgebraucht. Dann lässt du los. Alles wird weich. Der Tod fühlt sich wunderbar an. Ereschkigal ergreift mit einem ächzenden Schrei deinen schweren Leichnam, zieht ihn zu sich hoch und hängt ihn neben ihrem Thron an einem riesigen, spitzen Haken auf, der sich tief in dein noch warmes Fleisch bohrt. „Das war's also?

Kein Gespräch? Kein Kampf? Sondern Exitus ohne Ankündigung?"

Für dich, Inanna, als Leiche am Haken mit herausgestreckter Zunge und aufgerissenen Augen, ist klar: Diese Mission hattest du dir anders vorgestellt! Keuchend und völlig erschöpft schleppt sich Ereschkigal zurück zu ihrem Thron. Und anstatt den eigenen Triumph der Rache zu genießen, kauert sie sich schluchzend zusammen. Da weint sie nun bitterlich jaulend.

Aber noch ist die Geschichte nicht zu Ende. Denn deine treue Dienerin Ninschubur hat schnell gemerkt, dass etwas nicht stimmt. Sie wartet noch, wie du ihr gesagt hattest, bis zum dritten Tag, dann bittet sie die Götter um Hilfe.

Natürlich sind mal wieder alle mit sich selbst beschäftigt. Die Götter Enlil und Nana meinen schulterzuckend, dass du selbst schuld wärst. Aus der Unterwelt kommt keiner zurück. Aber Ninschubur ist hartnäckig und wendet sich an den Göttervater Enki. Als sie ihm erzählt, dass du wahrscheinlich da unten in der Unterwelt in Gefahr geraten bist, regt Enki sich erstmal wahnsinnig über deinen Übermut auf, reißt sich dabei wütend die Kleider vom Leib und bewirft sich mit Asche „Typisch Inanna! Ist die lebensmüde???" Aber als er sich langsam wieder beruhigt, setzt er sich hin, lehnt sich zurück und atmet tief durch. Er scheint konzentriert nachzudenken. Ninschubur wundert sich, warum er ausgerechnet jetzt in größter Not an seinen Fingernägeln herumknibbelt. Vielleicht Stressabbau? Aber Papa Enki beugt sich vor und zeigt ihr seine Kreation. Mit dem Dreck unter seinen Nägeln formt er zwei klitzekleine Geister. Er spricht mit ihnen und erklärt was zu tun ist: „Hört zu, Klagegeister, Ereschkigal liegt in Wehen. Fliegt hin und klagt mit ihr. Wiederholt alles, was sie in ihrem Kummer sagt. Tröstet sie."

Ninschubur wundert sich zwar kurz: „Ich dachte, wir retten Inanna?" Doch Papa Enki überreicht ihr schon seine Kreaturen mit den Worten: „Bring sie schnell zum Tor in die Unterwelt." Sie zögert nicht lange und läuft zurück zum Eingangstor. Die Geister schweben unerkannt unter jeder der schwerbewachten Schwellen hindurch. Auch das siebte Tor ist für sie kein Problem. So gelangen sie mühelos bis zum Thronsaal von Ereschkigal. Da sitzt sie immer noch auf ihrem Thron und jammert herzzerreißend. Als ob sie in Wehen liegen würde. Die kleinen Klagegeister setzen sich zu ihr. Sie wiederholen jedes ihrer Worte:

„Ja, es schmerzt so sehr! Es tut so weh! Ach, es zerreißt mich", jammert sie. Alles sprechen sie ihr nach, aus einem tiefen Mitgefühl heraus „Ja, ja, ja ... es tut ja soooooo weh!" Stundenlang sitzen sie so klagend zusammen. Und zum ersten Mal seit einer Ewigkeit ist da jemand, der Ereschkigals Schmerz annimmt und teilt. Ihn sogar spiegelt. Ihm Raum gibt. Das ist für sie völlig fremd.

Und es tut ihr richtig gut. Die Wehen sind abgeklungen. Die Transformation vollbracht. Wie eine Geburt.

Als sich alle richtig ausgeheult haben, sieht die Göttin der Unterwelt zum ersten Mal erleichtert aus. Sie lehnt sich entspannt auf ihren Thron zurück und ihre Stimme klingt überraschend sanft: „Ich habe keine Ahnung, wer ihr seid und woher ihr kommt. Aber ich möchte euch danken. Wünscht euch etwas!" „Wir wollen die Leiche von Inanna, die da hängt", kommt umgehend die Antwort der Klagegeister. „Könnt ihr haben", antwortet Erishkigal, „aber seid euch darüber im Klaren, dass niemand mein Reich verlässt, ohne einen Ersatz zu schicken. Die Galla-Dämonen sind erbarmungslos streng, sie werden euch verfolgen. Bis sie den Ausgleich erhalten."

Als die kleinen Klagegeister deinen Leichnam abhängen, besprenkeln sie ihn mit dem Brot und dem Wasser des Lebens, das Gott Enki mitgegeben hat. Höchste Zeit, denn die Verwesung hat schon eingesetzt. Langsam merkst du, wie nach drei Tagen endlich wieder Leben in dich zurückkehrt. Blitzschnell heilen deine Wunden. Du darfst heimkehren, und als du aus der Unterwelt wieder auftauchst, fühlst dich wie neugeboren. Du wirst aber das Gefühl nicht los, das ausgerechnet Ereschkigal dich neu auf die Welt gebracht hat, obwohl sie dich doch eigentlich getötet hat. Du fühlst dich so frei und klar wie noch nie. Als ob man dir alle sieben Chakren einmal durchgepustet hätte. Auch die innere Leere ist verschwunden. Dafür hast du ein neues Gespür für dich selbst und alles um dich herum. Du siehst jetzt völlig klar! Aber die Gift und Galle spuckenden Galla-Dämonen sind noch immer an deiner Seite, als du aufsteigst, und als sie deine geliebte Ninschubur sehen, wie sie dir weinend vor Glück entgegenrennt, wollen sie sie sofort als Ersatz für dich mitnehmen. Es gelingt dir einzuschreiten und sie zu vertrösten.

Das Gleiche geschieht, als du deine Kinder wiedersiehst. Du vertröstest deine furchteinflößenden Begleiter noch ein wenig, bis ihr endlich bei dir zu Hause ankommt.

Doch als du eintrittst, kannst du nicht glauben, was du da siehst: Dein Ehemann Dumuzi scheint dich nicht besonders vermisst zu haben. Er guckt sogar ziemlich überrascht, als du ihn auf deinem eigenem Thron erwischst. Dumuzi trägt deine göttlichen Gewänder und ist gerade dabei, sich köstlich mit deinen Dienerinnen zu amüsieren. Er blickt überrascht auf: „Oh, du bist es, ich dachte aus der Unterwelt kommst du erstmal nicht so schnell zurück..." Ich verzichte hier auf eine detaillierte Beschreibung dessen, was jetzt in deinem Kopf vorgeht.

Die Entscheidung ist gefallen. Du gibst den Galla-Dämonen, die sich sowieso nicht mehr länger abspeisen lassen, ein kurzes Zeichen. Dumuzi läuft davon, aber sie verfolgen ihn... Dein Thron ist nun wieder frei. Ein neuer Lebensabschnitt wartet auf dich. Nachdem du die Schattenarbeit in der Unterwelt vollbracht hast, neugeboren wurdest, deinen Mann losgeworden bist und jetzt zur Reife gefunden hast, könnte diese Geschichte nun aber wirklich zu Ende sein. Ist sie aber nicht.

Eine Göttin weiß, dass das Leben kompliziert ist und es oft keine einfachen Lösungen gibt.

Denn eine letzte Hürde ist noch zu nehmen: Auch wenn er einen verdienten Tritt in den Hintern bekommt, Dumuzi ist ein Teil von dir. Ihr habt ein gemeinsames Leben. Eine Familie. Du vermisst ihn. Und eigentlich liebst du ihn, zumindest seinen inneren Kern, den, der er einmal für dich war. Nicht der resignierte Pantoffelheld, zu dem er sich entwickelt hat. Um es kurz zu machen: Er muss auch in die Unterwelt, sich mit seinen Schatten konfrontieren. Die Hälfte des Jahres verbringt er dort, die andere Hälfte geht seine Schwester, die sich selber angeboten hat, um ihren Bruder zu retten, aber das ist eine andere Geschichte. Weil er auch in die Unterwelt gehen muss, hat eure Beziehung eine Chance. Alles kommt wieder ins Gleichgewicht, das zyklische Prinzip und die männlichen und weiblichen Energien. Du hast dich selbst geheilt, und du hast die Kraft und Stärke, deinen Mann ebenfalls zu sich selbst zu führen. Aber den Weg hinab in die Unterwelt, den muss er allein gehen. Am Ende hast du eure Beziehung gerettet, indem du erstmal an dir selbst gearbeitet hast. Dein Gatte wurde zwangsläufig auch genötigt, sich mit sich zu befassen. Es war hart, transformativ und lebenseinschneidend.

Nun, niemand hat behauptet, dass die Ehe ein einfaches Beziehungskonstrukt wäre. Und jährlich sechs Monate an getrennten Wohnorten zu verbringen, hat auch seine Vorteile, stellst du fest. So macht man das eben als Göttin. Auch wenn die Geschichte beinahe schief gegangen wäre.

Mein Fazit

Auf dem Weg zum Ziel ist der Weg das Ziel

Es scheint unvermeidlich, dass wir in der Mitte des Lebens eine Bestandsaufnahme machen, besonders wenn die großen Lebensziele erreicht sind. Vielleicht nicht bei allen, aber bei den meisten taucht dann die Frage auf: Warum habe ich genau das angestrebt und bin ich jetzt wirklich glücklicher?

Diese Überlegungen betreffen wohl gleichermaßen Männer und Frauen. Bei Frauen vollzieht sich jedoch zusätzlich auch ein körperlicher Wandel. Meine eigenen Erfahrungen, Gespräche und meine Beobachtungen haben mir gezeigt, dass die Veränderungen in den Wechseljahren, die nicht ohne Grund so heißen, uns tatsächlich dabei unterstützen, uns kompromissloser mit unserer eigenen Wahrheit auseinanderzusetzen. Auch wenn wir dann als gereizt wahrgenommen werden. Der uralte Mythos von Inanna hat mir verdeutlicht, dass die Suche nach uns selbst eine lebenslange Aufgabe ist, denn eine Biografie ist konstant in Bewegung. Aber bestimmte Themen in unserem Leben tauchen so lange immer wieder auf, bis wir uns damit konfrontieren. Um diese „Schatten“, vor denen wir ein Leben lang davonlaufen, zu integrieren, sind wir wohl oder übel gezwungen, uns ihnen zu stellen. Inannas Gang in die Unterwelt symbolisiert die Aufarbeitung längst verdrängter Themen. Vielleicht sogar aus der Kindheit. Ereschkigal ist nicht umsonst ein enges Familienmitglied.

Und kaum pellt man sich, transformiert aus sich heraus, steht man vor der nächsten Herausforderung: Das eigene Umfeld in diesen Prozess zu integrieren. Denn die neue Verbindung zu sich selbst wird auch in der Verbindung mit unseren Partnerschaften und Mitmenschen gespiegelt. Und spätestens jetzt macht es Dingdong: Die Stunde der Wahrheit. Entwickeln wir uns miteinander oder voneinander weg? Der Mythos von Inanna hat mich jedenfalls dazu inspiriert, mich dieser Aufgabe anzunehmen.

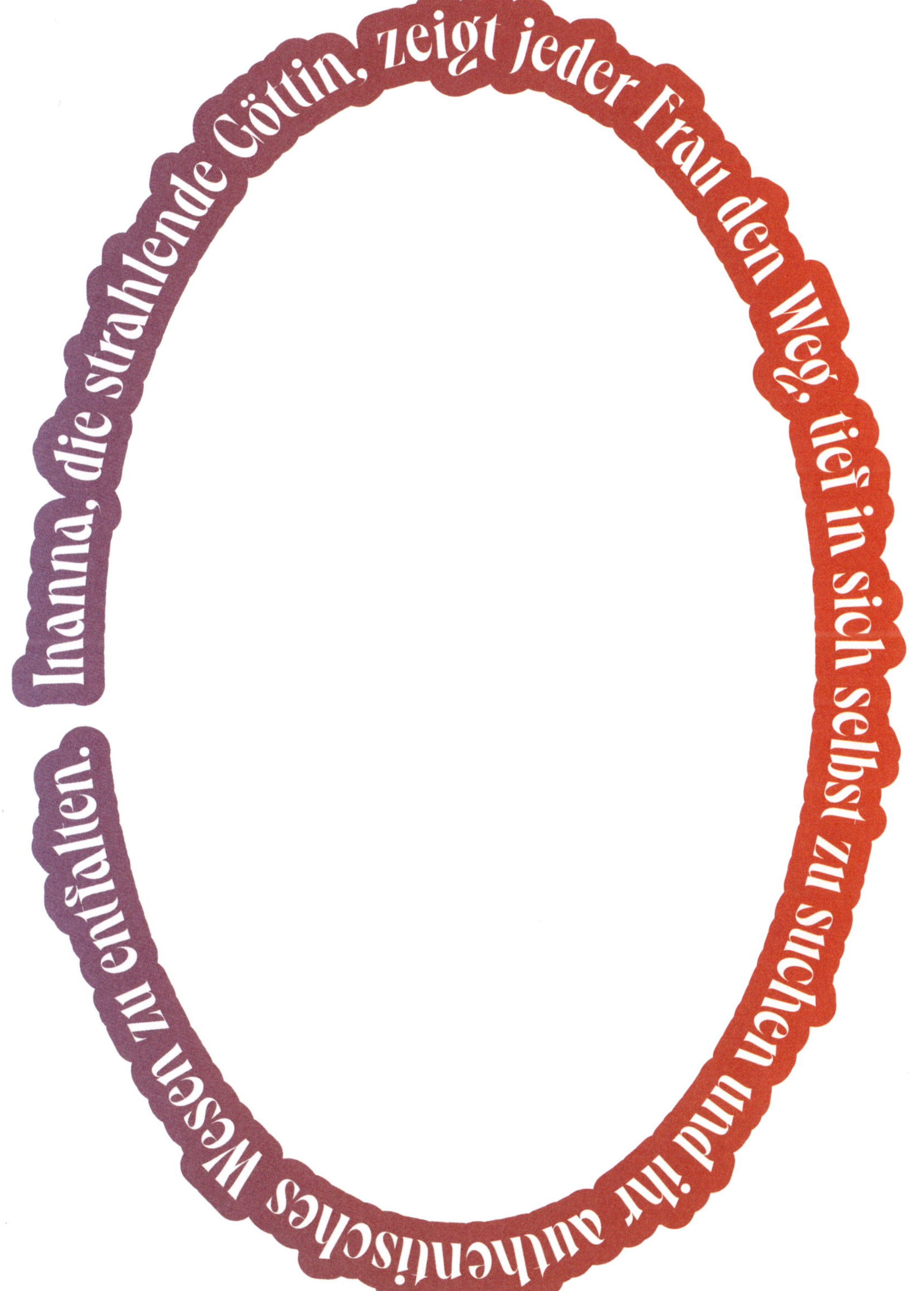
Inanna, die strahlende Göttin, zeigt jeder Frau den Weg, tief in sich selbst zu suchen und ihr authentisches Wesen zu entfalten.

Inanna

...gut zu wissen!

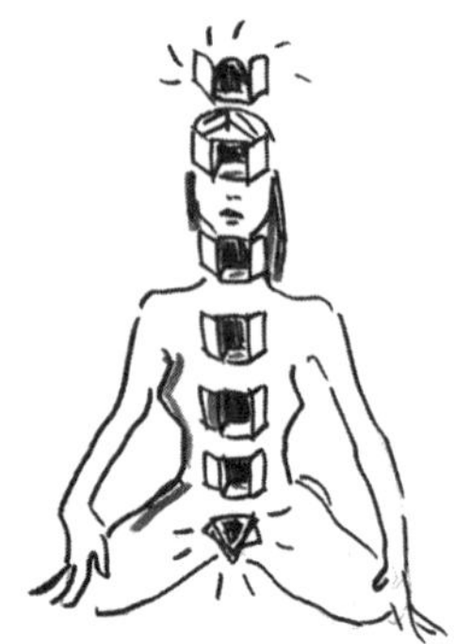

• Die älteste Geschichte

Der Mythos von Inanna wurde vor etwa fünftausend Jahren von den Sumerern in Keilschrift auf Tontafeln geschrieben. Dabei handelt es sich um eines der ältesten Schriftsysteme. Es dauerte circa hundert Jahre, bis man die gefundenen Tafeln zusammengesetzt und entziffert hatte.

• Die sieben Tore

Die sieben Tore, durch die Inanna in die Unterwelt geht, haben eine tiefe Symbolik. Die Zahl Sieben spielt nicht zufällig in vielen Märchen eine große Rolle, wo sie die Innenschau symbolisiert. Gedeutet werden die sieben Tore oft analog zu den sieben Chakren.

• Die Managerin

Enheduanna, eine einflussreiche sumerische Priesterin und die erste bekannte Dichterin der Welt, machte Inanna als unviverselle Göttin bekannt, so dass sie in verschiedenen sumerischen Städten verehrt wurde.

• Venusstern und die Rose der Venus

Der achtzackige Venusstern symbolisiert Inanna und den Planeten Venus, der sowohl als Abend- als auch als Morgenstern erscheint. Als Göttin der Liebe am Abend und des Krieges am Morgen. Der Venusstern zeichnet in seinem Umlauf alle acht Jahre die „Rose der Venus".

• Frau und Freundin

Ninschubur, Königin des Ostens und Freundin von Inanna, steht symbolisch für eine Zeit, in der Frauen sich aufeinander verlassen können und frei von Konkurrenzdenken sind. In der sumerischen Gesellschaft hatten Frauen einen hohen Stellenwert, was sich auch im Mythos widerspiegelt. Hier steht die weibliche Heldin im Mittelpunkt. Die Männer sind in der Geschichte eher Nebendarsteller.

• *Modernität*

Der in Versform geschriebene Mythos ist weltnah, menschlich und voller bildhafter Beschreibungen. Es gibt Saufgelage, Frauenfreundschaft, sexuelles Begehren und detailliert beschriebene Outfits. Sogar Augen-Make-up mit dem Namen: „Er soll kommen, er soll kommen".

• *Die ME-Kräfte*

Inanna besitzt die 14 ME-Kräfte der Weisheit und des Bewusstseins, immaterielle Güter, die die Grundlage menschlicher Kultur bilden. Sie weiß diese Kräfte zu vermehren, anzuwenden und zu verteilen. Die Sanskrit-Wurzel ME steht je nach Kontext für Weisheit, Messen oder Freude.

• *Metropolitan Girl*

Inanna wurde im Eanna-Tempel im mesopotanischen Uruk, im heutigen südlichen Irak gelegen, verehrt. Der Eanna-Tempel ist ein imposanter Zikkurat (Stufentempel), der nicht nur ein religiöses, sondern auch ein kulturelles Zentrum war, das Kunst, Mathematik, Musik und Astronomie förderte und feierte – passend zu ihrer Göttin.

• *Ereschkigal*

Ereschkigal, die vermeintliche Gegenspielerin von Inanna, ist keine sadistische Herrscherin der Unterwelt, sondern eine ehemalige Fruchtbarkeitsgöttin, die missbraucht wurde, bevor sie in die Unterwelt ging. Sie erfüllt dort die naturgegebene Notwendigkeit, Leid zuzufügen, um Transformation entstehen zu lassen. Sie spiegelt die dunkle Seite von Inanna selbst.

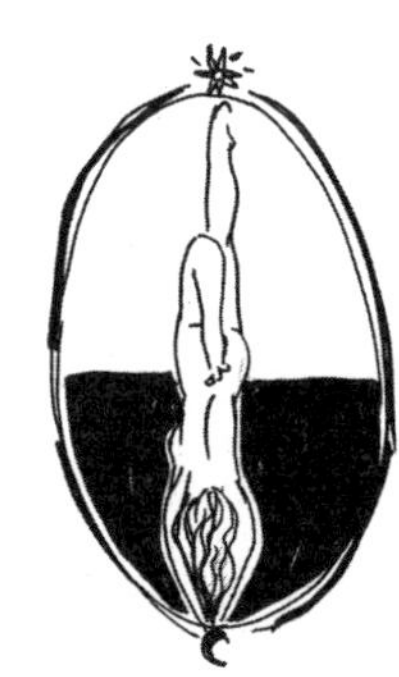

• *Abstieg in die Unterwelt*

Der Gang in die Unterwelt spielt in vielen Glaubensrichtungen eine große Rolle. Auch Jesus ist dreitausend Jahre nach der Entstehung dieser Geschichte „am dritten Tage auferstanden". Der Gang in die Unterwelt (das große Dunkle in uns) erinnert auch an den Demeter-Mythos mit Persephone als spätere Unterweltsgöttin. Auch Ereschkigal war einst Getreidegöttin wie Demeter.

Teil III

Die Göttin und ihre tierischen Symbole

TOP
10

DIE PARADE der MAGISCHEN TIERE

Die symbolische Bedeutung

Die ältesten Artefakte, die je gefunden wurden, stellen oft Tierdarstellugen und weibliche Körper dar. Kunst war und ist immer ein Teil der Menschheit und hatte in ihrer frühen Phase mit Sicherheit eine spirituelle Komponente. Eine herausragende Rolle spielten dabei die Tierdarstellungen. Schon in Urzeiten haben sich Menschen geistig mit Tieren identifiziert, um sich mit ihren besonderen Kräften zu verbinden. Menschen und Tiere lebten viel enger miteinander als wir es uns heute trotz Haustieren überhaupt vorstellen können. Dabei fällt auf, dass viele dieser symbolträchtigen Tiere das weibliche Schöpfungsmysterium selbst symbolisierten. Mit der Entstehung des Patriarchats wurde jedoch der Vater zum Schöpfer erhoben. Im Zuge dieser Umwälzung wurden auch die Tiere herabgewürdigt, die in ihrer Symbolkraft die alte Ordnung repräsentierten. Viele von ihnen wurden dämonisiert, als Hexentiere bezeichnet und werden heute noch als Schimpfwörter verwendet. Es ist also an der Zeit, sich die ursprüngliche Symbolik „heiliger" Tiere einmal genauer anzuschauen. Vielleicht halten wir dann kurz inne, bevor wir das nächste Mal jemanden als „Dumme Sau" beschimpfen. Daher präsentiere ich euch hiermit, meine persönliche „Top Ten" der ehemals magisch-weiblichen Tiere.

SCHLANGE

Heute: Listige Verführerin

Dieses Tier steht wie kaum ein anderes für die uralte Göttin.
Es ist kein Zufall, dass ausgerechnet die Schlange vom Christentum so dämonisiert wurde.
Sie war so mächtig, dass sie zur symbolischen Erbsünde erklärt werden musste.

1. Medusa

Es gibt unzählige Schlangengöttinnen auf der ganzen Welt. Die Bekannteste ist wohl Medusa aus der griechischen Mythologie. Es steht zwar geschrieben, dass die Schöne aus Eifersucht in ein Monster verwandelt wurde. Andere Quellen weisen darauf hin, dass sie ursprünglich die Schlangengöttin der libyschen Amazonen war.

2. Der Äskulapstab

Mit dem Gift der Schlange wurden Heilmittel hergestellt. Heute ist der Äskulapstab das Symbol des ärztlichen und pharmazeutischen Standes. Denn wer die Kunst des Vergiften beherrscht, kennt sich auch mit Heilmitteln und Gegengiften aus.

3. Verführung

Die schlängelnde Art und Weise der Schlange sich fortzubewegen, wird mit Weiblichkeit assoziiert und in vielen rituellen Frauentänzen und Geburtstänzen nachempfunden. Die minoische Schlangengöttin auf Kreta, verkörpert erotische Sinnlichkeit und Stärke.

4. Zyklisches Wesen

Die Schlange symbolisiert Transformation, weil sie sich häutet. Der Zusammenhang zwischen der inneren Häutung der Frau, wenn sie menstruiert und der äusseren Häutung der Schlange, wurde schon früh erkannt. Das Symbol des Ouroboros, eine Schlange, die sich selber in den Schwanz beißt, steht für die Unsterblichkeit, zyklisches Leben und die Kraft des weiblichen Blutes.

5. Schlangenkraft

Die Kraft von Kundalini wird als Schlangenkraft bezeichnet. Ein Kundalini-Erwachen ist eine lebensverändernde spirituelle Veränderung im Bewusstsein.

6. Pharao

Schlangen krönten die Kopfteile der Pharaonen. Die ägyptische archaische Schöpfungsmutter war die Schlange Peruatchet. Sie wird als Kobra dargestellt. Die Hieroglyphe Kobra ist gleichzeitig das Wort für Göttin.

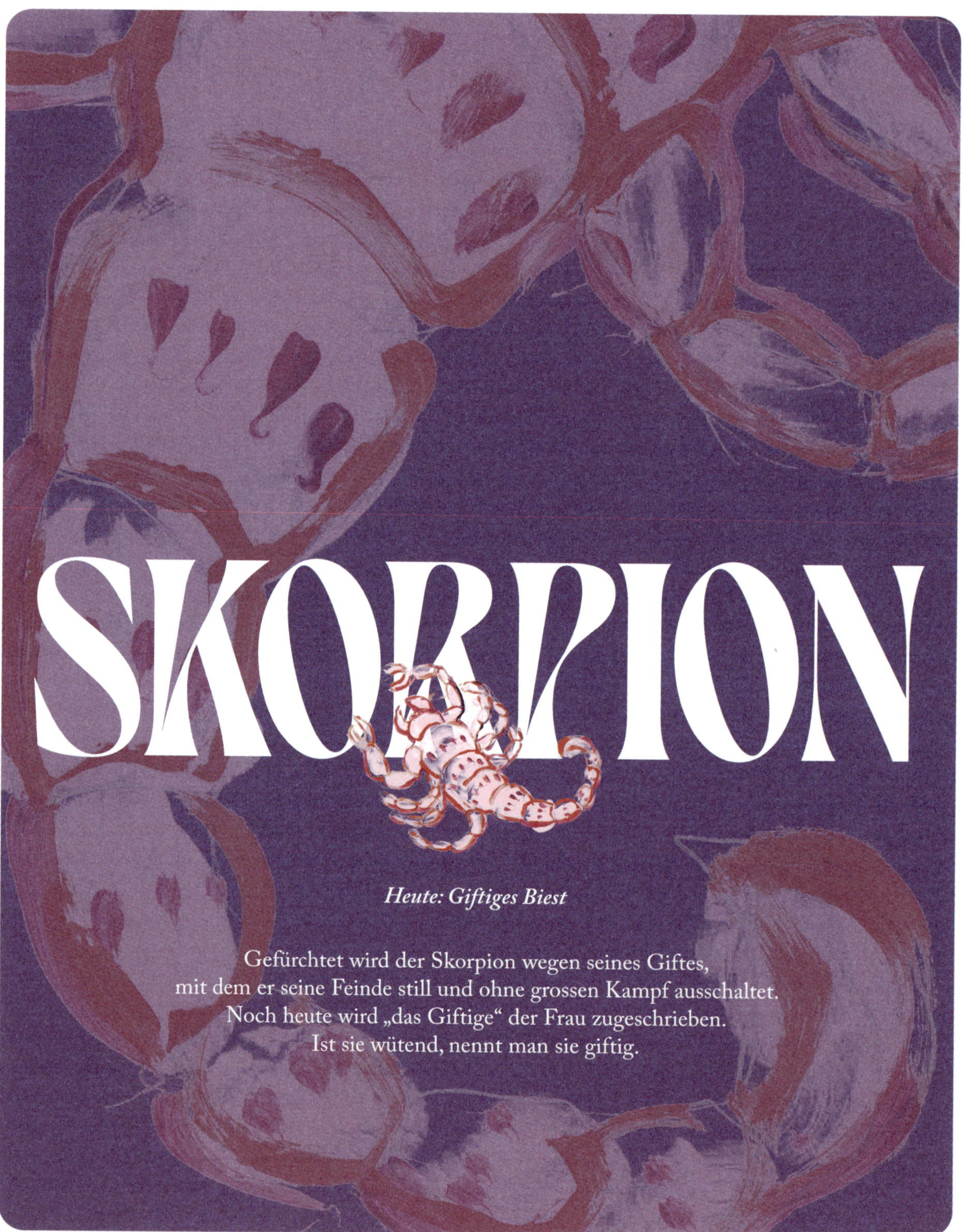

SKORPION

Heute: Giftiges Biest

Gefürchtet wird der Skorpion wegen seines Giftes,
mit dem er seine Feinde still und ohne grossen Kampf ausschaltet.
Noch heute wird „das Giftige“ der Frau zugeschrieben.
Ist sie wütend, nennt man sie giftig.

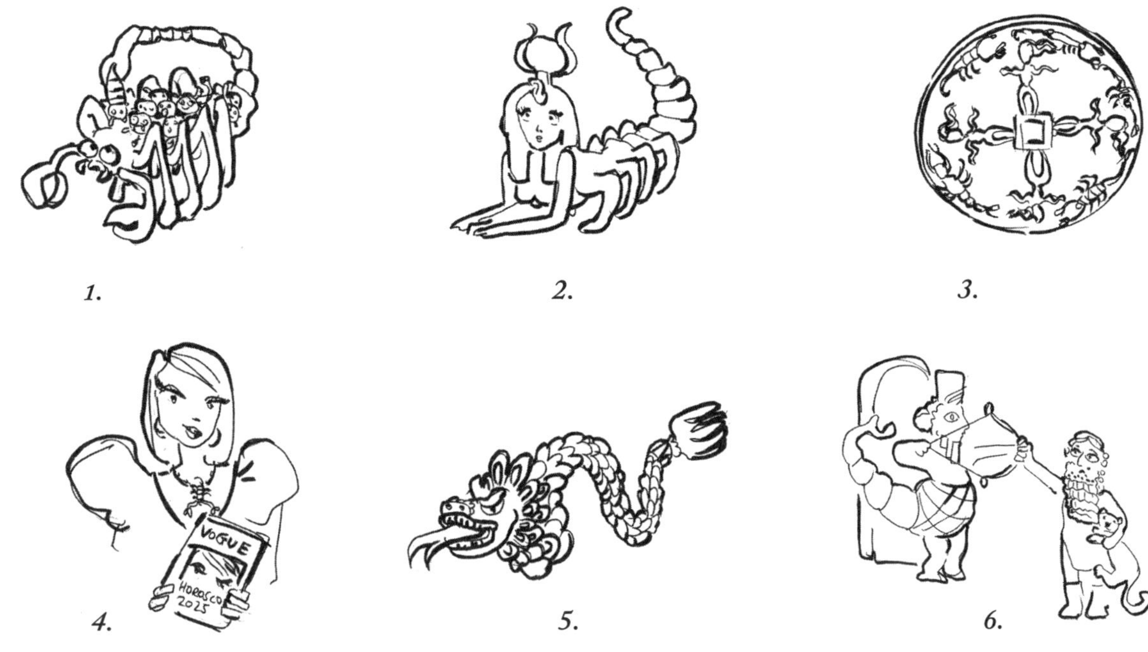

1. 2. 3.

4. 5. 6.

---

1. Hundertfach-Mama
Die kraftvolle Skorpionmutter trägt unglaublich viele Babys huckepack! Purzelt eins runter, wird es mit dem Schwanz aufgehoben. Alle Babies werden von ihr durch ein nahrhaftes Sekret gut versorgt.

2. Super-Mama
Die ägyptische Göttin Selket wird auch mit Skorpion auf dem Kopf oder sogar im Skorpionkörper dargestellt. Selket wird besonders dann angebetet, wenn Luft zum Atmen gebraucht wird, oder eine vergiftete Atmosphäre aufgelöst werden soll.

3. Freie Frauen Münze
Auf einer alten mesopotamischen Medaille finden wir einen Frauenkreis mit flatternden Haaren, umrundet von Skorpionen. Ausgerechnet dort, wo die Medaille gefunden wurde, im heutigen Iran, haben Frauen auch in punkto flatternde Haare kaum noch Freiheiten.

4. Horoskop
Der Skorpion ist so tief in unserer mythologischen Erinnerung verankert, dass er es sogar zum Tierkreiszeichen gebracht hat. Das Zeichen steht für Entschlossenheit, Leidenschaft und Intuition.

5. Drache
Bringt man die Kräfte von Skorpion und Schlange zusammen landet man schnell beim Supersymbol aller Muttergöttinnen: Dem Drachen. Ein universelles Symbol, überall auf der Welt bekannt, obwohl es kein echtes Tier ist. Im Christentum wurden Drachentöter zu Helden, in China hat er seine positive Symbolik bewahrt.

6. Gilgamesch
Auch in den Mythologien kommen Skorpione häufig vor. Im Gilgamesch-Epos, der Geschichte eines Helden auf der Suche nach Unsterblichkeit, sind es zum Beispiel Skorpionmenschen, die den Eingang zur Sonne bewachen.

KRÖTE
Heute: Schleimige Hexenküchenzutat
Die Kröte symbolisiert den Leib der Frau und vor allem die Gebärmutter.
Sie steht auch für den Fötus. Die Kröte selbst sitzt in Gebärhaltung.

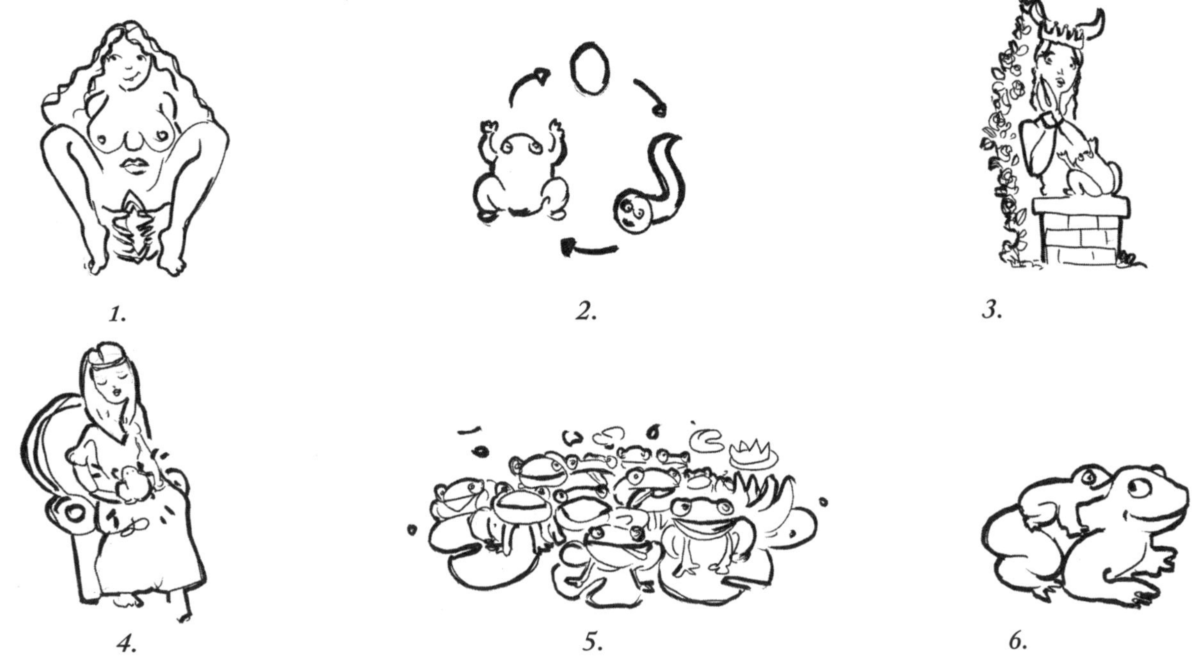

1. Baubo
Baubo kennen wir aus der Geschichte von Demeter. Ihr Name bedeutet auch Kröte. Es gibt überall auf der Welt zahlreiche Belege dafür, dass im uralten Volksglauben in der Kröte der Uterus der Göttin gesehen wurde.

2. Zyklisch
Die Kröte ist im Wasser und auf dem Land heimisch und gilt daher auch als ein Symbol für Transformation. Sie ist auch ein zyklisches Geschöpf: Aus dem Ei wird erst eine Kaulquappe und dann entsteht die Kröte.

3. Märchen
In zahlreichen Märchen, zum Beispiel in Dornröschen, erscheint die Kröte oft als Vorbote einer Schwangerschaft. Bis heute hält sich diese Vorstellung im Volksglauben.

4. Kinderwunsch - Kröte
Die Körpersekrete der Kröte galten als heilkräftig und es gab Bräuche, bei denen unfruchtbaren Frauen Riesenkröten auf den Unterleib gesetzt wurden.

5. Kinderseelen
Bei der alten Göttin Frau Holle ist der Teich das Tor zur Unterwelt und die Kröten ihre Tiere. Das Quaken der Frösche im Frühling wurde als das Weinen ungeborener Kinder interpretiert. Der Frosch verkörpert demnach die Seele des noch nicht geborenen Kindes.

6. Feministin
Wenn sie paarungsbereit ist wird die Kröte zum richtigen Patriarchatsschreck. Sie trägt das kleine Männchen mit ihrem massigen Körper huckepack zum Laichplatz. Wo gibt´s denn sowas?!

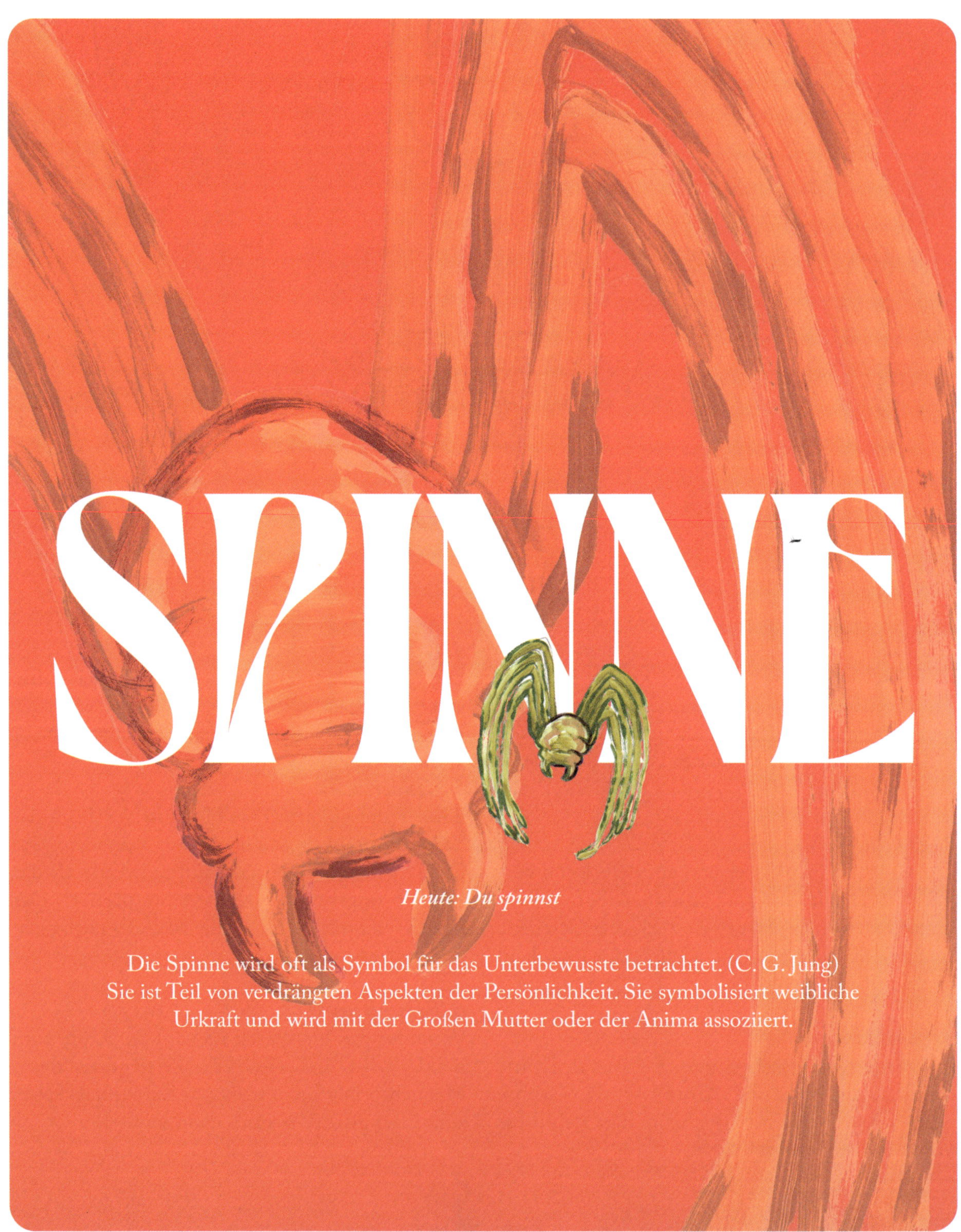

Heute: Du spinnst

Die Spinne wird oft als Symbol für das Unterbewusste betrachtet. (C. G. Jung) Sie ist Teil von verdrängten Aspekten der Persönlichkeit. Sie symbolisiert weibliche Urkraft und wird mit der Großen Mutter oder der Anima assoziiert.

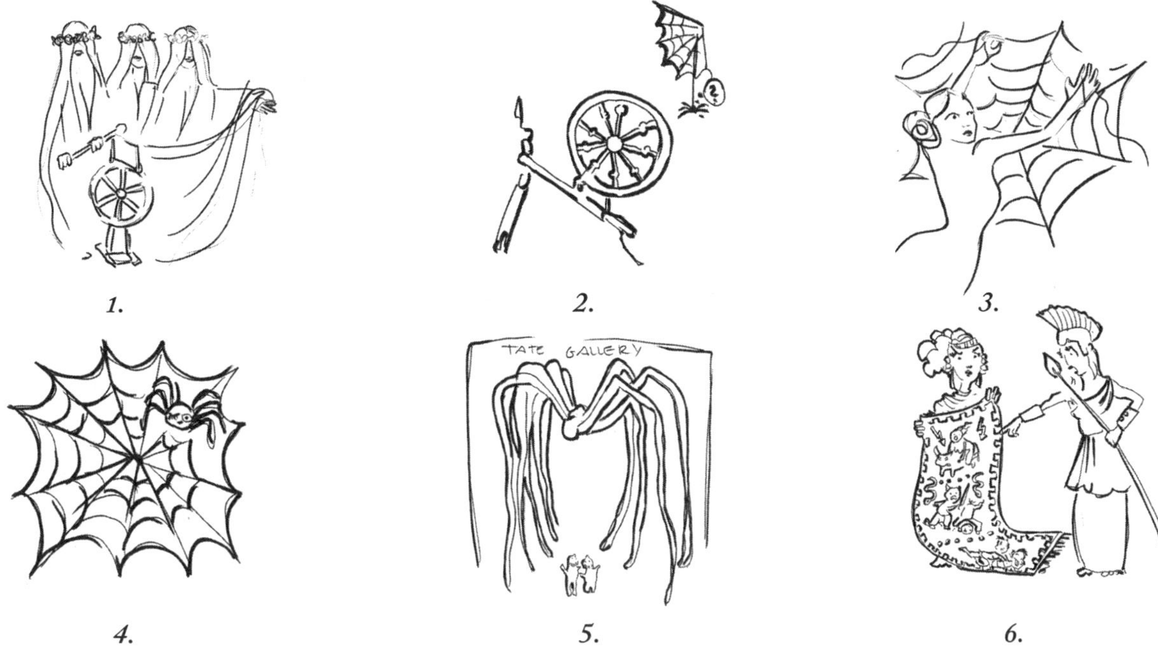

1. Die Spinnerinnen

Die Spinne symbolisiert nichts Geringeres, als die Weberin des Lebensfadens. Viele alte Göttinnen werden als Spinnerinnen des Lebensfadens dargestellt, wie zum Beispiel die Nornen. Sie entscheiden über Leben und Tod.

2. Das Spinnrad

Das Spinnrad hat eine starke symbolische Kraft in vielen Märchen und Mythen. Die Spinnstuben, in denen sich nur Frauen trafen, wurden von Kirchenmännern mit Argwohn betrachtet, denn dort spannen die Frauen nicht nur Garne, sondern auch Netzwerke und gaben ihr altes Frauenwissen weiter.

3. Traumfänger

Im Zentrum des Netzes verkörpert die Spinne das Weltzentrum, dass von Strahlen umgeben ist. Die Spinne wird auch bei den amerikanischen Indigenen mit weiblich-schöpferischer Energie in Verbindung gebracht: Die Spinnenfrau. Traumfänger sehen darum aus wie Spinnennetze.

4. Talent

Die Spinne steht für Talent. Jede Spinne kann ein kunstvolles Netz weben, ohne dies je irgendwo gelernt zu haben. Sie ist mit der Gabe geboren und kann es einfach!

5. Kunst

Die Künstlerin Louise Bourgeois hat genau zu diesem mythologischen Thema beeindruckende Spinnenskulpturen geschaffen. Diese werden liebevoll „Maman“, französisch für Mutter, genannt.

6. Arachne

In der griechischen Mythologie tritt das Mädchen Arachne in einen Wettstreit mit Athene, bei dem es darum geht, wer den schönsten Teppich weben kann. In dem von Arachne gewebten Motiv klagt sie den Machtmissbrauch der Götter an. Das macht Athene so wütend, dass sie Arachne in eine Spinne verwandelt.

FISCHE

Heute: Hier stink's nach…

Das Meer verweist auf die Grosse Mutter. Die Tiefe ist das Unerklärliche. Ihre Kinder sind die Fische. Sie symbolisieren die Teilhabe an einer archaischen unbewussten Seelenwelt

1. Der Duft von Fisch

Es gibt unzählige alte Mythen, bei denen der Fisch mit weiblicher Sexualität in Verbindung gebracht wird. Der Fisch in Mandelform erinnert an die Form einer Vulva. Der Duft der Vulva wird mit Fischgeruch verglichen. Ein anderes griechisches Wort für Fisch, nämlich Delphos, heißt gleichzeitig „weiblicher Schoß".

2. Meerjungfrau

In unzähligen Mythen, spielen fischschwänzige Jungfrauen eine Rolle, die oft mit einer gewissen Erotik einher geht. Kein anderes Mischwesen strahlt so eine Verführung aus, wie die Jungfrau mit einem Fischschwanz. Sie wird auch als vulvaweisende zweischwänzige Jungfrau dargestellt (Kaffeekonzern).

3. Freitags Fisch

Immer noch wird zu Ehren der Göttin Freya, quasi die germanische Aphrodite, freitags Fisch gegessen. Sie soll den Menschen dadurch die Wollust schenken. Bei den Römern war der Freitag der Venus-Tag, genannt Veneris (frz. Vendredi).

4. Tierkreiszeichen

Auch die Fische sind eins der zwölf Tierkreiszeichen. Das Sternbild der Fische ist seit der Frühzeit ein Symbol für Erotik und Liebe. Schon die Babylonier sahen einen Zusammenhang dieses Sternbilds mit der Göttin der Liebe, Ishtar, und des sexuellen Begehrens.

5. Priestergewand

Katholische Priester tragen fischförmige Kopfbedeckungen. Nachdem die Frühchristen in einem Becken getauft wurden, das als Piscina (Fischbassin) bekannt ist, legten sich einige Fischkostüme an. Mit Christi Geburt begann das Fische-Zeitalter, was nun zu Ende geht. Der Fisch-Aufkleber, auch bekannt als das Ichthys-Symbol, steht für Jesus Christus.

6. Evolution

Die Symbolik des Fisches hat eine besondere Bedeutung im Hinblick auf die Evolution. Das Leben hat sich aus dem Meer entwickelt. Erst kam der Fisch, dann das Tier auf Land und schließlich der Mensch.

KATZE

Heute: Schwarzer Unglücksbringer

Die Katze symbolisiert Sinnlichkeit, Geschmeidigkeit aber auch auch Eigenwilligkeit, Triebhaftigkeit und Freiheit. Also all das, was auch die Frau so unberechenbar macht.

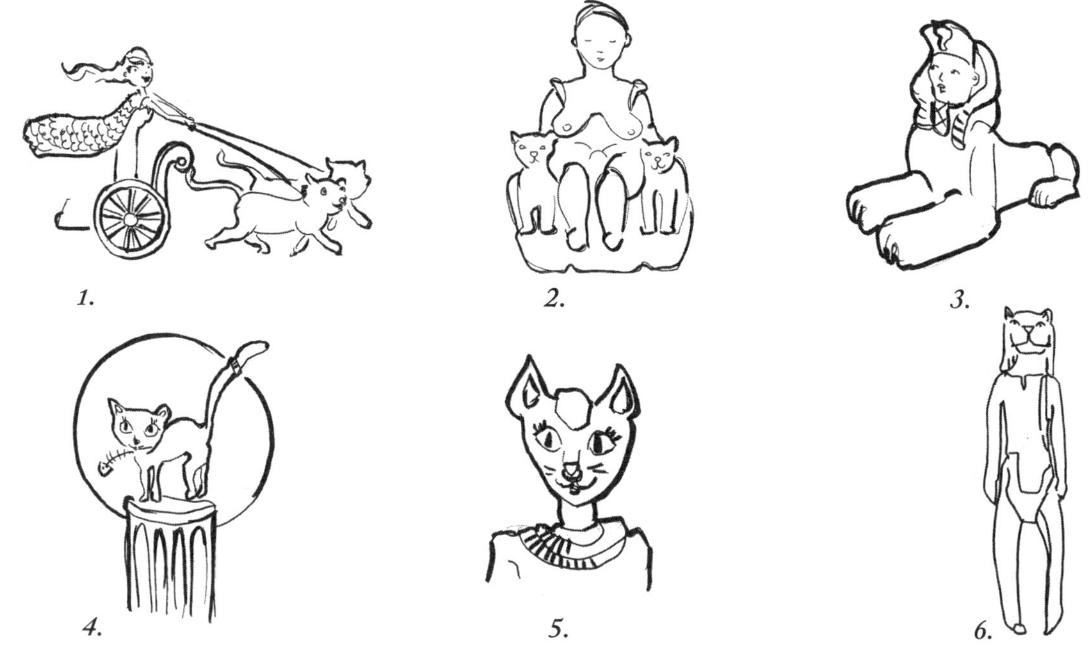

1\. 2. 3. 4. 5. 6.

1. Freya
Die nordische Göttin Freya liess ihren Wagen von zwei Katzen ziehen. Die beiden hatten sogar spezielle Namen: Sie hiessen Bygul und Trjegul.

2. Geburtshelferinnen
Die Statue „Große Mutter von Çatalhöyük" in der Türkei sitzt bei der Geburt auf ihrem Thron mit Katzen. Sie ist das früheste Bild einer Person auf einem Thron in der Kunstgeschichte. Ca. 6.500 Jahre alt. Katzen sind in der alten anatolischen Kultur Symbole der Wiedergeburt.

3. Altes Rätsel
In der griechischen Mythologie wird die Sphinx als ein weibliches Wesen beschrieben. Das Mischwesen mit Löwenkörper und Menschenkopf aus der Antike, wird zu einem der geheimnisvollsten und am meisten diskutierten Monumente. Es gibt Theorien, dass der Kopf der ägyptischen Sphinx tatsächlich ausgetauscht und durch einen Pharaonenkopf ersetzt wurde.

4. Undomestiziert
Viele Göttinnen werden flankiert von Katzen dargestellt, z.B. Inanna. Die Katze symbolisiert Sinnlichkeit, Geschmeidigkeit und Ekstase. Aber sie steht auch für Eigenwilligkeit, Triebhaftigkeit und Freiheit. Sie ist zwar häuslich, aber freiheitsliebend. Gezähmt und dennoch umdomestiziert!

5. Katzengöttin
Als Raubkatze dargestellt, steht die ägyptische Göttin Sekmeth für die Löwenmutter. Später bevorzugte man dort die kleinen Katzen, um die Vorräte vor Mäusen zu schützen. Aus Sekmeth wurde Göttin Bast.

6. Löwenmensch
Eines der ältesten Kunstwerke (circa 40.000 Jahre), welches man je gefunden hat, stellt ein Mischwesen aus Mensch und Löwe dar. Man ist sich bis heute nicht einig, ob es sich hier um ein männliches oder weibliches Wesen handelt. Fakt jedoch ist, das diese Figur keine männliche Löwenmähne hat.

SCHWEIN

Heute: Alte Sau

Die Sau verkörpert nicht nur den Aspekt der Fruchtbarkeit, sondern auch das uralte dreifaltige Prinzip Sie ist vier Monate im Jahr trächtig. Und teilt damit das Jahr in die drei Aspekte der Göttin.

1. 2. 3.

4. 5. 6.

1. Hildisvíni

Viele Göttinnen wurden mit Schweinen assoziiert, auch die germanische Göttin Freya. Sie hatte den Beinamen „Syr" („Sau") und wurde oft mit einer Sau verglichen. Das war keine Beleidigung, sondern eine Ehre. Außerdem reitet sie auf ihrem Schwein namens Hildisvíni.

2. Glücksschwein

Kein Obelix ohne Wildschwein. Bei den Kelten stand das Schwein hoch im Kurs. Bis heute hat sich das Schwein als Glücksbringer über Jahrtausende in unserem Kulturkreis gehalten.

3. Unrein

Überall, wo Schweinefleisch verboten ist, war man sich früher einmal über die sakrale Bedeutung dieses Tieres bewusst. In alten Kulturen galt das Schwein als Personifizierung des kosmischen Uterus. Patriarchale Religionen verfluchten und unterdrückten den Mutter-Kult um das „Schwein". Andersgläubige wurden als Schweine bezeichnet. Selbst die alten „Schweinepriester", PredigerInnen alter Religionen, wurden herabgewürdigt.

4. Von Göttin zu Hexe

Im Mythos von Demeter ist Baubo die Göttin mit der sprechenden Vulva. Ein paar Jahrtausende später verkörpert Baubo in Goethes Faust die Hexe schlechthin. Sie reitet auf ihrem Schwein zum Brocken. In Faust steht: „Frau Baubo vor! Und angeführt! Ein tüchtig Schwein und Mutter drauf, da folgt der ganze Hexenhauf." Von Muttergöttin zu Hexe.

5. Supersau

Das Schwein ist ein altes Symbol für Wiedergeburt und Gebären. Die Sau verkörpert den Aspekt der fruchtbaren Frau, der Mutter. Mit ihren vierzehn Zitzen nährt sie ihren Nachwuchs, während sie sich dabei wohlig hinlegt. Zu einer Zeit, in der die Mutter im Zentrum stand, war die trächtige Sau heilig.

6. Schweineland

Griechisch heißt das Schwein „hys", wovon „hystera" (= „Gebärmutter") abgeleitet ist. Es gibt Hinweise darauf, dass auch Syrien möglicherweise nach dem göttlichen Schwein benannt wurde.

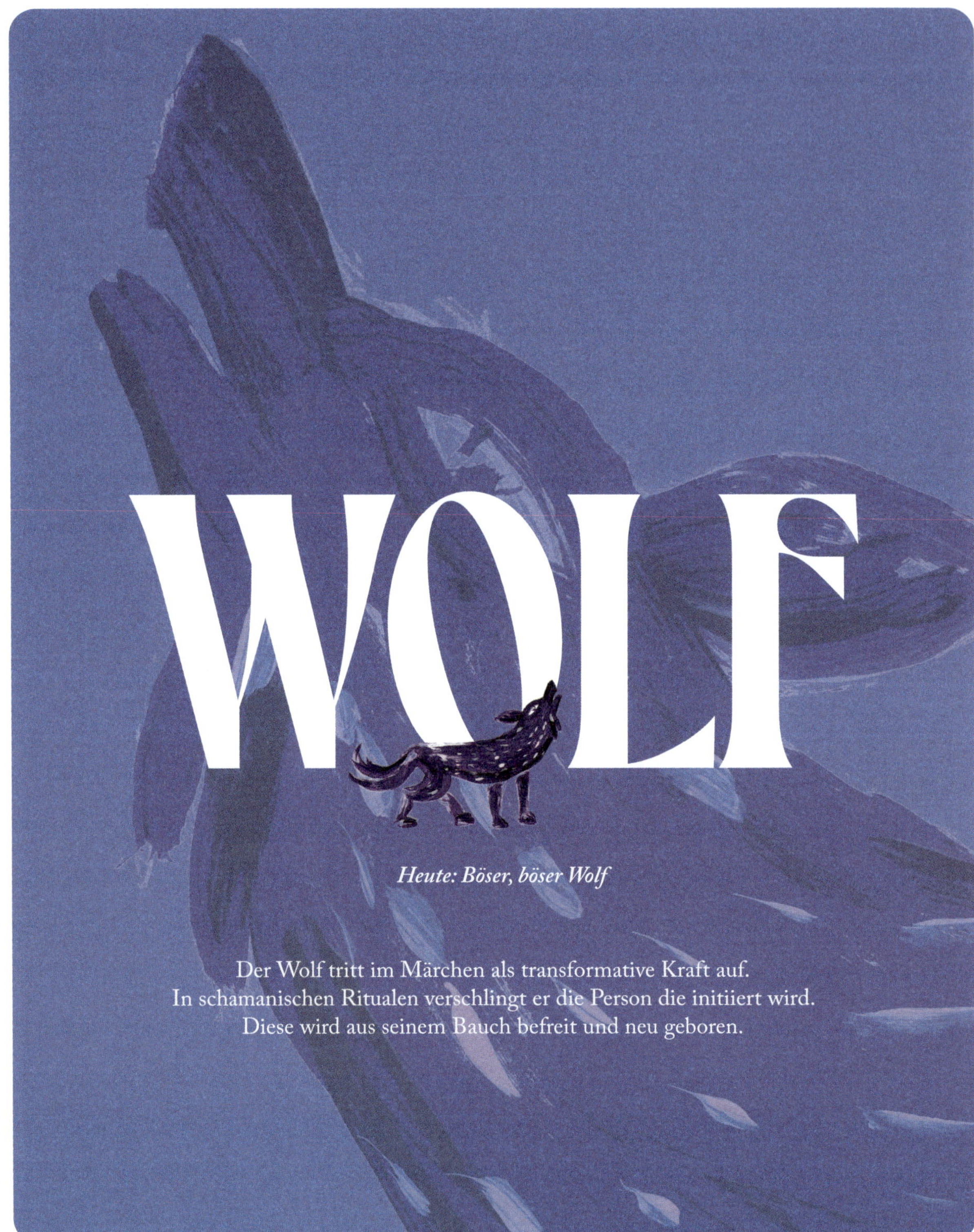
WOLF
Heute: Böser, böser Wolf
Der Wolf tritt im Märchen als transformative Kraft auf.
In schamanischen Ritualen verschlingt er die Person die initiiert wird.
Diese wird aus seinem Bauch befreit und neu geboren.

---

1. Kollektive Kindererziehung

Die Wölfe praktizieren das, was für uns Menschen die längste Zeit unseres Daseins normal war: Kollektive Kindererziehung. Alle Rudelmitglieder beaufsichtigen und beschützen die Welpen.

2. Wolf als Totem

In vielen indigenen Kulturen in Nordamerika repräsentiert der Wolf spirituelle Kraft. Wolfsgeister werden oft als schützende Kräfte angesehen. Es finden sich auf der ganzen Welt Mythen, in denen der Wolf als Beschützer der kosmischen Ordnung auftritt. Das Buch „Die Wolfsfrau“ von Clarissa Pinkola Estés ist ein Standardwerk zum Archetyp des weiblichen Wolfes.

3. Auf den Hund gekommen

Es gibt viele Legenden wo Menschenkinder von Wölfen aufgezogen wurden. Die wohl bekannteste ist Mogli aus dem Dschungelbuch. Man kann davon ausgehen, das Mensch und Wolf die Nähe zueinander suchten. Aus dem Wolf entwickelte sich der Hund, das beliebteste Haustier.

4. Wolfgang in Wolfsburg

Es gibt zahlreiche Namen und Orte in Deutschland, die das Wort Wolf enthalten. Eine Erinnerung daran, wie wichtig der Wolf für die Gemeinschaft vor der Christianisierung war.

5. Mama des Volkes

In der römischen Legende heißt es, die Gründer Roms, Romulus und Remus, seien von einer Wölfin namens Lupa gesäugt worden, nachdem sie als Säuglinge ausgesetzt wurden. Auch die Wölfin Asena wird als Mutter der türkischen Nationen verehrt. Sie rettete einen Prinzen, von dem die Göktürken abstammen.

6. Werwolf

Eines der ältesten mythologischen Mischwesen, der Werwolf, ist heute zur Horrorfigur geworden. Er ist ein Mann der sich bei Vollmond in einen Wolf verwandelt. Das Wort „Wer“ stammt aus dem Althochdeutschen und bedeutet „Mann“ oder „Mensch“, was den „Werwolf“ wörtlich als „Menschenwolf“ übersetzt.

VOGEL
Heute: Du hast wohl einen…
Der Vogel steht symbolisch für das Tier, das Himmel und Erde miteinander verbindet.
Ausserdem verkörpert er die Seele, freie Gedanken und die Transzendenz.

1. Uralte Funde

Eine vogelköpfige Frauenbüste aus der Seklo-Kultur ist achttausend Jahre alt. Mit langem Hals und Kopfbedeckung, verkörpert sie ein frühes, weibliches Mischwesen. Die Archäologin Marija Gimbutas war die Erste, die einen spirituellen Sinn hinter all den steinzeitlichen Fundstücken entschlüsselte.

2. Kunst und Schönheit

Natürlich haben Frauen seit es Menschen gibt einen Sinn für Schönheit und Körperschmuck und kaum ein Tier liefert da so facettenreiche Inspiration wie ein Vogel. Auch der Vogelgesang ist ein Kunstwerk. Da insbesondere die männlichen Vögel ihr schönes Gefieder zur Schau stellen, erinnern sie uns daran, dass ursprünglich die Frauen ihre Partner auswählten. Das nennt man "Female Choice".

3. Frau Percht

Im Alpenraum wird besonders zu den Rauhnächten die Göttin Percht, eine Art Vogelgöttin (Vogelperchta) mit Schnabel, verehrt. In ihren Mythen gibt es Parallelen zur Göttin Holle.

4. Zyklisch

Zugögel vergegenwärtigen das zyklische Prinzip der Jahreszeiten. Der Storch ist hierzuande auch ein Symbol für Mutterschaft. Er ist in den Mutterfarben Schwarz, Rot, Weiss gefiedert. Jeder weiss: Der Storch bringt die Babys.

5. Fashionflügel

Göttinnen trugen Mäntel aus Federkleidern oder wurden selbst zu geflügelten Wesen, woraus dann die Engeldarstellungen ableitetet wurden, Die Göttin Ishtar/Lilith wurde nicht nur geflügelt dargestellt, sondern auch von Eulen begleitet. Eulen, sowie auch Raben, wurden magische Kräfte zugesprochen. Daher wurden sie auch als Hexentiere verunglimpft.

6. Harpyie

Es gibt viele geflügelte mythologische Frauenwesen. Darstellungen der Sphinx sind oft geflügelt. Die Harpyien, halb Frau halb Vogel, aus der griechischen Mythologie waren ursprünglich Schutzgötter. Später wurden sie als dämonisch und gefährlich bezeichnet.

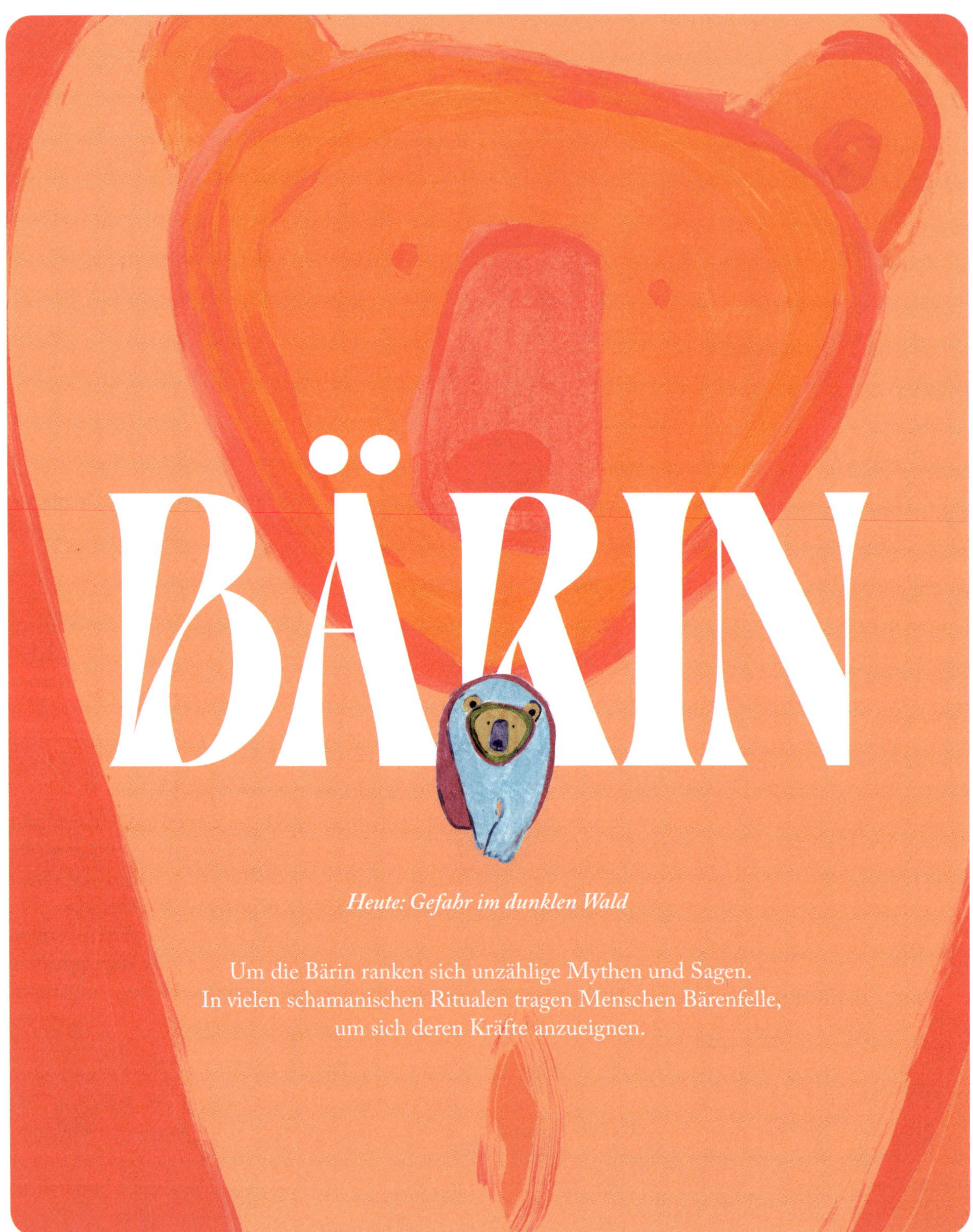
BÄRIN
Heute: Gefahr im dunklen Wald
Um die Bärin ranken sich unzählige Mythen und Sagen.
In vielen schamanischen Ritualen tragen Menschen Bärenfelle,
um sich deren Kräfte anzueignen.

1. Bärenmutter

Eine Bärenmutter mit Jungen sollte man besser nicht stören. Sie ist warm, nährend weich und beschützend. Mit einer superstarken Bärenmutter kann dir nichts passieren.

2. Zyklisch

In unzähligen alten Kulturen symbolisiert die Bärin das zyklische und weibliche Prinzip! Sie zieht sich im Winter in eine Höhle zurück und erscheint erst wieder im Frühling. Die Bärin symbolisiert damit auch das neugeborene Leben.

3. Geburt

Um die Bärin gibt es besonders im slawischen Raum unzählige alte Rituale. Beispielsweise wird eine junge Mutter kurz nach der Geburt mit den Worten „Hier kommt die Bärenmutter", begrüsst und das Neugeborene wird auf ein Bärenfell gelegt.

4. Zum Bär geworden

Das Buch „An das Wilde glauben" ist die autobiografische Geschichte einer Anthropologin, die von einer Bärin angegriffen wurde und dadurch ein Transformationserlebnis hatte. Sie beschreibt, wie sie dadurch in ein Zwischenwesen, halb Bär und halb Mensch verwandelt wurde.

5. Bärengöttin

Die Bärengöttin Artio stammt aus dem keltischen Raum, ihr Name bedeutet „die Bärin". Sie existiert heute noch in vielen Stadtwappen, z. B. in Berlin oder Bern.

6. Sternbild

Die Göttin wird auch mit dem Sternzeichen Ursa Major und Ursa Minor (die große und die kleine Bärin) in Verbindung gebracht. Die Sternenbilder des großen Wagens und des kleinen Wagens sind Teil der Bären-Sternenbilder.

Adieu!
Und vergiss nicht,
auch in dir steckt
eine Göttin.

Am Anfang war es nur ein Hirngespinst und eine diffuse Idee. Dann packte mich die Begeisterung und das Thema ließ mich nicht mehr los. Es war sogar so, dass ich zeitweise das Gefühl hatte, dass dieses Werk durch mich in die Welt kommen wollte. Große Teile des Buches und die dazugehörigen Illustrationen sprudelten förmlich nur so aus mir heraus. Doch am Ende mussten Struktur und Konzeption ein Fundament für diese Arbeit bilden. Und wie so oft geht das nicht ohne Helfer, die mich tatkräftig unterstützt haben. An dieser Stelle also ein großes Dankeschön an alle „Geburtshelfer".

Gerit Sonntag, Verlagsinhaberin, für den Glauben an dieses Buchprojekt und für die bedingungslose künstlerische Freiheit, die mir dabei gelassen wurde.
www.magas-verlag.de

Anna Petri Satter, für Lektorat und Autorenbegleitung, mit einem Einsatz von 150% und intensiver Beratung.
www.gloria-texte.de

Claudia Taverna, für das Probelesen und die wertvolle Fachexpertise.
www.womanessence.de

Julia Gauld-Ritterspach, für unsere transformierenden Coaching-Trips, lange und intensive Gespräche und für unsere Freundschaft seit über dreißig Jahren.
www.berlinflowerschool.com

Jule Steinmetz, für den Videodreh zur Crowdfunding-Kampagne.

Yvonne Haag, für die Gestaltung des Buches, mit Kreativität und Leidenschaft. Eine fruchtbare Zusammenarbeit, die ich seit fünfzehn Jahren zu schätzen weiss.
www.framboise-design.com

Eva Maria Klee, für das Probelesen und Feedbackgeben.
www.the-sunshine-seeds.com

Anne Fäh, die mir den Inanna-Mythos nahegebracht und mich tatkräftig unterstützt hat.
www.goldspur.ch

Serife Celibi, meine Freundin seit zwanzig Jahren, die mich während der gesamten Projektzeit bedingungslos unterstützt hat.

Katinka Kuhlens Feistl, für das intensive Storytelling-Coaching und die Bestärkung darin, mit meiner eigenen Erzählstimme zu schreiben.
www.use-your-story.com

Robert, mein Mann, den das Buchprojekt viele Nerven gekostet hat und er es trotzdem unterstützt hat.

Xanadine, dank an mich selbst dafür, dass ich innere Widerstände überwunden und meine Idee bis zum Ende umgesetzt habe.

Stella und Karl, meine Kindern, die mich daran erinnern, dass ich nicht nur Mutter, sondern auch die Urahnin für die nächste Generation bin.

Barthel und Ingrid Heintze, meine Eltern, Opa und Oma mit Herz und Seele, ohne deren Unterstützung, besonders in der Kinderbetreuung, das Buchprojekt nicht möglich gewesen wäre. Oder noch Jahre gedauert hätte.

Martina Hirschmeier, für die intensive Begleitung, Unterstützung und die großartigen *Future Me*-Interviews.
www.martina.media
Interview@futureme.academy

Ach, Moment mal, da war ja noch was: Ich danke allen meinen tollen **Crowdfundern,** die die aufwendige Gestaltung und das Layout mitfinanziert haben.

Sandra R., Nicole M., Robert K., Nicole M., Renate E., Iwa E., Nicola D., Mirka R., Faye T., Kaja A., Lena B., Tobias G., Tina K., Claudia L., Leila C., Serife C., Sabine S., Andreas K., Judith B., Christina R., Katja B., Christina S., Katja B., Christina S., Katja B., Christina S., Katja B., Christina S., Anna O., Simone K., Simone K., Alexandra G., Roderik H., Claudia Q., Laura B., Judith K., Eva-Maria H., Ingrid H., Jenny E., Dana H., Nicola B., Claudia T., Gerit S., Erika T., Kirsten V., Katja M., Stella B., Yvonne K., Yvonne H., Aileen K., Katja B., Yuqin W., Ich W., Kirstin K., Daniela A., Robert K., Anne F., Eva G., Johanna N., Camilla C., Mona S., Serife C., Martina H., Sabine S., Eva K., Natalie B., Anette d'A., Katinka K., Julia G., Renate F., Henriette F., Stephanie K.

Quellen und weitere Inspiration
Ich möchte alle ermutigen, die sich tiefer mit der Geschichte der Göttinnen, alten Mythen und der modernen Matriarchatsforschung beschäftigen möchten, dies entweder durch Eigeninitiative, den Besuch von Workshops oder den Zugriff auf eine Fülle von Informationsquellen zu tun. Es gibt unzählige Bücher, Websites, Podcasts und Videos, die dabei unterstützen können, das Thema zu vertiefen. Die folgenden Quellenangaben, die ich selbst als Informationspool genutzt habe, können helfen, sich bei der eigenen Recherche zu orientieren und sich persönlich mit dem Thema auseinanderzusetzen.

FILME

Vimeo
From the Goddess
Fünfteilige Dokuserie von der Regisseurin Laura Hirch
https://vimeo.com/ondemand/fromthegoddessdocuseries, 26.04.2024

Radical Anthropology
Vorträge und Vorlesungen
Diese Gruppe von Wissenschaftlern geht der Frage nach, was den Mensch zum Mensch macht.
https://vimeo.com/user33365184, 26.04.2024

Youtube
Kanal: Xanadine
Videos zu meinen Podcastfolgen
https://www.youtube.com/channel/UCFaMgIqfZXSPDWc8wTaOg8Q, 26.04.2024

Kanal: Eulenhain
Spannende Kurzdokumentationen zum Thema Herstory, Frauenkunst und Matriarchatsforschung.
https://www.youtube.com/@HERSTORY1/videos, 26.04.2024

Kanal: Matriwissen
Interviews zur modernen Matriarchatsforschung und inspirierende Buchvorstellungen.
https://www.youtube.com/channel/UCzHI7GG_GwzjWfj2bNKLV_Q, 26.04.2024

Kanal: Katina Kulens Feistl
Was ist weiblich – was ist männlich? Früher und heute, Interview mit Renate Fuchs Haberl
https://www.youtube.com/watch?v=IUFE1e-PwJg, 26.04.2024

Kanal: Terra X History
Frau Holle – Botschaften aus der Wirklichkeit
https://www.youtube.com/watch?v=dyc8SACEAu0, 26.04.2024

Kanal: Terra X History
Unterdrückte Frauen – der Aufstieg des Patriarchats
https://www.youtube.com/watch?v=bTlA7wOBdmU, 26.04.2024

Kanal: Nina Paley
Seder Masochism – Inspirierender Trickfilm, der sich kritisch mit dem 2. Buch Mose, Exodus, auseinandersetzt. https://www.youtube.com/watch?v=E7Yk59fZZ0I&t=20s, 26.04.2024

Kanal: Voix Féministe
Signs out of time, the story of archeologist Marija Gimbutas
https://www.youtube.com/watch?v=BjE2-H1R9Zs, 26.04.2024

Kanal: The Institute for the Study of Ancient Cultures
Lord Colin Renfrew, Marija Redivia: DNA and Indo-European Origins
https://www.youtube.com/watch?v=pmv3J55bdZc, 26.04.2024

MEDIATHEK

3Sat
Scobel - Vulva, Lust und Tabu
https://www.3sat.de/wissen/scobel/scobel---vulva-lust-und-tabu-102.html, 26.04.2024

Arte
Am Anfang war die Vagina
https://www.arte.tv/de/videos/116341-001-A/am-anfang-war-die-vagina/, 26.04.2024

Urzeit-Mütter – Evolution durch Kooperation
https://www.arte.tv/de/videos/106663-000-A/urzeit-muetter/, 26.04.2024

PODCASTS

Undomestiziert
Mein eigener Podcast mit Interviewgästen zu den Themen Göttinnen, Mythologie und Matriarchatsforschung.

Die Heimkehr der Göttin
Interessante Analyse zu der Göttin und ihre Relevanz für die heutige Gesellschaft.
Von Sarah Rubal

Spoken Medicine
Spannende Impulse zu Jahreskreisfesten und Ahnenarbeit.
Von Kaja Andrea Otto

34 Circe Salon – Make matriarchy great again
Englischsprachiger Podcast über Matriarchat und Göttinnen

Chthonia
Englischsprachiger Podcast über den dunklen Aspekt der Göttin

BÜCHER

Vulva - Der Ursprung der Welt
Liv Strömquist, Avant, 2017

Vulva - Die Entdeckung des Unsichtbaren Geschlechts
Mithu Sanyal, Klaus Wagenbach, 2017

Spiritual Feminist - Warum es Zeit ist für ein neues weibliches Selbstbild
Body Freedom und Sisterhood, Kaja Andrea Otto, Arkana, 2022

Sheela na gig - The Dark Goddess of Sacred Power
Starr Goode, Inner Traditions, 2016

Religion Allgemein

Gabriels Einflüsterungen - Eine historisch-kritische Bestandsaufnahme des Islam
Unerwünschte Bücher zur Kirchen- und Religionsgeschichte, Band 5
Jaya Gopal, AHRIMAN, 2014

Evangelium der Maria Magdalena - Die spirituellen Geheimnisse der Gefährtin Jesu
Jean-Yves Leloup, Heyne, 2008

Erfindung der Götter - Essay zur politischen Theologie
Band 1, Gerhard Bott, BoD, 2008

Je Suis Charlène - Was sie schon immer über Religion wissen wollten
Kirsten Armbruster, BoD, 2015

Patriarchatkritik - Das erste Standardwerk der interdisziplinären Patriarchatskritikforschung
Kirsten Armbruster, BoD, 2021

Der Muschelweg - auf den Spuren von Gott der Mutter
Die Wiederentdeckung der Matrifokalen Wurzeln Europas
Kirsten Armbruster, BoD, 2014

The Creation of Patriarchy - The Origins of Women's Subordination
Women and History, Volume 1, Gerda Lerner, Oxford University Press, U.S.A. 1987

Die Göttin

Die Sprache der Göttin - Das verschüttete Symbolsystem der westlichen Zivilisation
Marija Gimbutas, Zweitausendeins, 1998

Das Geheime Wissen der Frauen
Barbara Walker, Zweitausendeins, 1993

Die Zivilisation der Göttin
Marija Gimbutas, Zweitausendeins, 2012

Das wunderbare Vermächtnis der Steinzeit und was daraus geworden ist…
Doris Wolf, BoD, 2017

Unsere heimischen Göttinnen neu entdecken
Joanne Foucher, Neue Erde, 2021

Die weibliche Kraft kehrt zurück - Das vergessene Wissen der weisen Frauen
Jutta Westphalen, Lebensgut, 2021

Ave Dea - 13 Göttinnen der griechisch-römischen Mythologie neu begegnen
Ulrike Pittner und Ursa Krattinger, Christel Göttert, 2015

Der Himmel ist mein, die Erde ist mein - Göttinnen großer Kulturen im Wandel der Zeiten
Vera Zingsem, Fabrica libri, 2021

Frau Holle - Das Feenvolk der Dolomiten
Die großen Göttinnenmythen Mitteleuropas und der Alpen.
Neu erzählt von Heide Göttner-Abendroth, Ulrike Helmer, 2005

Inanna - Gilgamesch - Isis - Rhea
Die großen Göttinnenmythen Sumers, Ägyptens und Griechenlands
Neu erzählt von Heide Göttner-Abendroth, Ulrike Helmer, 2004

Der Kult der Grossen Göttin
Mit einem Vorwort von Kurt Derungs
Edwin O. James, edition amalia, 2003

Göttinnen - Auf den Spuren weiblicher Gottheiten von der Steinzeit bis heute
Judith Königshof, Lindemanns Bibliothek, 2022

Göttinnen - Ihr Einfluß von der Urzeit bis zur Gegenwart
Josefine Schreier, Rudolf M. Rohrer, 1968

The Myth of the Goddess - Evolution of an Image
Anne Baring Jules Cashford, Arkana, 1992

Heldinnenreise

Goddesses - Mysteries of the Feminine Divine
(Collected Works of Joseph Campbell), Joseph Campbell, New World Library, 2013

Hero with a Thousand Faces
(Collected Works of Joseph Campbell), Joseph Campbell, New World Library, 2008

Die mythische Reise – der archetypische Weg des Helden und der Heldin
Wandlung und Heilung in der Transpersonalen Psychologie
(Bd.2), Gertrude R. Croissier, Fabrica Libri, 2022

Die magische Wunde – Wandlung und Heilung in der Transpersonalen Psychologie
(Bd.1), Gertrude R. Croissier, Fabrica Libri, 2017

Die mythische Reise - der archetypische Weg des Helden
Gertrude R. Croissier, Fabrica Libri, 2022

Die Heimkehr der Göttin – Die mythische Heldinnenreise zu Transformation und Ganzheit
Sarah Rubal, Epubli, 2023

The Heroine's Journey. For writers, Readers and Fans of Pop Culture.
Gail Carriger, Independent publishing, 2020

The Heroine's Journey. Women's Quest for Wholeness
Maureen Murdock, Shambhala, Independent publishing, 1990

Dreifache Göttin

Der Kult der drei heiligen Frauen - Mythen, Märchen und Orte der Heilkraft
Kurt Derungs und Sigrid Früh, Edition amalia, 2008

Der Kult der drei Jungfrauen - Eine Kraftquelle weiblicher Spiritualität neu entdeckt
Erni Kutter, BoD, 2003

Heilige Weibsbilder: gelehrt - eigenwillig - streitbar
Erni Kutter, Edition Raetia, 2014

Wo Göttinnen das Land beschützten - Matronen und ihre Kultplätze zwischen Eifel und Rhein
Sophie Lange, Eifelbildverlag, 2021

Göttinnen im Rheinland,
Bettina Bab, Marie-Luise Kreiß, Gerhard Bauchhenß, Gudrun Nositschka und Gisela Michel, Frauenmuseum – Kunst, Kulturforschung e.V., 2021

Hekate: Die dunkle Göttin - Geschichte und Gegenwart
Thomas Lautwein, Edition Roter Drache, 2009

Mytholgie

Von wilden und weisen Frauen - 150 geheimnisvolle Frauen-Sagen aus Tirol
Veronika Krapf, Löwenzahn, 2004

Hexenkunst. Bibliothek der Esoterik
Jessica Hundley & Pam Grossman, Taschen, 2022

Höhere Mächte - Okkultismus und Mystic in der modernen Kunst
S. Elisabeth, Prestel, 2021

Die gute Mär - Mutterkunde in Märchen
Dagmar, Margotsdotter- Fricke, Christel Göttert, 2008

Von Maiköniginnen, Sirenen, drei Jungfrauen und anderen heiligen Frauen
Auf den Spuren der alten Göttin in Symbolen, Sagen, Volksglaube und Brauchtum
Bettina, Bremer, Christel Göttert, 2021

Göttinnen und Götter im Alten Europa - Mythen und Kultbilder 6500 - 3500 v. Chr.
Ungekürzte Ausgabe, Marija Gimbutas, Arun, 2010

Wie Frauen die Welt erschufen - Mythen, Märchen und Legenden
Frederik Hetmann, Union, 2014

Tod und Wandel im Märchen
Ursula Heindrichs, Erich Roth, 1991

Der rituelle Jahreskreis - Feste, Bräuche und Rituale im Jahreskreis
Renate Kauderer, Print, 2019

An das Wilde glauben
Nastassja Martin, Matthes und Seitz, 2018

Matriarchat

Die Göttin und ihr Heros - Die matriarchalen Religionen in Mythen, Märchen, Dichtung
Heide Göttner-Abendroth and Kurt Derungs, W. Kohlhammer, 2011

Matriarchale Gesellschaften der Gegenwart
Band II: Amerika, Indien, Afrika (Das Matriarchat, II), Heide Göttner-Abendroth, W. Kohlhammer, 2022

Matrifokalität - Mütter im Zentrum, Ein Plädoyer für die Natur
Kirsten Armbruster, BoD, 2014

Die Weisheit der Mütter - Heilsame Impulse aus dem Matriarchat
Lothar Beck, Neue Erde, 2017

Femina Sapiens - Die Entwicklung der Menschheit aus der Perspektive der Frau
Marta Yustos, Midas, 2024

Menstruation

Blood Relations - Menstruation and the Origins of Culture
Chris Knight, Yale University Press, 1995

Das Schwarzmond -Tabu - Die kulturelle Bedeutung des weiblichen Zyklus
Jutta Voss, Kreuz, 2001

Dringend rotwendig - die menstruelle Revolution
Karen Pickering und Jane Bennett, Magas, 2022

Ebbe und Blut, Alles über die Gezeiten des weiblichen Zyklus
Luisa Stürmer und Eva Wünsch, Gräfe und Unzer, 2017

Menstruation - Von der Ohnmacht zur Macht
Dagmar Margotsdotter-Fricke, Christel Göttert, 2004

Blood, Bread, and Roses - How Menstruation Created the World
Judy Grahn, Beacon Press, 1994

Moon Time - Harness the ever-changing energy of your menstrual cycle
Lucy H. Pearce, Womancraft publishing, 2015

Weibliches Wissen

Hexen - Warum wir so wenig von ihrer Geschichte erfahren und was davon auch noch falsch ist
Erika Wisselinck, Frauenoffensive, 1995

Die Wolfsfrau - Die Kraft der weiblichen Urinstinkte
Clarissa Pinkola Estes, Wilhelm Heyne, 1992

Symbolik von Erde und Kosmos - Matriarchale Mysterienfeste, Tarotkarten, Astrologie
Heide Göttner-Abendroth, Christel Göttert, 2023

Von der göttlichen Löwin zum Wahrzeichen männlicher Macht
Carola Meier-Seetaler, Kreuz, 1993

Das andere Denken - Persönlichkeit, Moral und Intellekt der Frau
Mary F. Belenky, Blythe M. Clinchy, Nancy R. Golberger, Jill M. Tarule, Campus, 1991

Passage to Power - Natural Menopause Revolution
Leslie Keton, Vermilion, 1998

Weisheit der Wechseljahre - Selbstheilung, Veränderung und Neuanfang in der zweiten Lebenshälfte
Dr. med. Christiane Northrup, Edel, 2023

Female Choice - Vom Anfang und Ende der männlichen Zivilisation
Wie Männer sich die Macht über Frauen nahmen und warum das jetzt aufhört
Meike Stoverock, Tropen, 2022

Die Wahrheit über Eva - Die Erfindung der Ungleichheit von Frauen und Männern
Carl van Schaik, Rowolt, 2022

Gyn/Ökologie - Die Metaethik des radikalen Feminismus
Mary Daly, Frauenoffensive, 1991

Psychotherapie im Raum der Göttin - Weibliches Bewusstsein und Heilung
Gertrude R. Croissier, Fabrica libri, 2021

Geschichte der Frauen
Band 2: Mittelalter, Georges Duby, Michelle Perrot, Christiane Klapisch-Zuber, Claudia Opitz, Zweitausendeins, 1993

Patriarchy Stress Disorder - The Invisible Inner Barrier to Women's Happiness and Fulfillment
Valerie Rein, Lioncrest, 2019

Lausche in meinen Podcast „Undomestiziert“ hinein und entdecke inspirierende Geschichten sowie spannende Interviews zu diesem Thema.

Göttinnenbilder für dein Zuhause

Alle im Buch gezeigten Göttinnenporträts kannst du als hochwertige Kunstdrucke erwerben – in verschiedenen Formaten und limitierten Editionen. Schau dich gerne auf meiner Website um.

Private Göttinnen-Coachings

Du möchtest deine innere Göttin (wieder)entdecken, stärken und feiern? In meinen 1:1 Coachings begleite ich dich dabei individuell, kreativ und auf Augenhöhe. Schreib mir bei Interesse direkt an: hallo@nadinekulisart.com

Bleib am Puls der Zeit!

Trag dich in meinen Newsletter ein und sei der/die Erste, die von neuen Events, Workshops und Ausstellungen erfährt! Besuch mich auf meiner Webseite für mehr Informationen und Inspirationen!

www.xanadine.com

Was ist obszön? Rokudenashiko, übersetzt von Anna Fleiter. Ein autobiografischer Manga über die Festnahme einer japanischen Vulvakünstlerin. ISBN: 978-3-949537-06-6

Mütter. Macht. Politik. – Ein Aufruf! Sarah Zöllner & Aura Shirin Riedel. Über die Benachteiligung von Müttern in unserer Gesellschaft und was man ändern könnte. ISBN: 978-3-949537-11-0

Dringend rotwendig – die menstruelle Revolution, hrsg. von Karen Pickering & Jane Bennett, übersetzt von Maike Hopp, Nur wenn wir die menstruelle Scham überwinden können wir echte Gleichberechtigung erreichen. ISBN: 978-3-949537-05-9

Warum Stillen politisch ist, Gabrielle Palmer, übersetzt von Ingeborg Hagedorn. Über die komplexen Kräfte und Motive, die hinter unserer scheinbar individuellen Still-Entscheidung stehen. ISBN: 978-3-949537-00-4

Fünf Julias, Mattheus Souza, übersetzt von Petra Bös. Ein spannender Road-Movie über heranwachsende Mädchen und die Macht sozialer Medien. ISBN: 978-3-949537-04-2

Zurück zur Geburt als Übergangsritus, Rachel Reed, übersetzt von Ingrid Glienke. Ein holistischer und evidenzbasierter Rahmen, um Geburt zu verstehen. ISBN: 978-3-949537-08-0

Gebären wie eine Feministin, Milli Hill, übersetzt von Sarah Heidelberger. Ein Leitfaden für alle, die sich fragen, was sie konkret zur Verbesserung ihrer eigenen Geburt und der Geburtssituation allgemein beitragen können. ISBN: 978-3-949537-07-3

Die Gebärhaltung der Frau – Schwangerschaft und Geburt aus geschichtlicher, völkerkundlicher und medizinischer Sicht, Liselotte Kuntner. „Dieses Buch darf als Standardwerk im Hebammenwesen bezeichnet werden“, Deutscher Hebammenverband. ISBN: 978-3-949537-02-8

Was im Wochenbett wichtig ist, Sophie Messager, übersetzt von Sabine Schulte. Tipps und Ideen wie wir Wöchnerinnen stärken können. Nur eine gesunde Mutter kann für ihre Kinder sorgen. ISBN: 978-3-949537-01-1

FRAUENleben – Fotobildband, Sonja Schiff und Rochus Gratzfeld. Halbakte und Texte zu Frausein, Körperlichkeit und Altern. ISBN: 978-3-949537-18-9

Ur-Mutter-Weisheiten, Susanne Solveigsdotter, 56 Affirmationskarten, die dich mit den Ur-weiblichen Wurzeln deiner Ahninnen im Paläolithikum und Mesolithikum verbinden. ISBN: 978-3-949537-14-1

Geburt von der Stange?, hrsg. von Hannah Dahlen, Bashi Kumar-Hazard & Victoria Schmied, übersetzt von Hannah Freiwald, Menschenrechte und Geburt: Warum Frauen weltweit außerklinisch gebären und wie man das System verbessern kann. ISBN: 978-3-949537-03-5

Alle Titel sind im Buchhandel erhältlich und bestellbar über **www.magas-verlag.de**

Bücher, die Frauen stärken